U0511568

2023年

中国后人类文化年度发展报告

王 峰｜主 编

韦施伊 周伟薇｜副主编

ANNUAL REPORT

ON POST-HUMAN

CULTURAL

DEVELOPMENT

IN CHINA

上海三联书店

后人类文化的次生纪元

王　峰　韦施伊

2023 年是后人类文化的次生纪元。2022 年底,ChatGPT 横空出世,震动世界,从此,生成式 AI 成为这一次生纪元的狂飙表征,而且是唯一的表征。这一年,我们不再以工具使用者的身份面对技术,而开始以一种更复杂、更交互的方式与技术共处。从 ChatGPT 到 Midjourney,从虚拟舞台到 AI 音乐,AI 的生成能力广泛连接到我们的身体、情感、思考和创造之中,使得"后人类文化"已然抹去某种未来学的印象,它越来越真实,越来越生动,语言、主体、社会秩序开始了重构历程。这一年,后人类文化真正成长为"少年"。

维特根斯坦在《哲学研究》中强调,"意义在于使用"。我们今日所面对的,正是语言"使用"的技术时刻:大语言模型能够生成流畅语句、模仿风格、调动逻辑,它们借由庞大的训练语料、精密的参数结构,为人类提供看似"有意义"的表达结果。然而,我们真正关心的,从来不只是它"说了什么",而是我们如何在这些生成内容中读出文化结构、情感逻辑与伦理倾向。意义,并非数据的统计所能穷尽,它在于人类生活形式中持续被重建的关系网络。

本书作为《中国后人类文化年度发展报告》的第三卷,我们继续以"关键词"为基本单元,为新技术加速中的文化场景提供可回溯、可批判、可展望的理论锚点。与前两卷相比,2023 年的关键词彼此间关系更为交错,单个的词似乎不再能完全严丝合缝地包裹住某一个技术领域或现象,它们更多地呈现出了跨界、融合、共生的动态趋势,共同回应着如下核心问题:当语言可以被非人类智能流畅生成,我们如何界定表达的主权？当感知被算法外包，我们如何确定经验的边界？当文化由人机协作而成，何种伦理才能维系这种新秩序？

GPT-4 发布后的短短几个月内，生成式 AI 就完成了从"实验室阶段"到"全平台生态"的铺开，大语言模型以对话者的身份接入人类社会，使我们必须重新理解表达、共情与判断的本质。

人类已经改变。"数字自我"揭示出个体在数据逻辑下的重塑过程，"人机协同"呈现出非对抗性的人—机劳动关系，"ASMR"展示感官被技术激活与改写的路径，而"虚拟舞台"则重新设定公共空间的聚集方式。人类不再以孤立主体的面貌出现，而是呈现出与技术密切交织的"复合主体"的样态，在协同中展开自身的意义生成。维特根斯坦关于意义的思考同样在这里产生回响：意义不是固有的，是在具体语境中被使用、协商、修正的。生成式 AI 的语言互动，便是一个新的语言游戏，在这场博弈中，它并不终结意义，恰恰相反，它促使我们不断确认意义的生产规则。

人类迟早会接受"模仿性智能"的存在，并转向关注智能的结果而非智能本体，图灵如今已被树立为文化先知。在 RPG 游戏中，AI 参与叙事建构与世界生成，玩家在非线性剧情中形成人机认同；在 AI 音乐中，艺术家不再从零开始，而是在算法生成的片段中进行选择与编排，艺术从创作演变为调试；在 AI 换脸等图像技术的推动下，真实性从摄影转向"可接受的幻觉"，重构视觉伦理的底层规则。在这些技术现象下，可以感受到的是语言—媒介—文化链条中的不规律脉动。

次生纪元必然伴随伦理危机。在 2023 年，"布莱切利宣言"的提出标志着全球范围内对人工智能治理问题的共同回应。这表明，除了制定政策框架之外，我们还需要重新审视技术进步应遵循的社会价值和人文原则。在这个时代，模拟技术在一定程度上能够取代理解，人文领域更应积极地与技术融合，并深思熟虑我们应当构建何种未来世界。

　　风险与机会、焦虑与创造,2023 年的后人类文化次纪元复杂敏感,充满躁动。人类不断重新确认自身的位置:在算法中拓展语言的温度,在模拟中探索经验的厚度,在规则的重建中激活新的制度可能。正如本系列报告一贯秉持的立场,关键词的提出,并非总结性的定义,而是感知未来的一种方式。它们不是答案,而是提问的姿态;不是归纳的终点,而是想象的起点。它们既映照技术的动态,也传达人的愿望。正是在这两边的交叉地带,生成式 AI 展现出前所未有的文化影响力——它参与表达,也挑战表达的伦理;它制造语言,也反向塑造语言中的人。

　　谨以此卷,献给所有在语言中生成的时代,献给所有面向后人类文化的朋友们。

目　录

观　念

算法社会 ……………………………………（薛代君　杨泳琪）3

数字倦怠 ……………………………………（韦施伊）19

智能体 ………………………………………（魏　萱）34

数字自我 ……………………………………（李　铭）53

技　术

人机协同 ……………………………………（龚奕星　张　枫）69

人形机器人 …………………………………（王　意）85

ASMR 自发性感官经络反应 ………………（任春晓）104

态势感知 ……………………………………（宋根成）124

产　业

电子游戏(RPG 类型) ………………………（王柳依　高宇珊)155

AI 翻译 ………………………………………（陈雨桐)166

数字孪生 ……………………………………（姚富瑞　王　程)182

艺 术

AI 音乐 ……………………………………（钟鹏辉 李欣悦）203

人工智能艺术 ……………………………………（张译丹）232

虚拟舞台 ……………………………………（张力恒）256

AI 换脸 ……………………………………（吕一杨）277

大语言模型

大语言模型的应用 ……………………………………（唐智莲）297

人工智能法规 ……………………………………（高 波）314

布莱切利宣言 ……………………………………（陈雨桐）329

观　念

算法社会

薛代君　杨泳琪

一、什么是"算法社会"？

在计算机科学领域，"算法（Algorithm）"是指用指令集来表示的解决问题的方法，具有确定性（definiteness）、有效性（effectiveness）和有限性（finiteness）——算法中的每条指令都必须清晰、无歧义并且完全可行，执行每条指令的次数和时间也都必须是有限的。

在今天，一方面，随着算力（即计算机芯片处理数据的能力）的指数型增长，计算机程序解决问题的能力已经十分强大，并且只会以更快的速度继续增强；另一方面，全球联网人数已达数十亿，全球联网设备数量更是超过百亿——从笨重的台式机到轻盈便携的平板电脑、智能手机，再到五花八门的可穿戴设备（智能手表/手环/戒指、智能眼镜、智能衣物/鞋袜……）和智能家居系统，物联网技术已经可以无微不至地服务于我们的私人生活。强大的算力和连接性合力促成了大规模的数据爆炸，越来越多的人类活动被转换为机器可读的二进制代码。数据的价值在于数量的累积。当我们通过各种数字系统或数字平台进行记录、展开交流时，我们上传的文字、图片.视频以及其中所包含的信息总在逐渐累积，这会愈发深入地暴露我们的生活状况。通过捕捉、记录、存储并处理人类活动产生的海量数据，算法能够预测和影响人类的行为，从而渗透进人类日常生活的各个领域。毫无疑问，无论是否自愿，是否自知，我们都已经身处在一个"算法社会"之中。

首先,算法决定了人能看见什么。智能推荐系统已经成了我们生活的一部分,替我们过滤着海量的信息。推荐算法的运作逻辑主要有以下几类:基于内容的推荐,即根据用户的历史数据,为其推荐具有相似属性的其他商品或内容;基于协同的推荐,即通过分析与目标用户相邻或相似的其他用户的兴趣偏好,为其提供个性化推荐;基于关联规则的推荐,即挖掘不同商品或内容之间的关联性,针对接触过特定商品或内容的用户推荐其他商品或内容;基于社会化关系的推荐,即先根据用户信息建构用户之间的社会化关系网络,再根据不同的社会关系对不同的用户进行推荐。在实际应用中,各类推荐思路会被结合起来作用于目标用户,同时也有更多的新思路在不断涌现。然而,无论是哪种推荐算法,对用户而言,归根究底都是一个过滤器。当我们使用搜索引擎、社交媒体、购物网站、影音平台时,这些系统都会使用算法来分析用户的行为和喜好,为我们提供个性化的内容和服务。换言之,我们在这些平台上获取的信息,都是经由算法的筛选和推荐才得以呈现的。

其次,算法对人的决策具有显著影响,并为人的预测行为提供有力支持。一方面,在商业利益的驱使下,众多企业和组织都会使用算法来分析用户数据,从而了解市场趋势和客户需求,作出更明智的决策;另一方面,政府同样会使用算法来改善公共服务,例如利用算法来进行身份或资格确定、利用算法来预测犯罪率或者利用算法对特定目标人群进行观察监测,以实现后续管理。可以说,算法已经广泛渗透至人类生活的方方面面:在就业与招聘场景中,人力资源部门会利用算法来分析求职者的简历及其在面试中的表现,以便更好地进行职位匹配;在教育和学习领域,算法可以根据学生的成绩和表现来制定个性化学习内容,为其提供更精准的学习建议;在医疗行业,算法可以协助医生分析患者的诊疗记录和身体数据,为治疗方案的制定提供支持;在金融领域,算法可以帮助从业者进行风险评估、信用评级……总之,人类用到算法的地方只会越来越多,算法将成为人类决策过程中不可或缺的一个步骤,甚至会决定人类的工作、消费、健康、学习和生活质量。

作为这样一个"算法社会"的成员,我们并不仅仅是以消费者的身份在与运用算法的平台进行交易,更是在以公民的身份参与到由算法组成的一种全新的正义分配机制之中。因此,一个亟待我们思考的问题是:算法会在何种程度上监督、指引和控制人类的生活,以及这是否会将我们带往一个更好的世界?而在深入考量此类问题之前,我们需要对算法及算法社会的发展具备一定的了解。

二、算法的发展概况

算法是思维和计算的纽带,是计算逻辑的核心。算法的概念源于数学,随着技术进步和运用场景的增多,算法不仅限于数学领域内的逻辑运算,而发展成为遵循一定过程和规则的一系列步骤。算法的目的是解决特定问题,单个算法在单次运用过程中由于指向性明显和操作简单,往往易于理解,但是在计算机领域内,经过扩展后的算法变得无限复杂。马特奥·帕斯奎内利(Matteo Pasquinelli)将算法的历史分为三个阶段:在古代,算法可以认为是程序化、规则化仪式的过程,以此实现特定的目标和传递规则;在中世纪,算法是辅助数学运算的过程;在现代,算法是逻辑过程,由机器和数字计算机实现机械化和自动化。

(一)传统数学中的算法

算法最早出现在公元前 2500 年美索不达米亚地区,用于粮食分配和土地测量。公元前 2000 年,古巴比伦人创造了一些用以求解实际问题的解法,这些解法已经初步具备现代算法的雏形。公元前 5 世纪,毕达哥拉斯发明算术,泰勒斯和阿克西曼德创立几何。由此,数学活动的两种主要方式计算(数值计算和符号计算等)和证明(公式推演等)就此奠定。公元前4世纪,古希腊数学家欧几里得的《几何原本》是历史上第一部系统化的数学理论典籍,欧几里得算法(Euclidean Algorithm)也是为世所公认的最早算法,又称辗转相除法,该算法解决了求取两个自然数的最大公约数的问题。在中国,关于计算的文献记载最早见于《周髀算经》。《周髀算经》是中国流传至今最早的天文学和数学著作,其中记载了商高测量天地高远的办法,这也是勾股定理最早的文字记录。而最早的算法可以追溯到成书于东汉前期的《九章算术》中的方程术、正负术、今有术,《九章算术》记录了246个数学问题及相应解法,与《几何原本》并列为世界两大数学体系的代表作。

公元9世纪初,波斯数学家花拉子密(AI-Khwārizmī)基于印度数学家发展出来的印度-阿拉伯数字系统,写出著名的算术著作《印度数字算术》(On the Calculation with Hindu Numerals),将简化进位制和阿拉伯数字引进西方世界。算法一词的英文(Algorism、Algorithm)也是源于花拉子密的拉丁文译名"Algoritmi"。中世纪拉丁语"algorismus"指的是用印度数字进行基本的加减乘除运算,后来"算法"被人们用作表示任何逐步的逻辑过程,并成为计算逻辑的核心。1202年,斐波那契(Fibonacci)吸收东方数字算法系统著《计算之书》,在欧洲传播和发扬东方算法。17世纪,牛顿(Newton)、莱布尼茨(Leibniz)在前人基础上各自独立发展出微积分学,这是继代数学和几何学之后求解流动变化问题的重要计算方法,牛顿最先将其运用到物理学领域,莱布尼茨发明了相关符号。笛卡尔将几何与代数领域联系起来,不断完善微积分学,以解决实际问题为导向,寻求普遍算法。解析几何与微积分都是基于算法而运作的,但直到计算机发明后,算法才一改此前不被重视的地位,被应用于数学定理的证明中。

学者贾开将算法概念概括为公理化思维和计算化思维两方面,

他认为公理化思想(即继承自欧几里得的西方现代数学传统)以建立形式化的完备数学体系为旨规,直接影响了技术决定论的判断;而计算化思想(即以中国传统数学为代表的东方数学传统)则注重还原算法的完整概念,在多样性的基础上以辩证的视角全面理解算法的演化过程及影响结果。吴文俊便是在结合中国古代算法和现代计算技术的基础上,开创了几何定理的机器证明。现在的应用数学研究,通常采用数学建模的路径,基于实验和材料建立数学模型,用一定的数学工具或方法解决模型中的问题,最后验证结果并总结出普遍规律,其采用的就是算法的逻辑。

(二)计算科学中的算法

计算科学在科学技术创新和经济发展中起到了重要的推动作用,算法是计算科学的核心,算法需要被程序理解,使用能被计算机理解的程序来运行,由此也促使计算机迭代更新,持续提升计算能力和运算量。计算科学的起源可以追溯到伽利略,他结合数学与物理学等自然科学,认为只有数学才能发现自然中的真理。1620 年,英国哲学家培根(Francis Bacon)建立了现代科学实验体系,从实验中获取数学并检验结果,也提出了归纳逻辑。1673 年,莱布尼茨开始步进计算器的建造工作并于 1694 年完成,他也因为记录了二进制系统而被认为是"现代算法的教父",他还提出认知思维和逻辑可以简化为计算,即"思维可计算"。

1847 年,乔治·布尔(George Boole)在《逻辑的数学分析》(The Mathematical Analysis of Logic)中试图将人类推理活动分解成书面的数学表达式,创造了数学思维式的运算符号——if(如果)、and(与)、or(或)、not(非),布尔逻辑就是一个典型的命题演算系统,算法规则由此也被称为"if-then"规则。1879 年,德国数学家费雷格创造了量化逻辑,通过引入量词,将命题演算拓展成谓词演算系统,完成了符号逻辑体系的构建。

1936年,英国数学家及计算机科学家图灵(Alan Turing)提出"图灵机"计算数学模型,这是将人的计算行为抽象为数学逻辑机器,也即一种等价于任何有限逻辑数学过程的终极强大逻辑机器。图灵机是把自动机定义为可计算函数,以机器代替计算的抽象假设,如今所有通用计算机都是图灵机模型的实现。1943年,美国数学家香农(Claude E. Shannon)和图灵在贝尔实验室探讨了"人工智能"的可能性。1950年,图灵在《计算机器与智能》(Computing Machinery and Intelligence)中预言了创造出具有真正智能的机器的可能性,并提出了判断机器是否具有智能的思想实验——图灵测试。

20世纪40年代,冯·诺伊曼(John von Neumann)提出"计算机科学"一词,计算机不再只是科学研究的工具,而变为科学研究的一种方式。随着通用计算机在国家治理、经济发展、科技创新、医疗保健、教育培训,乃至日常生活的应用,算法也开始成为技术创新的核心工具。1956年,明斯基(Marvin Minsky)、麦卡锡(John McCarthy)、香农等13位科学家在美国达特茅斯学院召开会议,标志着人工智能学科的诞生,算法也由此进入人工智能时代。

(三)人工智能时代的算法

人工智能时代的到来使技术加速变革,大数据、机器学习、深度学习和神经网络,以及以生成式人工智能(Artificial Intelligence Generated Content,AIGC)为代表的人工智能模型等新应用、新需求的崛起,推动算力规模快速增长、计算技术多元创新、产业格局加速重构。随着数据体量的扩大和计算能力的发展,算法被广泛应用到政治、经济、医疗、保险等各个领域,全方位改变着人类社会的生活方式与运行结构。

计算机以编程语言书写的代码实现算法的自动演绎,作为计算核心的算法能为所有基于大数据和互联网的硬件或软件提供指导,也可以说算法是以抽象的计算模型而存在。传统算法基于算法中描述的步骤,根据硬编码的规则和参数生成输出,机器学习算法则需要输入和输出,并为使用者提供相应逻辑,来处理新输入以提供输出。1957年,在纽约布法罗的康奈尔航空实验室,认知科学家弗兰克·罗森布拉特(Frank Rosenblatt)发明并构建了第一个实用的神经网络"感知器"(Perceptron),这也是第一个机器学习算法。通过识别、输入与确认,可以确定模式是否属于特定类别,最重要的是它能从不断试错中学习如何掌握正确模式的方法。当下通常会混淆人工智能与机器学习的区别,事实上,机器学习和人工智能并不是相互替换的概念,机器学习是使机器自我学习自动化,人工智能是运用算法解决问题,二者存在着交叉部分,可机器学习相较于人工智能来说更基础,在人工智能技术的突破中也不可或缺。

在《终极算法:机器学习和人工智能如何重塑世界》中,佩德罗·多明戈斯(Pedro Domingos)将无数种算法归纳为五类学派——符号学派、联结学派、进化学派、贝叶斯学派和类推学派。符号学派基于逆向演绎,将所有和智力相关的工作归结为对符号的操作,以准确度来判断模型的优劣。联结学派来源于神经科学和物理学,基于反向传播的算法,对大脑进行逆向分析,以连续误差测量来评判模型的优劣。进化学派源于遗传学和进化生物学,认为学习是自然选择的结果,通过评分函数来判断模型,并以遗传搜索优化模型。贝叶斯学派根基在统计学,关注不确定性问题,以贝叶斯定理及其衍生定理进行概率推理。类推学派受心理学和数学的影响,关注不同场景中的相似性,主算法是支持向量机(Support Vector Machine,SVM,又名支持向量网络)。

三、算法社会发展概况

自然科学算法化和技术化后,人文社会科学及人类社会生活也日益逐渐卷入算法中，宏观至国家治理、经济发展、科技创新，微观到个人的医疗保健、教育培训和日常生活，无一没有算法的介入与操控。杰克·巴尔金(Jack Balkin)在《算法社会中的三大法则》中首次提出"算法社会"的概念，并将其定义为："一个由算法、机器人和人工智能体围绕社会和经济决策组成的社会，这些代理人不仅作出决定，而且在某些情况下，还执行这些决定。"更进一步说，算法社会是以算法为核心来界定一种新型的社会形态，其既表征遵循算法自身的逻辑性、程序性来运作的程序，还指涉了以算法为权力来形构社会的意识形态。

(一)算法的商业应用

在现代互联网行业中，算法本是一个广义词汇，从硬件制造到软件生产都离不开算法的作用。在公司设计的项目中，算法构建处于其核心的研发部门。当下常见有：推荐算法、匹配算法、广告算法、策略算法等，这都不是单一而论的算法，而是综合了多种复杂算法的算法模型，通过数据的投喂和机器自我学习而不断进行提升，提高用户的使用体验，服务于经济效益。

以主流的推荐算法为例。1995年3月人工智能协会在美国召开，卡纳基梅隆大学的罗伯特·阿姆斯特朗(Robert Armstrong)首次提出个性化导航系统 Web Watcher，与此同时，斯坦福大学的马尔科·巴拉巴诺维奇(Marko balabanovic)等也推出了一款个性化推荐系统——LIRA。中国推荐算法的兴起并不是当前炙手可热的字节跳动，但是由字节跳动发布于2012年8月的"今日头条"则是国内首个以机器推荐为主要分发方式的新闻资讯应用，随后抖音和 TikTok 的崛起也证明字节推荐算法能力的提升。推荐算法的基础在于通过追踪用户的网络行为，将用户的使用行为(点赞、关注、收藏、浏览时长)标记为特征，以此构建个人化的模型。在人们使用的过程中，不仅是人对信息的筛选和过滤，也是算法对个人的采集和校准。

（二）行业发展及政策管理

个人在使用算法相关的应用时产生相应的数据，数据的采集、处理和分析成为创造价值的新方式，企业和组织通过利用大数据来优化决策、创新服务和提高效率。不限于经济领域，它还被用于提升国家治理现代化水平和保障及改善民生。通过对大量数据的分析，政府能够更精准地制定政策和提供服务，从而更好地满足公众需求。虽然大数据带来了许多积极的影响，但同时其发展也伴随着风险和挑战，如个人隐私保护、数据安全、算法歧视等问题。因此，需要制定相应的法律法规和技术标准来规范算法的使用，以保护用户的隐私安全，促进互联网经济和谐健康发展。

2021 年 12 月 31 日，为规范互联网信息服务算法推荐活动，维护国家安全和社会公共利益，保护公民、法人和其他组织的合法权益，国家互联网信息办公室、工业和信息化部、公安部、国家市场监管总局联合发布《互联网信息服务算法推荐管理规定》，已于 2022 年 3 月 1 日起施行，在全球范围内开启算法规范先例。

2022 年 1 月，中国人民大学高瓴人工智能学院举办了"推荐算法社会价值与可持续发展"研讨会，并发布了《算法向善与个性化推荐发展研究报告》，《报告》以推荐系统为主要研究对象，分析推荐系统的研究现状及存在问题，针对"信息茧房""算法黑盒"等现象提出了策略。

2022 年 7 月第一届中国算力大会以"算赋百业 力导未来"为主题在山东济南召开，旨在展示我国算力基础设施建设最新成果，搭建政产学研对接平台，加强国内外算力技术和产业交流合作，推动算力赋能千行百业，助力经济社会数字化转型。2023 年 8 月第二届中国算力大会以"算领新产业潮流 力赋高质量发展"为主题在宁夏银川召开，会议全方位探讨算力基础设施发展趋势，发掘算力领域达到全球领先水平的基础理论、创新技术、方法模式和平台应用的项目，并发布《中国算力发展指数白皮书（2023 年）》。

2022 年 12 月，经工业和信息化部、公安部同意，国家互联网信息办公室(以下简称网信办)公布了《互联网信息服务深度合成管理规定》(以下简称《规定》),并于 2023 年 1 月 10 日起施行。2024 年 1 月,网信办根据《规定》,公开发布了第三批境内深度合成服务算法备案信息,据附件清单所示,已备案的深度合成服务算法从 2023 年 6 月首批的 41 项增至 129 项,大麦、美团、快手、百度、抖音、阿里巴巴、天猫、钉钉、淘宝、科大讯飞、网易、酷狗、腾讯等公司的算法均在境内深度合成服务算法备案清单之列,产品涵盖虚拟人或 3D 数字人合成、影音图文合成及生成、智能客服、智能对话等领域。

(三)学术研究

从日常生活的吃穿住行到工作的规律运行及社会的整体运作,都离不开算法的应用及算力的支持,算法社会已经是当下的现实。学术界对算法社会的关注也日益增多,研究范围从专业化算法技术与原理转向探讨算法对社会的影响及算法潜藏的危害。此处以知网为数据调查的主要来源,考察以"算法社会"作为文献主题的文章数量、来源、学科分布和发展趋势,并对相关数据进行简要解读。

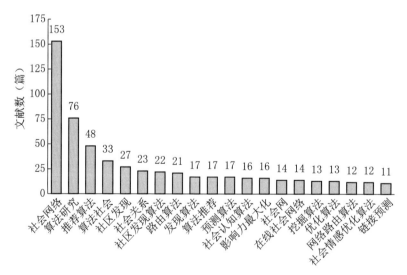

图 1 来源于中国知网数据库"算法社会"主题论文检索
(中文论文,截至 2024 年 2 月)

　　截至 2024 年 2 月,知网已收录"算法社会"主题的相关论文 766 篇(723 篇中文论文和 43 篇外文论文),其中以社会网络、算法社会、推荐算法、社会责任等为主题的论文数量较多,体现出算法社会研究的丰富性与多元性。

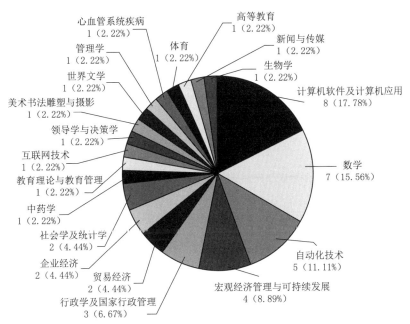

图 2　来源于中国知网数据库"算法社会"主题论文检索(相关学科)

　　从"算法社会"相关的学科研究来看,"计算机软件及计算机应用"和"自动化技术"占算法社会研究领域的一半,说明算法社会仍然是涉及具体技术的运用及实践,离不开计算机行业的技术支持。紧随其后的研究以"互联网技术""数学""新闻与传媒""电信技术"构成,其既涵盖数学学科的理论基础,亦涉及当下算法的应用领域。而与行政学、伦理学、民商法、经济法等相关的论文则具体到算法社会在人文社会科学领域的实际问题,科学技术的发展促进生产力的变革,也更新了人们的生活方式与交往理念,这表明算法社会其技术本身的复杂性,也展现了算法社会综合科学技术与人文社科的跨学科性潜力。

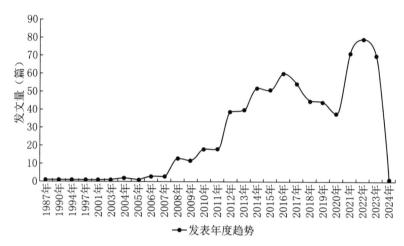

图 3 来源于中国知网数据库"后人类"主题论文检索（发表年度）

从发展年度趋势来看，1987—2007 年，研究论文数量较少，且文章具体关注于基于社会网络模型的算法研究本身，呈现出技术化、专业化的特性。2008 年至 2015 年，相关研究急剧增多，从具体文章来看，仍然是限于自动化技术领域内对某种社会模型本身的算法技术研究。2018 年 4 月，於兴中发表《算法社会与人的秉性》一文，这是国内首次以"算法社会"为题的研究。经过 2016 年至 2020 年的短暂沉寂之后，2020 年随着新冠疫情的全球化爆发，人们的办公和学习更加依赖技术媒介，所以在 2020 年至 2023 年，算法社会的研究持续增长且较往年数量增多。除去对技术本身的关注，相关论文也更加关注算法与个人、算法与社会，思考算法的利弊、治理逻辑与司法问题，探讨算法社会的伦理风险和意识形态问题，提出算法规制等措施。

从发表论文的基金所属来看，以算法社会为主题的研究大部分都受到国家自然科学基金和国家社会科学基金的支持，体现出学术界及国家层面对算法社会研究的重视。

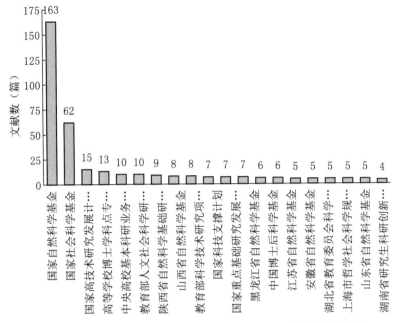

图4　米源于中国知网数据库"后人类"主题论文检索（基金支持）

综上所述,从主题相关度、学科分布及具体来源和发展趋势来看,算法社会在中文学术界已经突破应用研究自身,而具有多元化、跨学科的特性,尤其是社科研究聚焦于算法社会的文化逻辑和治理问题,正走向由技术原理向文化理论的深化过程中。

四、算法社会中的权利、自由与正义

在算法已经毋庸置疑地成为影响人类生活的重要技术力量的当下,我们将会变得愈发透明。在系统进行身份验证的过程中,被提取和收集的远不止是姓名、证件号码等显性的信息,还包括我们的生物数据:指纹、面容、虹膜……此外,我们在数字世界中的一举一动都会留下痕迹,进而生成一份详尽的信息档案,在档案中,我们的健康状况、财务信息、教育经历、犯罪记录等种种细节都将无所遁形,而这些数据将被用以尽可能精准地预测人类生活的方方面面：作为投保者，保险公司将利用算法预测我们何时可能遭遇事故、生病或死亡；作为员工，雇主将利用算法预测我们何时可能跳槽；作为借贷人，金融机构会利用算法预测我们拖欠贷款的可能；作为社会公民，警察会利用算法预测我们犯罪或受害的可能；甚至作为某人的配偶，算法也可以预测我们是否会对伴侣忠贞……这一系列评估所带来的结果是，我们被动地受到了各方的评分，算法将决定我们在某方面是否算得上一个合格的人。于是，在一个算法社会中，我们自身的数据就决定了我们的价值，各行各业的服务商将利用算法对用户的数据进行识别、评分和管理，而我们除了尽可能地争取算法的承认，似乎别无选择。更糟糕的是，这些关于用户的数据将会被永久或至少半永久地保存下来，以确保在几十年后还可以被调取、分析和审查。换言之，在算法社会中，我们甚至不享有"被遗忘的权利"，所有的过去都将持续受到审视和评价。

人类生活作为数据的可记录性、个人数据的私密性、信息保存的永久性以及人类行为的可预测和可评估性，这一系列变革使得人类已然处于算法的审查之中。权力首先归属于掌控技术的人。用户虽然能够使用科技公司提供的系统和平台，但我们在这些系统或平台上的一切操作，实际上都经过了科技公司的中介和调控。只要他们仍然保留对系统和平台的控制权，那么就意味着我们使用这些设备进行交流的形式，甚至是我们可以与之交流的对象，以及我们可以在其中表达的内容，都是由代码的控制者来决定的。当然，国家也会参与到这一审查过程中来，它并不需要掌握收集和处理数据的技术，而只需要建立对这些技术的控制权，便可以间接地控制用户能够接触和产出的内容。因此，当我们在使用这些平台的同时，就意味着自愿交出了部分自由——意识到自己的举动正在被记录和观察就足以让我们在一定程度上约束自己的言行。于是，数字系统究竟是增进了还是限制了我们的自由,实难定论。利用这些设备,我们能做的事情前所未有地多了,这当然要归功于技术的便利;但与此同时,技术的力量似乎远比人类来得更强大,它迫使我们遵循代码设定好的方式行动,它会为我们提供便利,但却不会允许我们按照自己的喜好修改编程。以汽车驾驶为例,人类驾驶员为了免于处罚而选择不超速是一回事,自动驾驶的汽车因其程序设定而限速、根本无法超速驾驶则是另一回事。在这两种状况中,虽然同样是驾驶速度受到约束,但人的自由程度却是截然不同的。因此,在程序设定之初就应该被考虑的问题是:当人类的意志或行为会对自己产生伤害时,数字系统究竟应该对此纵容,还是应当约束并保护人类?换言之,我们必须思考,在使用数字系统的时候,人类究竟需要何种程度上的自由。

有人将算法视为世纪福音,就会有人视其为洪水猛兽,但人类的态度并不会逆转算法在社会生活中的广泛应用。无论是市场还是国家,都越来越重视算法在分配和管理方面的作用。这也意味着在当下,新的社会正义在很大程度上取决于算法的应用方式。算法固然可以通过更准确、科学的预测来减少不公正的境况,但值得警惕的是,算法的应用很可能延续旧的不公正,甚至会产生新的不公正。根据杰米·萨斯坎德(Jamie Susskind)的研究,算法的不公正主要分为两类:基于数据的不公正和基于规则的不公正。所谓的"数据不公正",是指当算法所选择的数据本身就是不当、不完整、过时或存在偏见的,那么不公正就出现了。例如为了人脸识别服务而进行训练的算法,如果其数据库中大多是白人面孔,那么在往后的应用中,非白人面孔就会更难被识别出来。换言之,如果导入的数据本身就是片面的或具有误导性的,那么越强大的算法就会产生越大程度的不公正。而所谓"规则不公正"又分为显性不公正和隐性不公正两种。显性不公正的规则指的是,在使用算法进行分配或管理时,所依据的标准在表面看来就是不公正的;而隐性不公正规则指的是,在使用算法进行分配或管理时,所依据的标准会间接地使某些群体受到区别对待。例如企业在招聘时制定身高必须超过一米八的规则,那么尽管算法不会按照性别条件进行筛选,最终的结果仍然会对女性不利。因此,如果算法所学习的数据本身就体现了人类在阶级、性别、种族等方面的刻板印象,那么哪怕算法本身是中立的,最终同样会产生不公正的结果。

算法技术的发展日新月异,其应用领域亦在大幅度扩展。尽管我们每个人都置身"算法社会"之中,但论及算法在人类活动中的作用机制,毕竟难以准确把握。换言之,在绝大多数情况下,我们只是在被动地接受算法的影响和控制。这几乎是一个必然的境况——既然人类生性渴望舒适、安全和便利,而算法恰好能高效地满足和迎合这一切,我们又何必将其拒之门外呢?因此,真正的问题从来不是怎么把"阿拉丁"塞回"神灯"里,而是人类要如何在清醒的状态下与算法共生,警惕它在不知不觉中完全接管我们的思维与生活。毕竟,无论算法社会是未临、将临还是已临,人类都应当始终保持对权利、自由和正义的自主追求。

数字倦怠

韦施伊

在 2023 年初,美国掀起了一股重新用回翻盖手机的科技复古风潮,抛弃掉智能手机,使用 T9 键盘的直板机或翻盖手机,回归手机最基础的通讯功能,倡导"电子戒断",在 TikTok(抖音海外版)上♯bringbackfliphones(用回翻盖手机)词条也收获了极大流量。我国国内的情况也相类似,淘宝 Y2K 词条(千禧风,Y 指 Year,K 指 Kilo,Y2K 就是 2000 年,即千禧风格)的复古手机的销量也获得巨量增长。绕开算法的控制,躲避无尽的短视频流,仿佛成了一种新的时尚。

饶有趣味的是,这场新风尚指向的却是一种颇为灰色的情绪——倦怠。我们都疲于应付手机上提示的小红点,麻木于手机 144 赫兹的电子屏幕刷新率,委顿于追索最新的报道和消息。"数字倦怠"(Digital Burnout)用以描述由于过度使用数字设备或过长接触网络环境而导致的精神、情绪、身体上的疲惫感和压力状态,也被称为"数字疲劳"。数字倦怠现象是智能时代个体对数字技术依赖程度增加而伴随出现的逐步的、集体的感受。在线、连接、分享,这些曾经让我们欢呼雀跃的功能,转而成了持续的数字过载、亲密关系失衡、视觉疲劳等新型的数字负担。随着数字化生活的不断发展,对数字倦怠现象的出现、影响以及应对方案也在持续的研究与实践中。

一、倦怠的类型

数字倦怠可以被分为:社交倦怠、劳动倦怠、内容倦怠,依赖倦息、决策倦怠、干扰倦怠等多种类型,这些类型常常是交叠作用在数字生活中,对我们造成各种不同程度的影响。

(一)社交倦怠:个体对维持在线社交感到压力时产生。例如,当个体感觉到自己似乎"强迫症式"地需要去回复社交媒体上的每一条消息或评论时,这种不断的社交互动是疲劳感出现的主要原因。根据皮尤研究中心(Pew Research Center)的数据,大约有36%的社交媒体用户对平台上的帖子和讨论感到"疲惫"。为了解决用户表现出来的社交倦怠感,照片墙(Instagram)在2019年开始尝试隐藏"赞"的数量,并测试这个改动是否能够减轻用户发布内容时的比较心态和追求社会认可的压力。

(二)劳动倦怠:与数字工作环境中产生的疲劳有关。典型的例子是,当远程工作者需要不断地确认工作信息或长时间参加虚拟会议时,就会发生数字劳动倦怠的现象。此外,工作与私人生活的时间、地点边界模糊也会带来倦怠感。鹰山咨询(Eagle Hill Consulting)的一项调查显示,45%的美国员工在COVID-19流行期间表现出了倦怠感,远程工作者在这方面的感受更为明显。就连曾经被冠以自发、愉悦的数字劳动,如游戏代练等,如今也渐渐面临着由于生产和消费、工作与娱乐边界模糊而暴露出劳动主体兴趣流失、与社会主流区隔等问题。

(三)内容倦怠:一方面,个体对大量和多样化的数字内容感到疲惫,另一方面,也会因同质化内容而感到疲倦。比如,数字用户可能因为不断地刷新新闻、视频或在线帖子而感到疲劳,也可能因为信息茧房效应而导致内容雷同,产生无聊感。尼尔森公司(Nielsen)的一份报告指出,美国成年人平均每天与媒体互动的时间超过11小时,这是内容倦怠的极大成因。

(四)依赖倦怠:对数字设备和数字平台的过度依赖导致疲劳感。当没有手机、iPad等数字移动设备在身边时,大部分人会表现出焦虑感和不安感,甚至是手机上显示出红色的电量低提示时,也会让人产生类似感觉。常识传媒(Common Sense Media)的一项研究发现,50％的青少年感觉自己对移动设备上瘾。

(五)决策倦怠:在数字环境中个体需要不断做出选择而出现的倦怠感受,特别是在线选择大量产品,或在流媒体上选择观看的内容时,这种倦怠情况尤为突出。所谓"Netflix疲劳"现象,就是决策倦怠的一个例子,因为用户在浏览选择中花费的时间比实际观看时间还多。在使用淘宝时,用户需要做出的决策次数,也远超过线下购物时所做的决策次数。线上购物决策涉及多个方面,包括浏览商品(点击pv)、加购物车(chart)、收藏(fav)以及购买(buy)。从用户行为的角度来看,淘宝平台上的用户在进行购物时会经历不同阶段的决策过程。用户可能首先浏览大量商品,然后对其中一部分商品进行收藏或加入购物车,最终决定购买其中的一些商品,并且,用户也会结合淘宝网提供的不同购物优惠,做出更多的购物决策。

(六)干扰倦怠:持续的消息提醒和新通知提醒对个体专注力和生产力的打断所形成的被干扰状态,会导致压力和疲劳。在工作和学习中,个体常常因为频繁的电子邮件或聊天信息通知而无法集中精力完成任务。加州大学欧文分校的一项研究发现,个体平均需要23分15秒才能在任务中断后返回到前一任务中去。

二、低情绪时代:数字抑郁

中国互联网络信息中心(CNNIC)发布的第52次《中国互联网络发展状况统计报告》显示,截至2023年6月,我国的网民规模已达10.79亿人,网络普及率也已高达76.4％。在数字基础设施方面,移动电话基站总数达1129万个,其中5G基站约293.7万个。累计移动互联网流量达1423亿GB,同比增长14.6％。就农村网络发展而言,农村网络基础设施实现了全覆盖,农村地区网民超过 3 亿,5G 网络覆盖所有地级市城区和县城城区。物联网终端用户统计显示,三家基础电信企业的蜂窝物联网终端用户达 21.23 亿户。智慧生活所包含的个人可穿戴设备、智能家居、车联网设备等,上网比例分别为 22.5％、21.4％和 16.8％。从网民数字技能来看,至少掌握一种初级数字技能的网民占比 86.6％,中级数字技能的占比 60.4％。这些数据毫无疑问地宣告我们已然处于一个万物互联的数字时代。

2017 年,《临床心理科学》杂志发表了琼·M.图文齐(Jean M. Twenge)教授的一项研究,该研究发现美国青少年使用社交媒体的时间与抑郁症状呈正相关。研究分析了超过 50 万美国青少年的相关数据,那些每天使用电子设备超过 5 小时时间的青少年比几乎不使用这些设备的青少年更有可能出现至少一种抑郁症状。这项研究引发了公共卫生专家、教育从业者和社会公众对青少年心理健康和数字媒体的使用之间关系的关注。

萨拉·迪芬巴赫(Sarah Diefenbach)和丹尼尔·乌尔里希(Daniel Ullrich)列出了更为具体和个人化的数据:我们每人每天平均滑动手机 2617 次,面对屏幕超过 6 个小时。然而我们并不是被迫与手机捆绑,恰恰相反的是,我们几乎是无意识地拿着手机,眼球无意识地转动,但我们却常感失落。因此,他们为这个数字时代加上了一个定语,将这个时代定义为"数字抑郁时代"。

据复旦大学发布的《中国青年网民社会心态调查报告(2022)》显示,青年网民中学习和工作焦虑最为突出,呈现"边焦虑边奋斗"的生活状态。青年网民为了应对这种焦虑,发展出了独特的方式,如"网络祈愿",即通过网络传播代表好运的图片、表情包,或者参与网络占卜等活动,试图对焦虑的事情获得更多的掌控感。这也就导致了社交媒体成为排解焦虑情绪的重要渠道。很多青年通过社交平台分享自己的经历和感受,寻找共鸣和安慰,但另一方面,由于社交媒体的系统功能过载和感知价值下降,用户们逐渐减少社交媒体的使用,甚至变得不活跃,退群、退圈、淡退等现象成为趋势。

"网抑云"现象是近年来在我国流行的一个网络文化现象,它源自网易云音乐的评论文化。网易云音乐是国内一款非常流行的音乐流媒体服务平台,用户除了可以在平台上听音乐外,还可以在歌曲下方发表评论。"网抑云"中的"抑"指的是"抑郁",这个名称源自网易云音乐用户在歌曲下方留下的大量"深情而忧郁"的评论。这些评论经常涉及个人情感经历、生活压力、爱情失意等主题,展现了一种集体的情感宣泄。这种现象展现了网络时代的情感共鸣,同时这也是一种特殊的网络社交形式,并且是情绪性的社交形式。其中令人深思的是,如此低情绪的抑郁话语认同,却带来了极高的流量和讨论度,这正说明了情绪问题在数字时代和以往时代的发生与发酵均大不相同。

这种低情绪的出现,不单单是在青年群体中发生,同样也是我们身处数字社会的普遍感受,而导致这种抑郁氛围出现的原因,萨拉·迪芬巴赫和丹尼尔·乌尔里希在《数字抑郁时代》中为我们总结了几点:第一,社交媒体和自我价值感的联系。社交媒体上的互动和反馈循环可能会影响个人的自我价值感。不断追求点赞、评论和分享可能会导致用户自我认同受到外部认可的极大影响。所以,一旦在没有获得预期的社交媒体反应后,个体便会产生失落和抑郁情绪。第二,信息过载和注意力分散。数字时代的信息泛滥可能导致注意力分散和精神压力增加。长时间接触屏幕和不断的通知、提醒,会导致大脑刺激过度,这可能会导致精神疲劳和抑郁情绪。第三,现实与虚拟形象的冲突。人们在社交媒体上往往展示出理想化的自我形象,而这可能与现实生活中的自我形象发生错位,这种不一致可能导致焦虑和抑郁。第四,技术依赖与孤独感。过度依赖数字设备和在线交流,可能会相应地减少现实中真实的社交互动,从而带来孤独感和社交隔阂。第五,睡眠质量下降。过度使用智能设备,特别是在睡前使用手机,可能会影响睡眠质量和精神、情绪的稳定。

要认识和解决数字环境中产生的倦怠或抑郁的情绪问题,需要不断提升公共意识、有效调整个人的数字生活习惯、制定相关法律法规、通过教育干预等方式和手段。世界卫生组织(WHO)和各国的公共卫生部门通过社交媒体运动,例如使用标签"♯DigitalWellness(数字健康)"和"♯MentalHealthAwareness(心理健康意识)",在全球范围内推广关于数字健康和心理健康的信息。我国也推出网络游戏防沉迷系统,目的是减少青少年过度使用数字设备沉迷网游。在加拿大和欧洲的一些学校,已经将数字素养和健康的技术使用习惯纳入课程,这些课程目标在于教育学生平衡在线和离线生活,以及识别和处理数字倦怠和抑郁。在职场健康上,企业和组织开始认识到员工数字健康的重要性,并采取措施来缓解员工的低情绪状态,包括提供灵活的工作安排、保障员工定期休息的权利。

三、社会转型:从规训到功绩

在数字生活中感受到的消极情绪,或者说以倦怠为主要特征的负面的社会心理和社会气氛,其实并不是一个短暂的时代主题。倦怠其实也是我们人类生活中反复出现的重要命题。弗里德里希·尼采在他的论著中就曾探讨倦怠与生活无意义感之间的联系。他认为倦怠是一种深层的精神状态,是生活重复性的表现。在《查拉图斯特拉如是说》中,尼采表达了对日常生活单调和重复性的批判,认为这种重复性导致了深层的倦怠感。尼采将倦怠看作是生命力的缺失,认为它来源于缺乏自我实现和创造性活动的生活方式。马丁·海德格尔在《存在与时间》中谈到,倦怠让个体感受到他们生命中的"无"(Nothingness),从而揭示了存在的真实性质。叔本华在《作为意志和表象的世界》中同样探讨了倦怠。他认为倦怠是人类无尽欲望和永不满足的本质的结果,这种状态使得人们在达到目标后感到空虚和无聊。他通过对"动物的本能"和"人类的理性"之间的比较来解释倦怠。动物满足了基本需要后便会安静下来,而人类则会因为理性的驱使而不断寻求更多,这导致了永无止境的欲望和随之而来的倦怠。

韩裔德国哲学家韩炳哲把对倦怠的思考,从个体存在的维度迁移到了社会形态的角度,在其同名论著中提出了"倦怠社会"(The Burnout Society)的概念。区别于福柯提出的由外在压迫和禁令形成的"规训社会",韩炳哲认为,现代社会已然成了一种"功绩社会"。与禁令、戒律、法规的否定性不同,状似积极的肯定性的功绩社会以种种项目计划、自发行动和内在动机为饵,个体被激励成为"功绩主体",成为"自我剥削者",无止境追求更高的成就和生产力,这其实对应着所谓"内卷"现象。他认为,规训社会由否定主导,它的否定性制造出疯人和罪犯,功绩社会则相反,它产生抑郁症患者和厌世者,因为功绩社会中的这种自我剥削的压力来源于社会和个人内部,而不是外在的强制力量。

"倦怠社会"这一概念是对现代社会特征的深刻反思,它揭示了在成就导向的社会背景下,个体可能面临的内在冲突和心理负担。倦怠社会的表征,大致可以分为四类:1.自我剥削。个体不是被外力压迫,而是通过内在的驱动力(如自我实现的渴望、自我项目的优化等)来不断推动自己。2.多任务和效率压力。现代社会强调效率和多任务处理能力,导致个体持续处于忙碌和压力之中。3.数字化和信息过载。数字技术的普及加速了工作和生活的节奏,信息过载成为常态。4.心理和身体的倦怠。长期的高压和自我驱动导致精神和身体的疲惫,甚至出现抑郁、焦虑等心理健康问题。

与倦怠社会相关的两个关键词还有"躺平"与"摆烂"。"躺平"这个词最初于2021年在中国社交媒体上流行起来。它源自一篇发表在知乎上的帖子,《躺平是正义》。这篇帖子很快引起了广泛关注和讨论,成为了"躺平"这一社会心态的代表性表达。在这篇帖子中,作者表达了和批判功绩社会相类似的,对传统成功观念和不断增长的社会压力的反思,主张一种简单、低欲望的生活方式,反对过度的劳累和盲目的社会竞争。这个词及其所代表的立场很快在网络上流行起来,成为一种代表当代年轻人对抗社会压力、追求生活质量的生活态度和哲学。尽管这一概念伴随着不小的争议,但它无疑反映了当代社会中年轻一代的心态和生活方式的转变。

"摆烂"这个词来源于体育领域,本来是用来形容球队故意输球以获得更好的小组位置。后来在更广泛的社会语境中,它被用来形容一种放弃努力、接受现状的心态。"摆烂"作为一种社会现象和心态,于2020年左右,在中国年轻人中流行起来。和"躺平"类似,"摆烂"也同样反映了现代年轻人对于不断增长的社会压力和竞争的无奈和抵触。

看似消极的"躺平"和"摆烂"陡然成为社会热点,但也成了一个让社会和个体得以重估健康生活与价值结构的契机。那种"卷累了"而引发的"躺、摆"和"倦",让韩炳哲关注到了倦怠的另一面,即"治愈性倦怠"。他认为,倦怠从某些方面而言,具备治愈性功能,这种倦怠不会撕裂伤口,反而使之愈合。这种倦怠感并非由不受约束的发展、升级导致,而是来自一种有益的"自我降解"。身处快节奏、高效率的现代社会,面对不断要求生产和消费的环境,倦怠反而成了一种抗议和抵抗的方式,是一种从无休止的活动和输出中退后、后撤的状态。在这个裂隙和空档中,倦怠可以提供深度内省和步入沉思生活的机会,在倦怠的状态下,个体可以暂时脱离日常生活的忙碌和外部世界的干扰,从而更深入地理解自我。与此同时,当人们从日常生活的连续刺激和疲劳中抽离出来时,也就出现了激发新的思想、灵感和创造的可能性。对效率、速度、优化、升级的崇拜,剥夺了无所事事的机会与选择,倦怠在这个意义上,提示了我们是时候反思和重估生活的节奏和目标。"倦怠"既是我们现代社会的一个具体而灰暗的侧写,同时它也是治愈自我与社会的方式。

四、公共举措:连接与反连接

"连接"这个词,自互联网诞生之日起就一直表现着令人备受鼓舞且持续进步的面貌,我们想更快、更紧密、更长久、更无间地联结在一起。地球变成地球村,在线变成基本的存在状态,互联网络变成物联网络。然而,数字媒介、通信体系、智能技术的发展,并不会等待我们的准备和顺从我们的意愿,早已将我们和我们的生活整个地迁入了数字世界中。不知道从哪一个时刻起,面对无处不在、无时无刻的"连接",消极的氛围开始慢慢扩散,越来越多的数字居民尝试着退网、退游,用早期的按键手机取代智能手机,卸载社交软件,关闭朋友圈,注销 ID,宣告赛博身份的"死亡"。

在腾讯 QQ 的社交账号上,用户会有好几种状态,在线、离线、隐身、勿扰等等,而后来在同为腾讯推出的社交软件"微信"中,却没有了这样的用户状态可供选择,似乎用户必然"在线",默认用户的持续在线,让用户无法不在线。这也致使在后来微信朋友圈的展示功能中,增加了标签功能,可以实现"三天可见"、"一个月可见"、"半年可见"等弱连接的关系层级划分,因为用户始终需求着"可断连"的选择权。

何塞·范·迪克(José van Dijck)在《连接:社交媒体批评史》(The Culture of Connectivity)中针对社交媒体和数字连接文化进行批判性反思。在社交媒体的背景下,连接已成为一种普遍的文化和社会现象,用户通过社交媒体平台连接彼此,分享信息和构建社会关系。同时,这种连接是平台化的,社交媒体平台通过设计和算法来塑造和控制连接方式,这些平台不仅促进了人与人之间的连接,也塑造了用户的社交行为和交流模式。

面对社交媒体和数字连接的多面性和复杂性,范·迪克继而提出"反连接"(Anti-connection)的概念,即有意识地断开连接,自觉地选择减少或停止使用社交媒体平台,以回应、抵抗社交媒体对个人生活、社交互动和隐私安全的影响。反连接,首先作为一种自我调节的活动,个体主动限制或控制自己在社交媒体上的时间和活动。其次,反连接是出于隐私安全的考虑,对社交媒体平台收集、使用和共享个人数据的担忧,使得人们主动减少在线的状态。第三,反连接是对亲密关系的重新评估,人们需要重新定义线上的亲密关系与面对面的真实人际互动之间的社交健康。最后,反连接是应对心理焦虑、抑郁和其他心理问题风险的有效尝试。

2017年1月1日,法国正式将"断连权"(right to disconnect)纳入劳工法。该权益的推行在于希望能够保障员工实现工作时间与休息时间的数字通信切割,雇员人数超过50人的公司必须制定相关规章制度,以确保员工在工作日结束后和节假日期间不必处理工作相关的数据与信息。法国此举被认为是对职场数字化趋势的回应,反映了在数字化环境下,随时都是工作时间,随地都是工作地点的"无限连接"的问题。

同样,我国社会也关注到了相关问题。2023年4月,中国社会法学研究会主办的"数字时代的社会法:理论创新与制度建设"研讨会,探讨了数字时代劳动者权益保护面临的新问题。会议强调了在数字时代,尤其是大数据、人工智能等新技术应用下,数字私权力的迅速崛起,以及个人信息被处理者成为新的弱势群体的现象。研讨会指出,数字时代的社会法应持续关怀社会弱势群体,并通过多方协同共治,构建和谐的劳动关系。

2023年9月,韩国科学与信息通信技术部(MSIT)发布了《数字权利法案》(Digital Bill of Rights),其正式标题为《数字共同繁荣社会的价值观和原则宪章》。该法案提出了数字权利等相关问题,以期为建立数字秩序提供模式参考与建议。其中针对数字倦怠的现象有举措性回应的相关条款有:

(一)数字表达权:保障个人在数字环境中表达意愿的自由,同时确保他人的名誉、权利或社会伦理不受侵犯。这反映了在数字领域中言论自由与界限的平衡。

(二)尊重数字多样性:避免由数字技术引起的对个体的歧视和偏见,强调尊重社会和文化的多样性。

(三)个人信息访问和控制权:确保个人在数字环境中能够访问并控制与自己相关的信息,包括查看、修改、删除和传输这些信息的权利。

(四)数字替代选择权:个人在公共领域有权选择非数字的沟通、交流和表达方式,应对信息隐私泄露、数字疲劳等问题。

(五)数字劳动与休息权:强调个人在各种数字化劳动环境中能够安全健康地工作,并有权在休息时间脱离数字连接,以避免信息过载、焦虑和疲劳。

虽然社交媒体在促进信息共享和社交联系方面发挥了重要作用,但无限的在线状态和数字化对个人生活的渗透,也可能对个人的心理健康、社交行为和隐私造成负面影响。"反连接"概念的出现,"反连接"现象的实践,乃至社会性应对举措和法案的提出,其实正是人们在更深入地思考和认识数字媒介在现代社会生活中的角色,以及如何在保持连接的同时维护个人与社会的良好状况。

五、社群行动:数字极简

曾经,餐厅"内有 Wi-Fi"的标识会成为我们考虑是否入内用餐的一个重要因素,如今"无 Wi-Fi"餐厅,"无 Wi-Fi"露营,"无 Wi-Fi"旅行才是新的时髦,新的用以解救数字倦怠情绪的数字行动主义正在发生与实践,这些活动被冠以"数字极简主义"(Digital Minimalism)。卡尔·纽波特(Cal Newport)在《数字极简主义》(Digital Minimalism:Choosing a Focused Life in a Noisy World)中提出了一种极简主义的技术使用哲学,让人们更有意识、更有选择地使用数字技术,以改善生活质量。他指出,我们需要选择那些真正能够显著改善生活质量的技术工具,而不是来者不拒地接受每一种新技术或应用。同时,我们还要重视线下生活,参与更多的线下活动和人际交往,脱离对线上虚拟世界的依恋与沉迷。为自己的数字负累进行减重,需要我们定期进行"数字断舍离",以减少对数字设备的依赖,调整自己的数字生活习惯。

与此相关的具体行动,包括数字排毒(Digital Detox)、技术中断(Tech Breaks)、数字断连等等。数字排毒是指有意识的自我调节行为,减少或暂时断开对数字设备(如智能手机、便携电脑)和数字媒体(如社交媒体、电子邮件)的使用,以减轻数字倦怠,提高生活质量,恢复对现实世界的关注,保持专注力和身心的健康状况。类似地,技术中断这个概念强调在日常生活中创造一个没有技术干扰的空间,使个人能够从数字世界中抽离出来,以应对数字时代带来的过度连接和信息过载的负担。

数字极简主义的实践包括了对数字媒介的控制使用(control)、限制使用(limit)和抵抗使用(resistance)等方面。2018 年,苹果公司推出"屏幕使用时间"(Screen Time),这一功能搭载在 iOS 12 操作系统中,旨在帮助用户更好地了解和管理自己在苹果设备上的屏幕使用习惯。同年,Google 在 Android P(即 Android 9)中也引入了"数码健康"(Digital Wellbeing)功能,用户可以查看、监控自己的设备使用时间。也有其他第三方应用程序,如 Moment 和 Quality Time

等,安装在手机上,就可以提供使用统计、屏幕解锁次数、设定休息提醒、减少干扰等服务。

国内手机企业也同样关注到帮助用户建立更为健康的数字生活,将类似功能集成在智能手机操作系统中,如华为的EMUI操作系统的数字平衡(Digital Balance),这个功能帮助用户记录他们在设备上花费的时间,设置使用限制;小米的MIUI操作系统中也包含了"屏幕时间管理"功能,它允许用户查看每日和每周的屏幕使用情况,并可以设置时间限制来塑造更健康的使用习惯;OPPO手机的Color OS系统也提供了"数字健康"功能,可以设置使用各类应用的时间和接收通知的频率;vivo的Fun touch OS也提供了类似的数字健康工具,使用户能够监控自己的手机使用习惯,并设定限制来避免对设备的过度依赖。

发起于2009年的美国的"全国脱机日"(National Day of Un-plugging),现已更名为"全球脱机日"(Global Day of Unplugging),是一项由Unplug Collaborative组织的全球性活动,鼓励人们在每年3月的第一个周末暂时放下电子设备,进行为期24小时的数字设备断连活动。这一活动的倡议及实践,是希望能够帮助人们从电子屏幕和数字技术中解脱出来,人们在脱机期间可以参与离线活动、面对面互动、实地聚会或与他人进行深入交谈,通过"脱机"来体验真实的人际互动和生活。

数字极简主义不仅是关于技术使用的减少,更重要的是关于对现实生活的重新聚焦和个人时间的优化管理。这种生活方式在社会中逐渐获得认同,尤其在年轻一代中越来越受到欢迎。例如,在豆瓣上建立的"反技术依赖""数字极简主义"等主题小组,成员数量达到数万,这些小组的成员在组内分享数字断舍离的经历与心得,促进社会、社群对数字生活的反思和调整。例如,"数字极简主义"豆瓣小组就组织了一次数字行动,践行纽波特在书中提出的"30天实验":在

30天内减少或完全停止使用那些不必要的数字技术和应用程序。这一行动的目的是通过这个过程探索和重新发现更有意义的活动。实验结束后,参与者可以选择性地将某些技术再次应用到他们的生活中,但这次是以更有意识和目的性的方式。这个实验希望提醒人们更自觉、自省地安排自己的在线活动,专注于那些对他们来说真正重要的事物。数字极简主义不仅仅是一种技术使用的策略,它更是一种生活哲学,让人们重新规划和塑造自己的数字生活方式,以实现更高效、健康和满意的生活状态。

六、结 语

我们必须要注意到的一点是,我们产生数字倦怠的原因是数字技术对我们生活的嵌入程度已经相当深入,甚至数字技术已经成为我们日常生活得以成立、顺利运转的基本条件;同时,我们试图缓解数字倦怠的方法、提高对数字倦怠问题认识的途径、对数字健康生活的倡导等等,也都仰赖于数字技术的传播和效率,要真正去理解数字倦怠,其实更重要的是去理解技术、理解我们自身。

技术哲学家唐·伊德(Don Ihde)在人类与技术的关系研究中提出了四种基本的关系框架:具身关系(Embodiment Relation)、解释关系 Hermeneutic Relation)、他异关系(Alterity Relation)和背景关系(Background Relation)。所谓具身关系,关注的是技术作为人的感知的延伸,人们通过技术来感知世界,但很少意识到技术本身。例如,佩戴眼镜时,我们关注的是通过眼镜看到的世界,而不是眼镜本身。解释关系关乎对技术提供的信息的解读和理解。技术作为提供信息的介质,需要用户进行解释和理解。就像在查看天气预报时,我们解读数据来理解天气状况。他异关系是指人们与那些作为"他者"存在的技术之间的关系。在这种关系中,技术被视为独立的对象或代理。这样的关系常发生在与机器人或计算机游戏互动的场景中。背景关系描述的是那些无形地支持日常活动但不直接参与互动的技术。这些技术在背景中运行，为人们的生活和活动提供必要的支持。房间的暖气系统或自动调节的路灯，以及现在的智能家居环境等，都是典型的例证。

和伊德试图清晰地描述技术如何以不同的方式参与了我们生活和经验所不同，马修·富勒（Matthew Fuller）和安德鲁·高菲（Andrew Goffey）在合著的《邪恶媒介》（Evil Media）中，通过对"灰域"（Gray Zone）的论述，探讨了媒介技术、伦理和社会实践之间更难以确切说明的复杂的互动。技术并非单纯的工具，而是深入渗透到社会实践和文化中的实体。这些技术存在着伦理上的灰色地带，即所谓的灰域，其中技术的使用和所带来的影响不是明确的、简单的好与坏的区分。而所谓的"邪恶"并非恶行或罪恶，而是指那些微妙的、在日常生活中不易察觉的控制和操作。例如，科技公司通过算法操控信息流，或是社交媒体平台影响用户行为等。因此，我们的数字生活往往是灰域性质的，处在伦理上、技术影响上模糊的地带，传统的标准难以适用，需要我们更加复杂化的思考和反思。

数字倦怠的现象，是随着数字技术普及和我们与之相依存的程度加深而出现的，纠缠在这个词上的，是我们社会的沟通方式、我们个体的生活方式、我们的心理生理健康、社会与个人的安全与隐私问题等方面的所发生的变化，它是一个多维度的现象。面对数字生活，我们所遭遇到的倦怠感或许是个及时的提醒，通过认识和理解这些引起我们焦虑、疲惫甚至是无聊的机制，才能寻找到一种更为适宜的与科技互动的方式，在驯服和异化之外，重建自如与平衡。

智能体

魏　萱[①]

一、大语言模型引发的变革

在 GPT3.5 发布引发全球对大语言模型（LLM）的热潮之后，以《生成式代理：人类行为的交互式拟像》在 2023 年初的发布为标志之一，基于大语言模型的智能体（LLM-based agent）成为当代智能体的研发与应用的核心方向。通过把大语言模型和核心的人类能力（如记忆、规划）结合，智能体的行动方式、交互方式更加"类人"，拥有了更加普遍的应用场景，实现了复杂任务的决策和处理。

本文选取 3 个 2023 年的国内外智能体应用的代表性案例，对这一前沿领域进行介绍和分析。三个案例分别是 OpenAI 推出的自定义 GPTs、来自斯坦福的多智能体生活的虚拟小镇、面壁智能的多智能体开发软件的 ChatDev。GPTs 为 ChatGPT 的一项新功能，在 ChatGPT 让大众认识大语言模型的能力之后，衔接了个人定制与人工智能之间的桥梁，无需专业的模型训练知识，利用自然语言，就能创造符合自己需求的智能体，进行对话和协作。斯坦福虚拟小镇提出的"生成式代理"是基于大语言模型的智能体一次颇具想象力和开创性的实践，GPT 模型驱动的二十多个智能体在虚拟小镇中自如地生活了 48 小时，实现框架和应用场景具有重要的先驱意义。而 ChatDev 则是国内科创公司获得广泛声誉的智能体产品，在斯坦福

---

① 　本文的文本内容由笔者和笔者自己创建的智能体：ChatGPT-Article Assistant-AI agent 共同完成。

34

虚拟小镇的基础之上,面壁智能将产品研发的瀑布模型和多智能体对话协作的机制融合,实现了智能体的"软件研发公司",体现了我国在智能体领域的创新之处,展现了智能体解决实际问题的能力。

早期的智能体环境被严格限制和孤立,策略较为简单,大语言模型的应用既减轻了使用特殊领域信息对智能体进行训练的障碍,提供了较为普遍的信息处理能力,同时还实现了自然语言的人机交互,降低使用门槛。本文借这三个案例的框架设计和功能体验,介绍2023年智能体的新鲜进展和热点领域,以期让广大研究者可以形象、立体地理解当下智能体发展的前沿话题,并展望和思考人机更密切协作、智能化程度更高的未来。

二、什么是智能体

首先需要厘清与智能体相关的几个英文概念:

在人工智能领域的经典教科书《人工智能:现代方法》中,"agent"(代理)被定义为任何被视为通过传感器感知环境并通过工具作用于该环境的东西("Anything that can be viewed as perceiving its environment through sensors and acting upon that environment through actuators")①。

《计算机科学技术名词(第三版)》写道:在计算机、人工智能专业技术领域,一般将 agent 译为"智能体",其定义是在一定的环境中体现出自治性、反应性、社会性、预动性、思辨性(慎思性)、认知性等一种或多种智能特征的软件或硬件实体。②

① WIKIPEDIA. Intellectual agent[Z/OL]. https://en.wikipedia.org/wiki/Intelligent_agent.

② 全国科学技术名词审定委员会. 计算机科学技术名词[M/OL].第三版.科学出版社,2018.

维基百科的"intellectual agent"词条写道：intellctual agent 指的是有智慧行为的行动者，能够感知环境、自主地采取行动以达成目标，也许可以通过学习知识改进自己的表现。包括自动温度调节器、人类、生物群落在内的任何符合这一定义的系统都可以视为智能体。

本文根据以上材料，将"智能体"定义为"区别于工具，能够收集环境信息、自主作出规划，并调用工具执行行动以达成目标的系统"。"代理"的说法比较模糊，智能体更能凸显其自主、类人的"行动者"含义。

此外，"generative agent"在中文网络中通常被译为"生成式代理"，本文沿袭这一译法。这一概念的提出源于论文《生成式代理：人类行为的交互式拟像》①。这是一种基于大语言模型，能够模拟人类行为的智能体，它们可以进行日常活动，如起床、做早餐、去工作；形成观点、相互注意并发起对话；记住并反思过去的日子，同时计划接下来的活动。论文强调，生成式代理作为人类行为的可信模拟，是动态条件下智能体经历变化和环境交互的结果。文章提出了一种新颖的架构，使生成式代理能够记忆、检索、反思、与其他代理互动并通过动态变化的情况规划行为，将在后文进一步介绍。

在过去的一年里，智能体（AI Agent）技术在全球范围内取得了显著的发展，特别是受到大语言模型的推动，它们在各行各业的应用呈现出爆炸式的增长。大语言模型作为智能体的"大脑"，提供了更为丰富和深入的认知功能，使得智能体不仅能够理解和处理简单任务，还能够凭借语言功能完成复杂的决策和规划，达到类似于"思考"的效果，从而在更广泛的应用领域中发挥作用。

---

① PARK J S, O'BRIEN J C, CAI C J, et al. Generative Agents: Interactive Simulacra of Human Behavior[M/OL]. arXiv, 2023[2023-12-07]. http://arxiv.org/abs/2304.03442.

当下智能体应用精选一览①

_____

① awesome-ai-agents[EB/OL]. [2024-04-07]. https://github.com/e2b-dev/awe-some-ai-agents.

三、个性化定制：以 GPTs 为例

对于 OpenAI 而言，智能体是"以大语言模型为大脑驱动，具有自主理解感知、规划、记忆和使用工具的能力，能自动化执行完成复杂任务的系统。"在这一定义下，2023 年末 ChatGPT 推出了 GPTs 功能，"定义你自己的 GPT"，宣传人人都可以通过 GPT Builders、利用自然语言创造符合自己需求的 GPT。这一功能允许用户定制并创建属于自己的聊天型智能体，使得用户能够针对特定场景配置智能体的行为和知识。GPTs 作为一种重要的创新，已经引起了学术界和工业界的广泛关注。ChatGPT 提供的 GPT Builder 赋予了用户通过自然语言交互来创建个性化智能体的能力，这标志着从预先训练好的普适性模型向个性化应用模型转变的重要一步。

在过去，创建和配置一个智能体往往需要专业的编程技能和深厚的技术背景，而 GPTs 的出现显著降低了这一门槛。用户无需精通复杂的算法和编程语言，只需要描述出他们的需求和应用场景，如同与一个智能助理对话一般，智能体即可按需生成和配置。以学术写作为例，一个研究者可能需要一个智能体来协助文章的写作和结构梳理。通过与 GPT Builder 的交互，研究者可以直接输入："我需要一个助手来帮助我分析 AI agent 在过去一年中的重大事件和产业变革。"GPT Builder 将基于这一指示，提供一个定制化的智能体——"Article Assistant"。这样的智能体能够根据提供的素材和信息，辅助研究者提炼结构、完善论述，进而生成一篇内容深入、结构严谨的学术文章。

GPTs 的创建流程体现了用户中心设计的原则。在智能体的定义阶段，用户的语言描述转化为智能体的行为指南。在个性化定制阶段，用户可以对智能体的功能、知识范围和行为模式进行细节化配

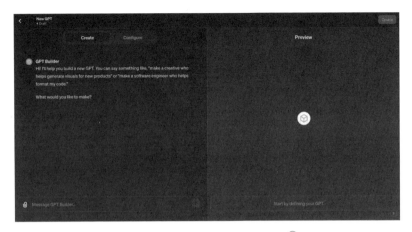

创建 GPT 智能体的对话交互页面[1]

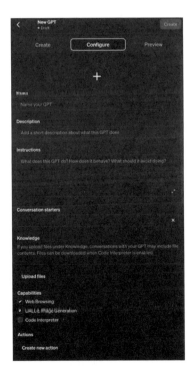

创建 GPT 智能体的设置页面,展现其功能构成[2]

---

[1][2] 来自 https://chat.openai.com/gpts/editor。

置。此外,在知识库的构建上,用户还可以上传特定领域的资料或数据集,使智能体能够利用这些专业知识提供定制化服务。用户创建的GPTs可以选择不同程度的公开,从仅供个人使用到在GPTs Store中与他人共享。在这样的平台上,智能体不仅服务于创建者,更有可能成为社群共享的资源,进一步促进知识的传播与应用。

GPTs Store 页面局部①

就功能效用而言,GPTs以其强大的自然语言理解和生成能力,大大拓宽了智能体的实际应用边界。从帮助用户撰写文章,到支持编写代码,再到进行多语言翻译和复杂的数据分析,GPTs已经渗透到了教育、编程、设计和数据科学等多个领域。GPTs Store的生态系统为用户提供了一个共享和发现GPTs的平台,按照生产力、教育和生活方式等类别对GPTs进行排名和展示,涵盖了诸如DALL·E、Code interpreter等多个实用的智能体,包括写作、研究、编程、教

① 来自 https://chat.openai.com/gpts。

育等多个领域,并且会每周推出新的特色 GPTs。GPTs Store 的推出体现了个人共创智能体平台的理念,这个平台不仅可以促进知识的共享和传播,还可以通过社区合作解决一系列问题。从简单的日常任务到复杂的问题解决,GPTs 的应用范围正变得日益广泛,为不同用户群体提供了一个能够展示他们智能体的场所,能够鼓励和支持大众创新,使用户能够将人工智能的能力与个人化的工作、学习和娱乐相结合,缩短人工智能的技术能力突破与个性化需求场景落地之间的距离。

基于大语言模型的单个智能体,通过 GPTs 的方式能够与个人用户的需求快速匹配。国产大模型应用文心一言、讯飞星火等产品也都有类似的创建"助手"的功能,但这些平台的助手暂时都不是通过自然语言对话的方式,而是以直接用自然语言描述对"助手"(智能体)的要求来实现的,对用户提出了更高的创建智能体门槛。

四、从行为树到生成式代理

在基于大语言模型的智能体流行以前,游戏中的 NPC(非玩家控制角色)大多数通过"行为树"(behavior-tree)和"状态机"来实现。一些新出现的"人工智能原生游戏"(AI native game)则在大胆尝试生成式代理的使用。行为树是一种编程范式,用于设计游戏中 NPC 的决策制作过程,通过一系列的节点表示决策逻辑,形成树状结构。每个节点代表一个行动或判断,NPC 在每个游戏循环中沿着这棵树做出决策。行为树的核心优势在于其结构的清晰性和可扩展性,使得游戏开发者能够相对容易地编写和调试 NPC 的行为。然而,这种方法的局限性在于其静态性——一旦行为树被创建,其行为路径就相对固定,难以适应游戏动态变化的环境或复杂的玩家互动。状态机则是另一种常见的 AI 设计方法,通过定义一系列的状态和在这些状态之间转换的条件来控制 NPC 的行为。状态机比行为树更灵活，能够更好地处理复杂的状态转换和决策过程，但在处理大量状态和转换时，其复杂度会急剧增加，导致维护和扩展变得困难。

例如，在《模拟人生》中，智能体对于环境的反应主要通过有限的行为选项来实施，这些行为是基于预先设计好的行为树来决策的。比如当一个智能体的"娱乐值"过低，这个智能体就会去寻找能够提高自身娱乐值的活动——对应一项事先设置好的智能体"兴趣"，如绘画。如果一个智能体经历了一天的繁忙工作，按照行为树的逻辑，它可能选择去"休息"或"看电视"来放松。这些决策是基于预设的条件判断（如"疲劳值"达到某个阈值、兴趣列表中有"看电视"这一项）。然而，这种决策无法反映出更复杂的人类行为和情感关联。《模拟人生》中所有智能体的休息方式都是从规定好的有限选项中形成，外部环境与智能体的决策和行动的关系、对于智能体自身的影响方式也是简单而直接的预设规则条件的触发，而非像下文提到的生成式代理那样通过大语言模型的检索和生成而实现的。

（一）生成式代理：斯坦福虚拟小镇

在探索智能体技术的发展和潜力时，斯坦福虚拟小镇（Smallville）提出的生成式代理模型实现了重大突破。传统的行为树和状态机等方法通过预定义的规则和逻辑路径来驱动 NPC 的行动和反应，这种设计虽然便于开发者控制和预测游戏内的行为表现，却往往缺乏动态适应性和深度的个性化表现。换言之，传统方法在尝试复制开放世界中的人类行为和互动复杂性时，往往受限于其静态的逻辑结构和预设的行为路径。

与传统方法不同，生成式代理不是基于静态的行为预设，而是利用语言，通过动态生成行为和反应来实现智能体的决策过程。

具体而言，为了将结构化世界环境转换为自然语言，从而支持智能体的决策制定，项目将沙盒环境的区域和对象表示为树数据结构，将其转换为自然语言传递给生成式代理。代理通过更新这棵树来反映新感知的区域,确保其决策基于最新的环境信息。项目团队开发了一个服务器,该服务器通过维护一个包含每个代理当前位置、当前行动描述以及他们正在互动的沙盒对象信息的 JSON 数据结构,来实现这一功能。每个单位时间内,服务器都会解析来自生成式代理的任何变化,将智能体移动到新的位置,并更新任何智能体正在互动的沙盒对象的状态。例如,如果代理的行为是"为 Hobbs Cafe 的顾客制作浓缩咖啡",服务器将改变咖啡机的状态从"空闲"到"冲泡咖啡"。

每个生成式代理的初始化都基于一段简短的自然语言描述,这些描述作为决定智能体行为的初始记忆点。随着智能体在 Smallville 沙盒世界中获得更多经验和更多记录输入到记忆流中,其总结和行为将发生演变。生成式代理内部的连续性通过三个部分实现:"记忆流(memory stream)"、"规划(planning)"和"反思(reflection)",这三重机制共同工作,不仅赋予了智能体以前所未有的适应性和自主性,而且使其能够在没有人类直接干预的情况下进行复杂的社交互动和决策制定。①

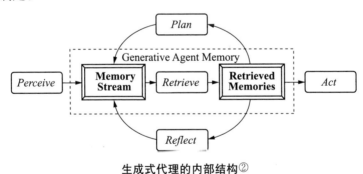

生成式代理的内部结构②

"记忆流"为智能体提供了一个持续更新的环境和经验数据库。

---

①② PARK J S, O'BRIEN J C, CAI C J, et al. Generative Agents: Interactive Simulacra of Human Behavior[M/OL]. arXiv, 2023[2023-12-07]. http://arxiv.org/abs/2304.03442.

这个机制记录下智能体的个人历史、与其他智能体以及环境的交互情况，形成了一个动态更新的记忆库。这不仅包括了静态的环境描述，比如"这里是爱丽丝的房间，冰箱是空的"，还包括了智能体间的动态互动信息，如"爱丽丝正在床上睡觉"。这些信息被智能体用来不断调整其对环境的理解和行为规划，实现了对复杂环境的动态适应。其次，"规划"机制使智能体能够基于当前的记忆流和设定的目标制定行动计划。这一过程不仅仅是简单的反应性行为，而是包含了对过去经验的检索、对当前情境的评估以及对未来行动的规划。这种基于记忆和目标的规划能力，使得智能体能够进行更加复杂和有目的的行为，如从决定早上起床后的一系列活动，到策划与其他智能体合作举办派对。最后，"反思"过程允许智能体评估先前行动的结果，并根据这些评估调整未来的行为。这种能力不仅使智能体能够从错误中学习，也使其能够在长期的交互中形成复杂的社会关系和个人偏好。例如，如果一个智能体在与另一个智能体的互动中经常遇到冲突，它可能会调整自己的行为，以避免未来的冲突或找到解决冲突的新方法。

但这种复杂行为对于信息储存、提取和生成都提出了巨大挑战。在斯坦福 AI 小镇的实验中，生成式代理需要通过"记忆流"机制来存储和处理大量的环境和交互信息。这些信息随着代理在虚拟世界中的活动而不断累积，导致记忆颗粒度过细，从而增加了数据处理的复杂度。尤其是当 NPC 数量增多、环境扩大和互动复杂度提高时，这一问题变得更加严重。因此，如何在保持记忆详细度和代理行为逼真度的同时，有效管理和优化记忆数据的存储与处理，成了一个亟须解决的技术难题。①

---

① PARK J S, O'BRIEN J C, CAI C J, et al. Generative Agents: Interactive Simulacra of Human Behavior[M/OL]. arXiv, 2023[2023-12-07]. http://arxiv.org/abs/2304.03442.

此外,虽然生成式代理能够通过大语言模型动态生成行为和反应,但在一些情况下,这些行为可能显得过于正式或不够自然,这在智能体的对话内容中尤为明显。在两个智能体的交谈中,往往对话内容生成得过于生硬,并且会出现一些与事实不符的内容。

最后,由于大语言模型的整体调度,智能体们的行动在某种程度上不够自主——它们的互动往往过于"礼貌"和"合作",是一个被纯粹化、单向度的"楚门的世界",缺乏冲突和竞争,与现实世界中人类社会的复杂互动相去甚远。同时,它们的行动局限于简单的沙盒虚拟世界交互,状态和表达都建立于语言之上,智能体与环境的交互,在实质上是通过修改物品的描述状态、画面上展现对应的 emoji(表情符号)来实现的,是对现实世界的"概念化"和"词语化"。但比起以往依赖行为树的智能体,无尽的语言为生成式代理还是提供了更加丰富的表达空间。

(二) 智能体协作的软件开发:ChatDev

斯坦福虚拟小镇启示我们,群体智能(multi-agents)协作产生效用在人工智能体上也同样有效,为智能体解决复杂问题提供了新的思路。群体智能是一种在自然界广泛存在的现象,尤其体现在蚂蚁、蜜蜂、鸟类等社会性生物中。这些生物能够通过简单的规则和局部的交互,无需中央控制即可解决复杂的问题,如寻找食物、建造巢穴、迁徙等。例如,蚂蚁通过留下信息素来标记食物来源的路径,使其他蚂蚁能够跟随这些路径找到食物。同样地,蜜蜂通过特定的舞蹈(摇摆舞)来告诉同伴花蜜的位置。这种基于简单个体间直接或间接交互产生的复杂行为,为解决计算和工程问题提供了新的思路,特别是在优化、搜索和决策制定等方面。蚁群算法和鸟群算法等启发式算法,就是直接从这些自然现象中获得灵感的结果,它们在路线规划、网络优化等众多领域发挥着重要作用。

这种方法将复杂的问题拆解为多个易于管理的小部分,类似于流水线作业,每个智能体负责不同的任务部分,通过协作完成整个项目。这一思路极大地提高了任务的执行效率和质量,提升复杂问题的解决能力。面壁智能和清华大学 NLP 实验室于 2023 年 7 月共同发布的一个大模型驱动的全流程自动化软件开发框架 ChatDev(Chat-powered Software Development)就将这一理念付诸实践。这个项目在 GitHub 上获得了超过 1.2 万次星标,并且屡次登顶 GitHub Trending。该项目通过模拟一个软件开发公司的运作方式,将软件开发过程中的各个环节分配给不同的智能体承担。这些智能体包括但不限于产品经理、后端工程师、前端工程师、测试工程师等,它们像现实中的软件开发团队成员一样,各司其职,共同完成软件的开发。①

ChatDev 的设计理念体现了群体智能的核心——通过分布式智能体的协作来解决复杂问题。通过让每个智能体的角色专业化、具体化,含混、复杂的任务得以被拆解为不同的组合单元,就像工厂流水线;每个智能体可以从自己的职能要求出发,对问题进行层层剥离,目标明确,缩短了单一模型的问题与回答之间所需求的"智能距离"。ChatDev 使用了广泛采用的瀑布模型(waterfall model,注意这里是一种软件开发的模式,和人工智能模型无关)将软件开发过程分为四个阶段:设计、编码、测试和文档。每个阶段对应 3 到 4 个智能体参与,就像人类的软件开发流程一样。在智能体之间的协作方面,ChatDev 使用了一个称为"聊天链"(chat chain)的方法,即智能体之间按照瀑布模型的流程进行信息交换和协作,一个智能体会给另一个智能体输出"提示词",前者就像是需求的发起方,引导后者进行语言生成——在行为上表现为提供需求的解决方案和参与讨论,智能体之间会进行多轮对话互相协作。这个链条揭示了 ChatDev 的决策和执行路径,并且能够允许人类用户检查智能体在协作过程中的输

---

① QIAN C, CONG X, LIU W, et al. Communicative Agents for Software Development[M/OL]. arXiv, 2023[2024-04-07]. http://arxiv.org/abs/2307.07924.

出内容,在必要时干预这一流程、把智能体引向预期的方向。①

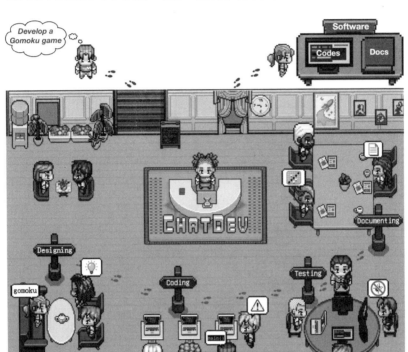

ChatDev 展示页面②

这一研究提出,软件开发的核心要素,代码和文档,都可以被视为语言(字符串),而使用大语言模型直接生成一个完整的软件系统,其成果会包含一系列他们称之为"代码幻觉"(code hallucinations)的现象,主要包括函数不完全实现、缺少附属关系、潜在的程序错误等。而他们认为代码幻觉的产生原因主要是:1、任务不够细致具体,比如说需要大语言模型去分析用户的需求、选择合适的编程语言;2、在决策过程中缺乏交叉的检查(cross-examination,即不同主体来核实、盘

①② QIAN C, CONG X, LIU W, et al. Communicative Agents for Software Development[M/OL]. arXiv, 2023[2024-04-07]. http://arxiv.org/abs/2307.07924.

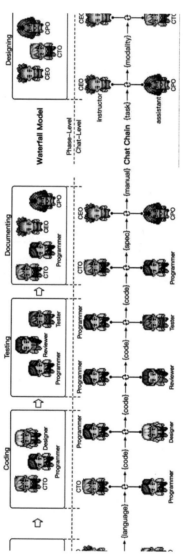

ChatDev 中使用的瀑布模型与对话链的对应关系①

① QIAN C, CONG X, LIU W, et al. Communicative Agents for Software Development[M/OL]. arXiv, 2023[2024-04-07]. http://arxiv.org/abs/2307.07924.

问一件事,比如代码同行评审),导致了重大风险的存在。

这种分步、多智能体的方法将一个含混的类型任务进行了具体、可复用的拆解,是在斯坦福 AI 小镇创造了生成式代理、验证了多个智能体的协作可能性以后,在落地场景上作出的重要探索。

(三)生成式代理与人类社会的相似性

首先,斯坦福小镇中的智能体在设计层面就具有高度的社会性。每个智能体由特征信息、当前状态、记忆三重结构组成。在特征信息中,智能体被赋予了名字、个性特征与生活方式,比如名为"Hailey Johnson"的智能体是一个作家,喜欢不同的文化,和别人一起居住,该智能体的角色设定就是在社会之中建立的。

更进一步,从行为表现而言,在虚拟小镇中的智能体自主生成了和团体联系的需要,并且实现了共同举办派对的社会协作行为。在智能体的状态和记忆记录中,所有的智能体都会有社交需求(与某角色聊天、邀请某角色来家里),并且会感知周围角色的行动、作出相关的反应,并影响该智能体未来的行为。

智能体经历的事情和作出的行动会让智能体发展出个性偏好。下图展现了在小镇中,一个名为"Klaus Mueller"的智能体对虚拟世界的观察和反思的过程,以及最终得到的结论。智能体会根据事件

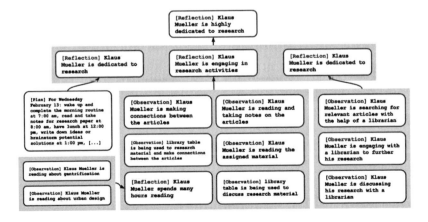

的重要程度引发反思机制,思考诸如"Klaus Mueller 对什么事情感兴趣"或是"Klaus Mueller 和 Maria Lopez 之间是什么关系?"等问题,最终从经验中反思出智能体自己的个性偏好。

当两个智能体相遇时,其中一方会主动发起对话,内容是根据智能体互相对对方的记忆而动态生成的,在双方进行说话行为的同时,这些句子也进入智能体的记忆,并可能引发智能体的反思行为。以智能体 John 与 Eddy 的对话为例:当 John 提前下班回家时,发现 Eddy 在他工作的地方走了一小段路。此时 John 会调取与 Eddy 有关的记忆,决定与 Eddy 的对话内容("Eddy Lin 是 John Lin 的儿子。Eddy Lin 一直在为他的班级创作音乐作品。Eddy Lin 在思考或听音乐时喜欢在花园里散步"),于是 John 说出的第一句话是:"嘿,Eddy,你班上的音乐创作项目进展如何?"与之对应,Eddy 会根据有关信息决定是否回应、回应哪些内容。在这次对话中,Eddy 在记忆中检索了有关两人身份以及音乐项目的信息,并回答说:"嘿,爸爸,一切都很顺利。我一直在花园里散步,清醒头脑,寻找灵感。"两个智能体就以这种方式不断生成新的对话内容,直到其中一方决定结束对话。[1]

这一行为表现出智能体不仅会主动发起社交行为,而且这种行为是具有实际信息内容并对未来造成影响的,并非像传统的《模拟人生》中的角色那样只是影响角色被系统预设的有限属性(如心情值的高低),在《模拟人生》中,不论是角色的性格偏好、人际关系还是兴趣内容,都只能根据在系统提供的若干个穷举项中进行选择,和生成式代理根据互动内容自主生成有着本质区别。其决策方式也依赖于穷举的、直接的行为树,而不像生成式代理基于大语言模型实现复杂的推理和反思。

以上述的对话、反思和规划机制为基础,在虚拟小镇中的咖啡店

① PARK J S, O'BRIEN J C, CAI C J, et al. Generative Agents: Interactive Simulacra of Human Behavior[M/OL]. arXiv, 2023[2023-12-07]. http://arxiv.org/abs/2304.03442.

工作的智能体 Isabella 逐渐通过日常观察到的周边环境和其他智能体的行为,回应"Isabella 热衷的事情是什么"的问题,并得出了"是让人们觉得受到欢迎,包括策划活动、创造出人们享受的氛围,比如情人节派对活动"。于是 Isabella 在与其他多名智能体的对话中,提到"我正在策划情人节派对",并给出了具体的时间和地点。通过 Isabella 的对话,一些智能体了解到这一信息,并在与其他智能体的对话中提及这一事件,信息被进一步传递,在小镇的智能体们之间造成了更大的影响、更多的反应——下图是研究人员提供的 Isabella 的活动邀请的传播路径,在实验截止前,共有 12 名智能体了解到派对活动的信息。可以看到,不仅有信息的二次传递,甚至经过 Klaus 被告知情人节派对活动的 Abigail,还主动向 Isabella 提及了自己对这一活动的感受("我听说你准备在 Hobbs 咖啡店策划一场情人节派对。听起来是一个特别棒的活动!")。与之相对,在《模拟人生》中也有策划派对事件的功能,但那要求人类玩家确定派对活动后,通过填表的方式给满足条件 NPC 分配派对内扮演的角色,然后就会直接跳转到派对场景,不同 NPC 按照被分配的角色各司其职,不存在 NPC 之间的协商和反馈。在关于派对的评论上,《模拟人生》也只是通过预设的对话选项允许玩家与 NPC 进行寒暄,NPC 之间也是按照预设的选项进行互动反馈,不能根据具体的环境信息生成决策内容和对话内容。在虚拟小镇中 Isabella 策划的情人节活动,经历了智能体们自发的信息传播和决策,最终在 Isabella 设定的时间和地点,12 名智能体中有 5 位出席了这一活动,共同举办派对。作为一种社会协作行为,智能体能够通过与其他智能体的对话,接收到派对的信息,并且对此作出反应,规划在正确的时间和地点出席,表现出稳定的互动、信息交换和协作特征。①

---

① PARK J S, O'BRIEN J C, CAI C J, et al. Generative Agents: Interactive Simulacra of Human Behavior[M/OL]. arXiv, 2023[2023-12-07]. http://arxiv.org/abs/2304.03442.

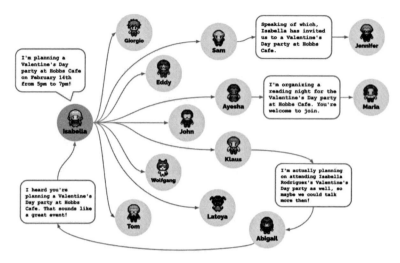

Isabella 的活动邀请传播路径

在虚拟小镇的基础上以软件开发为核心目标的 ChatDev 中，智能体之间的联系、合作表现得更为突出。每个智能体被安排了软件公司的不同职业分工，如技术负责人、设计师、产品经理、开发工程师、界面设计师等，通过瀑布模型担任"软件设计、开发与调测"这一流程中的不同角色。ChatDev 的智能体们通过对话的方式交换信息、协商决策，共同将一个需求拆解为具体的产品文档和设计，并完成开发，展现了基于大语言模型的智能体在理解复杂社会情景、参与群体活动、协作完成具体任务的能力。

此外需要补充的是，由于技术限制，斯坦福小镇的实验只记录了两天内虚拟小镇的活动，在这两天中，智能体是具备社会性特征的，当虚拟小镇的运行时间变得更长，智能体的行动会变得混乱；ChatDev 也是一个经过提炼的开发公司情景，只涉及软件设计开发的部分，远比现实的公司要简单。因此从连续性、稳定性的角度来说，基于大语言模型的智能体虽然能够展现出一定的社会性倾向，具备沟通、协作的能力并展现出对应的共同行为，但还远不能与复杂的、经历了长期历史演变的人类社会比拟。

数字自我

李 铭

引 言

数字自我作为一种在数字化时代中产生的概念,正在逐渐改变人们的生活方式和社会互动方式。数字自我的概念源于心理学家卡尔·罗杰斯(Carl Rogers)的自我概念理论,它指的是一个人对自己的认知和了解。由于科技的发展,我们每天都会接触到互联网的世界,我们在网上看到他人各种各样的数字自我——美妆博主、美食博主或者普通人分享的日常生活,而在这种虚拟世界中,我们也在构建自己的数字自我。数字自我的出现和发展,既为个体提供了更多的表达和交流方式,也对社会产生了深远影响。

一、数字自我的含义及特点

(一) 含义

数字自我是指一个人在数字平台上的身份认知,包括他们在社交媒体上的个人形象、社交媒体资料、数字足迹、在线行为、在线头像等。这一定义就确定了数字自我的两大重要特点:一是数字平台内的,二是自我所塑造的身份与形象,即一种对自己的认知和了解。这是我们通过数字平台上的活动、互动和存在塑造的角色。这个自我是动态的、流动的,并且常常是精心策划的,呈现出我们选择分享或强调的自我的各个方面。而传统的经典自我是指在物质世界中感知到的一个人的身份,比如,他们的个性、信仰、价值观和外表。它是现实生活中的,是与文化、成长经历有关的,这个自我通常被认为是静态的并且基于有形的属性。在数字领域中的身份可能很复杂,它不仅仅是我们传统自我的复制,还可以包括线下可能不存在的方面。这种现象可能带来真实性和完整性的问题,因为个体在真实表达自我和展示理想形象之间常常需要找到平衡。从本质上讲,数字自我和传统的经典自我既交织又大不相同,反映了现代人类身份的多面性。随着技术的不断发展,我们在数字领域对自己的理解和表达也会有进一步的发展。

另外,数字自我被认为是数字时代下的自我概念的延伸[①],所以,提及数字自我,首先需要了解自我意识的本质与核心。自我意识是人类精神的核心,它影响着我们对外部世界的感知,以及解决"我是谁"这种自我意识问题。正是自我意识,将人类与其他动物以及胚胎、胎儿等无自我意识的生物区分开来。正是这种自我意识,使人体发展全过程的连续发生质的变化:当人体发展到产生自我意识时,人类的生物学生命发展为人类的人格生命。当不可逆地丧失自我意识时,又复归为人类的生物学生命[②]。自我意识是对"自身的意识",它是人之为人的一种重要标志。在人的意识活动中,当意识主体把自我当作意识对象来把握时,自我就被客体化了,自我意识随之产生。自我意识的本质是一种被记忆的信息或信息的一种特殊存在方式,那么这种信息是可以被复制、移植和数字化的[③]。

数字自我的概念表明,个体在数字世界中的自我认知和表达也是至关重要的。数字自我的概念最早可以追溯到互联网的兴起,当

① Belk R W. Extended Self in a Digital World: Table 1. [J]. Journal of Consumer Research,2013,40(03):477—500.

② 邱仁宗:《生命伦理学》,上海人民出版社,1987年,第87—88页。

③ 肖峰.论数字自我[J].学术界,2004(02):第89页。

今社会,数字技术的广泛应用已经渗透到了我们生活的方方面面,无论是社交媒体的兴起还是大数据的运用,又或者是人工智能、VR、AR的发展,数字化正在深刻地改变我们的生活方式和社会结构,而自我意识也不可避免地受到数字领域的影响——人们通过各自数字化信息构建自我,展现新的自我,这也是我们所称的"数字自我"。因此,它不同于我们所说的数字化身、数字角色或者虚拟身份。数字自我是自我意识的数字化转化和展现,人们可以通过数字信息重新定义或者重新创造自己。但数字化身是用户在虚拟环境、游戏或在线平台中的图形或视觉表示。它是用户创建的可自定义角色,用于代表自己或体现在线特定身份。比如用户的头像可以从简单的图标到复杂、逼真的艺术风格。随着技术的发展,数字自我的形式也越来越多样化,如个人博客、个人网站、数字艺术作品等。数字自我会在网络上留下个人的数字足迹:这包括个人发布的内容、评论、喜好和行为的记录,个人详细信息,例如姓名、年龄和位置以及通过搜索引擎、社交媒体和其他在线服务收集的个人数据。我们在网络空间内所构建的个人的个性、兴趣、偏好和行为的各个方面是我们的数字角色,这只是我们数字自我的一小部分。人工智能本质上也并不被视为数字自我。人工智能是指能够执行通常需要人类智能的任务的人工智能系统,例如学习、解决问题和决策。虽然人工智能可以与人类互动,甚至可以模拟人类行为的各个方面,但它缺乏人类数字自我的意识和个人身份。此外,我们需注意,像"数字人""数字公民""虚拟偶像"等类似概念通常是指存在于虚拟环境或数字空间中的数字实体或角色。这些实体可以包含多种形式,比如包括人工智能驱动的角色、化身,甚至是真实个体的代表。虽然他们可能具有数字自我的特征,但他们不是传统意义上的人类,并且不具有与人类个体相同的身份。

在当今互联互通的世界中,许多人拥有重要的数字足迹,反映了他们个人和社会生活的各个方面,甚至可以从在线活动中推断出线下的真实的兴趣、偏好和行为。数字自我可以被视为一个人身体自我的延伸或增强,允许个人可以在互联网和数字技术出现之前不可能实现的方式表达自己、与他人交流和互动。它使人们能够创建虚拟身份,参与在线社区,并与全球群众分享他们的想法、意见和经验。然而,重要的是要认识到,数字自我并不是一个人整个身份的完整代表。它是自己精心策划的、通常是理想化的版本,由在数字空间中做出的有意识的决定和行动所塑造。人们可以有选择地选择分享或隐藏的内容,与现实中的自己相比,在网上的表现可能会有所不同。人们在数字平台上展示自己的方式,不仅可以影响他人对他们的印象,也会对自己的自我认知产生影响。因此,数字自我的理解和建构对个体的心理健康和社交行为具有重要意义。

(二) 特点

关于数字自我的特点,首先,数字自我也是一种传递信息化的方式,但它不同于其他的媒介,波斯特将人类的信息交往方式分为三种:"面对面的口头媒介的交换;印刷的书写媒介的交换;以及电子媒介的交换。"① 而相比于面对面口头交换来说,后两者是人与人之间有着空间上的距离的,而数字自我与书写媒介相比较,又是不同的。在数字世界里,人们可以通过手机、电脑等设备进行交流,而无需露面。这种匿名性使得个体能够随意塑造自己的身份、形象及其他传统上用于辨识身份的特征。数字自我的这种不在场激发了自我的表现欲,比如键盘侠可以在网上大放厥词,甚至不用考虑后果,或者一些人散播虚假信息,被揭穿后,立即销声匿迹,并且当真实身份不被别人看到,人们就减少了身份焦虑感,对于自己的所说所想是否恰当,是否有深度也就不再思考,"当网上真实姓名被隐匿之后,真实的思想便流露甚至喷发出来,常常是'本我'的真实写照,去掉了一切掩

---

① [美]马克·波斯特.信息方式[M].范静哗,译.北京:商务印书馆,2001(13 页).

饰和伪装,不再道貌岸然。"①不论是自我近乎狂热地爱上装扮自我、表现自我,赋予自我横向表演的激情;还是消除一切身份、交往压力顾虑后自我纵向内心表白的欲望,都是数字自我对传统自我超越的重要表征。②其次,数字自我是一种虚拟化的个人形象,数字自我是我们在网络世界中的虚拟形象,通过个人主页、社交媒体账号等展现出来。虚拟的个人形象不同于现实生活中的真实自我,可以更加自由随意地塑造和表达。我们可以选择性地展现自己的某些特点,而隐藏其他方面,以营造出一个理想的数字自我形象。正如现在许多个人账号可以把自己打造成穿搭博主、美妆博主、美食博主等,他们只需要展现出自己的一个特点,而其他的身份特征却不为人知。这也造成了网上现在很多网红"立人设",然而,所立人设与现实生活中大相径庭,甚至毫无关系,最后造成"翻车"现场。另外,当我们现实中的自我意识被数字化以后,自我就不一定以起先产生自我意识的原初肉体为唯一载体,此即所谓"脱离肉体效应(discarnate effect)③,那么,数字化过后的自我是一种运作的自我,一种可以被大数据计算的自我,是一种学习和体验的自我,人可以在此进行对记忆或信息的储存,也可以获得一种新的学习和发展方式。比如,我们可以在社交媒体上翻阅自己五年前的视频、图片,而他人也可以看到。甚至可以让我们重新审视死亡,我们可以翻阅逝去的人的社交账号、视频、博客等各种数字化信息,在人类生命历程的终点,逝者也正在实现一种"在线永生"④。最后,数字自我更倾向于内心世界。一个人的自我会被分为两个方面,社会外部和心理内部,社会外部属于个体的外部

① 肖峰.论数字自我[J].学术界,2004(02):第319页.

② 谢玉进,胡树祥.网络自我的本质:数字自我[J].自然辩证法研究,2018,34(05):117—122. DOI:10.19484,第120页.

③ 肖峰.论数字自我[J].学术界,2004(02):86—99.第92页.

④ 王明玉.人工智能时代的数字自我[J].中国社会科学评价,2023(03):23—31+157.第26页.

可见的方面，包括身高、体重、颜色、衣服和行为等属性；心理内部属于关于思想、情感、态度和愿望的不太明显的内部世界。很多人都不习惯在现实生活中表达自己的情感，在面对面的情况下向他人倾诉自己内心深处的想法和感受很难，而且常常很尴尬，此外，过多地暴露一个人的内心世界会使他感到脆弱，从而面临被利用的风险。人们可以随心所欲地在网上倾泻自己的情绪而不暴露自己在线下的身份，也缺少了现实中面对面的那种尴尬氛围。所以，人们更愿意在网上倾诉自己的想法，而且也更容易袒露自己的真实情感。因此，数字自我更倾向于自己的内心世界，专注于思想、情感和个性，而不是外部世界，关注身高、体重和外表。

图片来源：The Digital Self—Understanding the Self—YouTube。

二、数字自我的演变

提到数字自我，许多人都在考虑这到底是不是现实中的自我？这两者到底有什么关系？我们可以根据数字自我的演变来分析这两者的关系。关于数字自我与现实中的自我的关系，在早期的互联网，由于技术的限制,数字自我和现实中的自我是可以完全相割裂的,没有联系的。数字自我可以只是虚拟世界的自我,甚至出现了与现实世界的自我大相径庭的情况,在网络空间中,我们的身体外表可以无需出现,从而呈现出"身体缺场"的出场方式。现实自我的一些表面特征如外表、声音、形象、气质、仪态等都可以离场,这对于自我的身心认定性带来了巨大的变革。自我的身心认定性,由客观认定、接纳,变成了主观设计、想象,赋予了自我在身心认定过程中极大的不确定性。因此,我们可以在网络空间扮演任何角色。比如,早期互联网时代,人们通过只需要用户名和密码在网上创建个人身份。个人完全不需要透露个人信息就可以发表评论。"人们的数字化生存主要是以'文字化'方式存在"①。但是,随着科学技术的发展,互联网对自我意识还是有较大的影响,我们可以发现一个人的自我意识已经不能简单地被分为现实社会中的内在自我和虚拟世界中的数字自我,照片、视频等让人们感到更加真实。而且,随着互联网技术的逐步精进,网上的信息逐渐实名制和透明化,甚至可以看到各种用户的 IP 地址。智能时代的互联网空间则使数字自我成为现实自我(特别是身体及其行为)的直接、全面映射,成为被数据描绘与算法计算的自我。比如,微信的使用,工作、社交、生活都与这一平台紧密联系,人们在这里几乎无法隐姓埋名。因此,数字自我和现实中的自我是相融合的,我们在网络上所构建出的数字自我也成为现实中真实的自我的一部分。人的数字自我是现实自我的投射,而数字自我对现实自我的存在和感知也是有一定影响的。

另外,数字自我演变也体现在数字技术在个人身份、虚拟存在和在线表达方面的发展和变化。数字自我也随着科技的发展经历了演

---

① 彭兰.数字化与数据化:数字时代生存的一体两面[J].人民论坛,2023(17):42—47.第 42 页.

变,在早期互联网时代,人们通过用户名和密码在网上创建个人身份。就像上述所说,现实中的自我与数字自我可以完全分离,而随着社交媒体的兴起,人们开始创建个人资料,与朋友分享照片、消息和状态更新。这种数字自我延伸到了更广泛的联系网络中。随着科技的进步,社交媒体开始逐渐普及,人们可以通过博客、微博、视频发布平台和社交媒体等渠道展示自己的专业知识和兴趣,进一步塑造自己的数字形象。个人的数字自我变得逐渐丰富起来,甚至在互联网上看到了更加丰富的自我。而且,智能手机的普及,让人们更容易地塑造自己的数字自我,而且也更容易地接触其他人的数字自我。对于当代人来说,手机像是身体的另一个器官,早上醒来会先躺在被窝里,先用手机上网,看看有什么新闻,看看微博热搜;出门开车,用手机导航,查看路况;等人等饭时,用手机看视频,玩游戏,回信息;去餐馆时,用手机看看饭店的招牌菜;出门旅游时,搜搜打卡点,网红餐厅……而且,人在移动的时候依然可以工作、社交、娱乐。疫情期间,居家办公成了一种新的生活方式。另外,虚拟现实(VR)和增强现实(AR)技术为数字自我提供了更丰富和沉浸式的体验。个体可以通过虚拟现实技术创造自己的数字化身,与虚拟世界进行互动和体验,也可以与其他用户进行互动,增强现实技术则能将数字化身与真实世界进行融合,提供更为沉浸式的体验。例如,现在的数字技术可以让游戏玩家身临其境地体验游戏,甚至戴上 3D 眼镜就可以看到逝去的人。最后,数字自我的演变还涉及个体数据的利用和管理。网络用户使用各种数字平台和应用,从而产生了大量数据,这些数据可以用于个性化服务、个人健康管理等方面。比如,我们佩戴智能手表,可以记录身体体征与变化,可以观测到我们的睡眠状况和体温变化,而随着技术的进步,这些数字数据很容易泄漏,人们也逐渐意识到数字数据的重要性,并开始更加关注个人数据的安全和隐私保护。

三、数字自我的影响

随着信息技术的进步和网络空间的发展,数字自我变得日益丰富,它复刻着人们的生活方式、行为活动、思维方式等,数字自我对我们的生活有着深远的影响。首先,它增强了社交网络的功能,数字自我在社交网络中的扩展和互动给我们带来了更加广泛和强大的社交网络。在网络上,我们可以轻松地与朋友、家人、同事以及来自不同地域背景的陌生人进行交流和互动。社交媒体的兴起也给我们提供了更多了解他人和被他人了解的机会,我们在社交媒体上的行为,例如我们发布的帖子,我们的喜欢,我们的分享,都构成了我们的数字自我。数字自我可以帮助个人建立和维护社交关系。通过社交媒体平台的互动和分享,个人可以扩大自己的社交圈子并与志同道合的人建立联系。其次,数字自我也在潜移默化中影响了我们的消费习惯。大数据推送精准地把握了我们每个人的喜好。我们的在线购物习惯,搜索历史和浏览行为都被用来创建个性化的广告和产品推荐。这不仅影响了我们购买什么,也影响了我们如何购买。比如,我们通过淘宝搜索,大数据会根据我们的搜索为我们推送类似产品供我们选择,从而促进我们的消费。另外,我们的数字自我在个人身份认同和表达方式中也发挥着至关重要的作用。数字自我为个人提供了一个展示自己才华和兴趣的平台。通过社交媒体平台和个人网站,个人可以展示自己的个性特点、职业技能和创造力,进而实现个人的自我认知和价值实现。数字自我塑造和网络互动,对个人认知和行为有着深远的影响。通过数字自我的表达和互动,我们可以更好地理解自己的兴趣和需求,而且在网络空间上,我们可以学到各种经验来丰富现实中的自我,从而增加对世界的认识和理解。同时,数字自我也对我们的行为产生影响,比如我们可能会因为在网络上的表现而受到他人评判，并可能改变自己的行为方式。数字化时代的到来，也使得社会结构发生了变化。网络社交和虚拟社区的兴起，使得人们的社交圈和社会关系变得更加复杂和多样化。社交媒体的普及也促进了信息的传播和社会议题的讨论，对公众舆论和社会运动产生了深远的影响。信息也得到了"去中心化"，社会舆论和发言权也不只是掌握在媒体和新闻工作者的手中，个人言论的发表也得到了技术上的支持，比如，许多人都会选择在微博上爆料各种不公平的事情，从而获得相关部门的支持，从而来维护自己的权益。如今，个人观点的畅通表达也促使了越来越多的人敢于发声。

但由于数字科技发展过快，一系列弊端也随之出现。首先，过多追求"完美无缺"的数字自我。在社交软件，网民可以看到爆火的"妆容"和网红脸，这导致许多人盲目追求，从而尽失财力物力。在游戏中，游戏玩家可以体验各种英明神武的角色，但现实却懒惰消沉，不思进取。这种数字自我与现实中的自我的差异很容易让人沉迷网络，虚度光阴。其次，网络空间的特点使网民可以相对自由地进行身份的塑造，因此出现了身份不明且多重角色的数字自我。另外，一些网名借机尝试"一人多账号多人设"，在网络上到处进行抨击谩骂，影响网络秩序和他人正常的生活。更有一些模糊了数字自我与现实自我，并且失去了明白是非的能力，导致网络欺诈，电信诈骗等行为屡禁不止，"被代言""借身份""账户不明"等现象屡见不鲜，虽然现在已经进行整改，但此类现象仍然层出不穷。我们的数字自我也影响了我们的隐私。我们在网上的行为留下了数字足迹，这些信息可以被公司，甚至犯罪分子用来追踪我们的行为和习惯。人工智能的语音识别和人脸识别等多重技术路径，能够实现对个体的声音、容貌和肢体行为的复刻。这意味着个体和交往对象的"数字自我"的唯一性和真实性难以保障。其二，对于社交方面来说，人们长时间沉浸到繁杂的数字世界和信息茧房中，从而缺少在现实生活中交往的动力，在虚拟的数字世界中找到情感慰藉,消解了部分情感需求,就会忽略现实生活中的社会关系,人与人之间的现实交往变得十分困难。另外,数字世界的虚拟性较高,个体会产生强烈的虚无感,影响了人的心理发展,尤其是青少年。最后,数字自我不仅影响个体,也影响社会和文化。它改变了我们的交流方式,我们的工作方式,以及我们的生活方式。然而,这也带来了一些问题,比如数字鸿沟,以及数字自我和现实自我之间的冲突。

四、数字自我在中国的发展、应用

近年来,随着信息技术的迅猛发展,"数字自我"在中国逐渐成为人们生活中不可或缺的一部分。通过互联网、移动设备等渠道,每个人都在数字空间中留下着自己的痕迹,构建着一个独特的数字个人形象。中国作为全球最大的互联网市场之一,数字自我在这里得到了广泛的应用和发展。人们可以利用数字自我在社交媒体上展示自己的生活、观点和技能,参与线上交易和互动。首先,中国拥有腾讯、阿里巴巴、百度等科技巨头。腾讯旗下的微信已经成为人们日常生活不可或缺的一部分,提供从日常聊天和社交网络到支付、购物等一系列服务。中国用户通常通过这些综合平台管理他们生活的各个方面,塑造他们的数字身份。而且,中国已经见证了向无现金交易的快速转变,支付宝和微信支付等移动支付平台主导了市场。这一变化促使金融与消费数据高度整合,依据个人的消费习惯、偏好和金融活动来影响其数字角色的构建。其次,社会信用体系也在数字社会得到了发展,个人的在线活动、金融行为和社会互动会影响他们的信用评分,进而影响他们对某些服务的访问权限,这对数字自我的构成具有影响。其二,微博和抖音等中国社交媒体平台在塑造数字身份方面发挥着重要作用。中国网民可以随时随地地分享自己的日常,表达自己的观点和情感。自 2017 年以来,录制"Vlog"成了一种大规模的文化现象,沉浸式的体验,真实的背景和表达方式对中国网民产生了强大的吸引力。用户表达自己,分享内容,参与在线讨论,为其数字自我的构建做出贡献。政府审查也影响着可接受言论的界限。政府也在推动数字化身份的普及应用,比如电子身份证、数字健康码等,提高了社会管理的效率和便利性。在疫情期间,我们的健康码、出行码成了出行的凭证。在国家发展层面,数字中国已经开始规划并实施,在 2023 年,国务院就印发了《数字中国建设整体布局规划》,主要包括数字产业的发展——人工智能、信息技术、云计算等,比如重庆的中科曙光和华为;另外,数字化改造、数字赋能,比如智能汽车、物联网医院、物联网能源等的建设。

为了推动数字自我健康发展,我们需要加强个人信息保护意识,注重数据安全与隐私保护。同时,要强化数据治理和监管,建立完善的法律法规体系,规范数据收集、使用与共享行为。此外,还应加大对数字技能的普及,缩小数字的鸿沟,让更多人能够共享数字化发展的红利。

总的来说,数字自我在中国的发展既带来了便利和机遇,也伴随着挑战和风险。只有在全社会共同努力下,才能实现数字自我发展的良性循环,让每个人都能在数字时代真正融入并受益。

五、未来发展趋势

随着人工智能和大数据技术的发展,我们的数字自我会更加精准,大数据也会更精准地计算出我们个人的偏好、个人习惯甚至是身体状况、锻炼情况等,所以未来的数字自我将更加个性化定制,可以根据用户的偏好、行为习惯等数据进行精准塑造,而且人工智能的发展也可以与数字自我的发展相结合,人工智能技术可能会被应用于数字自我的开发和管理中,帮助用户更好地管理和维护自己的数字形象,根据数字化信息提供更加智能化的建议和推荐。随着越来越多的软件的开发,网络用户可能希望他们的数字自我能够在不同平台和设备上无缝衔接,为他们提供一致的数字化体验,因此数字自我的发展可能会朝着跨平台整合的方向。同时,科技的进步让我们的隐私更加轻易地暴露,在未来,数字自我的隐私保护也是另一个趋势,随着对隐私和数据安全的关注增加,数字自我的发展将更加注重用户数据的安全和隐私保护,以确保用户信息不被泄露或滥用。随着数字自我的发展,数字遗产成为一个重要的概念。它指的是个人在逝世后留下的数字资产、账号和个人数据。个人可以提前做出规划,以确保自己的数字遗产得到妥善处理,并保护自己的个人隐私。数字时代,个人遗产的形态发生了变化,"其很大程度上是包含一系列数据在内的多种形态的数字遗产"①。而这些由数字信息所构成的数字遗产也为我们对待和思考死亡提供了另一种角度。另外,科技在不停地发展,日新月异的科技,让我们可以以秒为时间单位进行记录生命的日志,这也让我们考虑到一些职业的变化,比如到未来的考古学是不是只需要看到各种视频软件和照片就可以看到某个人或某个时代的演变;新生活、新工作、新休闲、新交通模式的涌现,也促使了人类的生活、思想等发生变化;那么是否数字自我有望成为用户在数字世界中的代理人,帮助用户处理事务、获取信息、参与互动等,为用户提供更加智能化和便捷的服务体验;在旅游业和零售业,数字自我还可以被应用于虚拟现实和增强现实技术中,帮助用户在虚拟空间中完成各种体验和活动,例如虚拟旅行、虚拟学习、虚拟购物等。时间方面,各种屏幕的使用,过多地沉浸在数字自我中,会加速时间

---

① 张富利.《从死后即焚到数字永生?——关于个人数字遗产的探讨》[J/OL].山东大学学报(哲学社会科学版),2024(02):1—14[2024-03-08].https://doi.org/10.19836/j.cnki.37-1100/c.2024.02.015.第3页.

的过度碎片化,这也可能会导致人类注意力遭遇有史以来的最大幅度下降,这让我们不禁思考,数字自我与现实自我时间分配的问题,另外,过多的时间碎片化但又不能合理利用时,会浪费我们宝贵的时间。同时,我们仍然要考虑到我们社交质量的问题,社交活动中的高频率和高比例的屏幕使用导致了我们无心与家人、朋友面对面地交往,这会极大地影响到我们的生活质量。

鉴于数字自我对我们生活的影响,我们需要更好地理解和管理我们的数字自我。我们需要清楚数字自我和现实中的自我是密不可分的,我们需要意识到我们的在线行为是会影响到他人以及社会的,人们利用种种数字化手段来塑造自我,这种自我塑造可以是积极的,可以对我们现实中的自我进行强化和完善,虽然,网络上的数字自我很大程度存在一种被动性,我们可能被动地就被他人所影响,但是,我们还是可以主动地表达我们的意愿,在表达形式和手段上也是有一定主动性的。总之,数字自我在未来将会成为人们数字化生活中非常重要的一部分,发挥着多方面的作用并且与人类生活息息相关。但是,在数字化时代,数字自我的理解和建构对个体的心理健康和社交行为产生了深远影响。个体在数字平台上的自我认知和表达方式,不仅影响了他人对自己的印象,也会对自己的自我认知产生影响。因此,我们需要更加重视数字自我的研究,帮助个体更好地理解和建构他们在数字世界中的自我认知和表达。

技　术

人机协同

龚奕星　张　枫

前　言

随着工业 4.0 的到来，以及机器学习（ML）的发展，人与机器人的交互领域相较以往变得广泛而复杂，人机协同的发展以及未来也随着技术的增进引起了各个行业的关注。本文将在此背景下，辨析人机协同的概念，探讨人机关系的发展，讨论人机协同的应用情况，以及人机协同在人机交互发展的基础上可以设想的未来情境。

一、人机协同的概念

人机协同（Human-Machine Synergy）是指人和机器共同进行协同合作的创新型工作模式，它结合了人类的创造力与机器的速度和精度，以达到更加高效的决策过程和工作流程。通过这种人机合作，可以实现资源的最优配置，提升任务执行的质量与速度，同时也为解决复杂问题提供了一种新的途径。在理解人机协同的内涵时，我们不可避免地会触及另外两个紧密相关的概念——人机协作（Human-Robot Collaboration）和人机交互（Human-Computer Interaction，HCI）。只有将这三者结合起来考虑，才能对人机协同有一个全面且深入的理解。在这三个概念中，人机交互最为基础，接着发展并提出人机协作的概念，人机协同则是人机交互发展到相对后期而出现的一种工作方式。当前，在广义的使用范围内，人机协作和人机协同常常被混用,但也有学者厘清,从严格意义上来说,人机协同的要求比人机协作更高。

人机交互是指人类与计算机系统之间的信息交流和互动过程,旨在通过用户界面和交互设计来提高用户体验和效率,其关注点在于如何让技术适应用户的需求,使得人们能够更加直观和高效地使用计算机系统。人机交互的历史最早可以追溯到 20 世纪 50 年代,其发展大致可以分为四个阶段:萌芽期(1959—1969 年)、奠基期(1970—1979 年)、发展期(1980—1995 年)、高速期(1996 年至今)。1959 年,美国科学家 Brain Shackel 发表了一篇题名为 "Skin-Drilling:A Method of Diminishing Galvanic Skin-Potentials" 的论文,首次提出如何用人机工程学原理帮助用户减轻操作机器所带来的疲劳,此时,科学家们已经在思考人应该如何更好地与机器互动的问题。隔年,美国心理学家和计算机科学家 J. C. R. Licklider 在论文 "Man-Computer Symbiosis" 中开创性地提出了人机紧密共生的概念,被视为人机交互的启蒙观点。1970 年,国际上成立了两个人机交互研究中心,分别是英国拉夫堡大学的人类科学与高级科技(HUSAT)研究中心和美国施乐公司的帕洛阿尔托(PARC)研究中心,为人机交互的发展做出了重大贡献。HUSAT 研究中心在人机交互领域进行了开创性的工作,特别是在工作场所的人机系统设计方面。该中心的研究者们对工作负荷、人为错误以及如何设计符合人类心理学和生理学特点的控制系统进行了深入研究。这些研究成果不仅应用于工业和办公自动化领域,还影响了军事和航空领域的系统设计。与此同时,施乐公司的帕洛阿尔托研究中心(PARC)成为计算机科学和技术革新的温床。PARC 的研究人员开发了多种影响深远的技术,包括个人计算机、图形用户界面(GUI)、激光打印机和以太网等。其中,图形用户界面的发明彻底改变了人们与计算机的交互方式,使得计算机操作变得更加直观和用户友好。在这一时期,相关机构还出版了数本与计算机相关的人机工程学专著,为人机交互的发展指明了方向。到20世纪80年代,人机交互学科则在总结当时最新的人机交互研究成果的基础上逐渐形成了自己的理论体系和实践范畴的架构,在理论方面,人机交互作为一个学科从人机工程学中独立出来,更加强调认知心理学、行为学以及社会学等人文学科的指导。进入20世纪90年代中期,人机交互迎来了高速发展,随着计算机硬件功能的提升和互联网的普及,人机交互的重心开始转移到多媒体交互、智能交互、增强现实和人机协同交互等方面。人机协同的工作模式就是在这个基础上发展而来①。

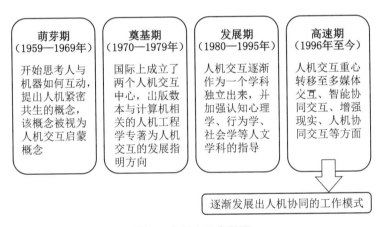

图1 人机交互发展图

人机协作与人机协同的内涵十分相似,都是指人类与计算机或机器之间的合作关系,但二者仍有细微差别。从系统科学上来说,协作和协同都需要多方参与和信息共享,但是协作只需要有框架性的合作协议,而协同则不仅需要框架性的合作协议,还需要明确如何具体实现,构成系统的、各方的合作配备,强调参与方的紧密配合、相互

① https://www.bilibili.com/video/BV1ZE411X7ey/?p=1&vd_source=56f8187f0858d59ec1e4cf45592d38d.

依赖,更加注重实时性。例如,一个软件开发团队中,程序员、设计师、测试人员等成员共同合作,利用各自的专业技能完成项目,属于协作,而协同则是工作人员面对同一个文档进行接力编辑,每位编辑者的工作都依赖于、受制于其他编辑者,并对整体文档产生影响。这也直接导致了人机协作和人机协同应用场景的差异,比如语音助手属于人机协作,自动驾驶则属于人机协同。在语音助手的应用中,用户通过语音与计算机系统进行交互,提出问题或发出指令,接着,语音助手则负责识别语音输入并执行相应的任务,此时,人与机器属于简单的发出指令与执行指令的关系。而在自动驾驶中,汽车配备各种传感器(如摄像头、雷达、激光雷达等),通过这些传感器获取环境信息和驾驶人状态,然后,车辆的计算机系统与这些传感器协同工作,对周围环境进行实时感知和分析,再通过语音提示、图像识别等方式与驾驶员进行沟通,提醒他们注意前方的障碍物或交通信号,同时,驾驶员也可以向系统发出指令,如更改目的地或调整行驶路线[①]。在这个过程中,人与机器的行动互相依赖,联系得较为紧密,并且,机器也能够感知环境并做出相应的决策。在与人机交互的关系上,人机协同不仅包括人机交互,还包括人机融合智能,即将人类的智能和机器的智能结合起来;人机协作则更侧重于交互设计,即如何让人与机器或复杂系统的沟通和互动过程更加顺畅,不强调智能的加入。人机协同可以看作人机协作的一个特定方向和子集,广义上来说,人机协同就是人机协作的一部分。

在人工智能领域中,人机协同是其中的一个重要分支,我们现今所说的人机协同的应用,很大程度上都借鉴了人工智能技术的研究成果,也对人工智能的发展有较大的推动作用。2023 年 6 月 9 日的

---

① 胡云峰,曲婷,刘俊等.《智能汽车人机协同控制的研究现状与展望》[J].自动化学报,2019,45(07):1261—1280.

表1　人机协同与人机协作的关系对比

	基本内涵	系统科学	交互关系	例子
人机协作	人类与计算机或机器相互合作,需要多方参与和信息共享	只需框架性合作协议	侧重交互设计,不强调智能的加入	语音助手:人类发出指令,语音助手根据指令执行任务
人机协同		除框架性合作协议之外,还强调各方的紧密配合、相互依赖	强调人机融合智能,将人类智能和机器智能结合起来	自动驾驶:机器识别环境因素反馈给人类,人类继续操作,并且,驾驶员也可以向机器发送指令以调整目标

北京智源大会上,中国科学院副院长、党组副书记吴朝晖在发表主题演讲时表示,人工智能的一个重要发展方向是脑机智能、人机协同、脑机融合的智能形态,可以实现感知增强、认知增强和审美增强的效果,这将带来更高效的人机关系,产生全新的交互逻辑。

二、人机关系:从互竞到协同

人机协同本质而言是一种人机关系,它不仅仅是技术层面的结合,而是涉及人类与机器之间的深层次互动和合作。人机关系的探讨几乎贯穿着机器发展的全过程,在早期,人机关系主要以竞争为主,随着科技进步、用户需求改变以及人机合作的范例越来越多,人机协同的应用方式逐渐占据上风。在人机互竞时代,受众往往被动地适应机器指令,机器有一套完整的使用指令和使用方法,受众需要按规则操作,在这样的情况下,交互关系也相对僵化,机器规则作为连接用户与机器的桥梁,成为人机关系事实上的主导,机器在人机关系中的地位高于用户。而在人机协同中,人的自主性与决策重要性则有了明显提升,人与机器在平等关系上发挥各自优势,在信息交流、协作执行任务、反馈与调整和共同决策等方面都展示了良好的交互效果,故而,近年来人机协同越来越成为人机关系中的观念主流和目标。不过需要注意的是,互竞与协同的人机关系并非各自占据一个历史位置,而是长期处于博弈之中。不难发现,即便在当今,几乎每一种变革性的新技术的出现,都伴随着机器取代人的言论,将此放在人机关系的发展历史中来看,这种言论的出现有两个方面的原因,其一是机器强大的功能或有压倒人类智能之嫌,另一方面,人们并没有形成良好的人机交互的思路与方案,故而,针对新技术探讨与探索人机关系,关键是祛魅式地清楚了解机器功能,找到人与机器的各自的优势点与交互可能性,导向人机协作乃至人机协同的良性关系。

要具体理解人机协同的方式,就目前学界的研究成果而言,还需要放在人机交互的范围内。Hornbeak 等人围绕"交互"的概念分析了 CHI 会议 35 年来的会议记录和论文,得出交互方式与技术密切相关,在 35 年来的线性时间内,总体的发展趋势是,将技术视作用于交互的辅助工具(如小部件、设备和工件)到考虑如何用技术来实现交互,此时技术内化为交互方式的一个部分,人机交互方式的发展主要由技术一侧的进化来驱动,而交互的质量则与人的感受、认知相关[1]。孙效华等人在 Hornbeak 的研究基础上总结认为,探究人机交互方式是对人机特性的综合考量,这些研究成果在人机协同研究中同样适用,但是由于人工智能技术的加入和深度融合,人机协同还拓展出新的特性,在机器(智能系统)端主要体现在这几个关键特征上:情景感知、自适应学习、自主决策及主动交互与协同[2]。

---

[1] HORNBÆK K,MOTTELSON A,KNIBBE J,et al. What do We Mean by "Interaction"? an Analysis of 35 Years of CHI[J]. ACM Transactions on Computer-Human Interaction(TOCHI),2019,26(4):1—30.

[2] 孙效华,张义文,侯璐,等.《人工智能产品与服务体系研究综述》[J].包装工程,2020,41(10):49—61. SUN Xiao-hua,ZHANG Yi-wen,HOU Lu,et al. Artificial Intelligence Products and Service System[J]. Package Engineering,2020,41(10):49—61.

（一）情境感知

情境感知是指机器（智能系统）能够主动感知情境变化，根据该环境内当前任务的需要，在适当的时机提供信息与服务①。情境因素包含内部和外部两方面，内部情境主要关联用户自身，即人的因素，如用户信息、用户状态等，外部因素则主要描述环境的状态，保护位置、设施、物理条件等。加入情境感知能力的人机协同能够通过实时分析环境数据、用户行为、设备状态等信息，预测并适应不断变化的工作条件，从而提供更为精确和个性化的协助。

（二）自适应学习

自适应学习（Adaptive learning）原是教育技术领域的术语，指学生根据各种信息自动调整学习方式、学习内容和学习结构以达到最佳学习效果的模式②，随着硅基智能的发展，这种学习模式也用在智能系统中，指在人与机器的交互过程中，机器（智能系统）通过用户反馈和对用户的询问中收集信息，据此修改模型参与，支持模型的完善与进化③。通过自适应学习，人机协同的交互方式能够使机器（智能系统）主动适应人的需求，而不是让人适应机器的限制。

（三）自主决策

自主决策是指机器（智能系统）能够在没有人为干预的情况下，把自主控制系统的感知能力、决策能力、协同能力、行动能力等有机结合起来，在非结构化环境中以人工智能为基础，根据一定控制策略自我决策并完成预定目标的能力④。自主决策的能力能够让机器

---

① 陈媛嫄.《基于活动的情境感知模型与情境感知交互设计》[D].大连海事大学，2014.

② 黄昇.《人工智能时代下的自适应学习教育形态研究——评〈自适应学习——人工智能时代的教育革命〉》[J].中国高校科技，2023(7):99.

③ 李璟璐，孙效华，郭炜炜.《基于智能交互的汽车主动响应式交互设计》[J].图学学报，2018，39(4):668—674.

④ 谭建荣，刘振宇，徐敬华.《新一代人工智能引领下的智能产品与装备》[J].中国工程科学，2018，20(4):35—43.

（智能系统）在人机协同的工作方式中主动提出建议或做出决策，在人类面临信息过载或需要同时处理多项任务时分担压力，减少错误并提高安全性。

（四）主动交互或协同

基于以上三种能力，机器（智能系统）在与人的交互中也表现出区别于传统产品的特征，具体表现为主动发起交互和交互的协同性。传统的交互方式更多由人作为发起方，而智能交互中，更多的则是机器预测用户并主动发起交互，并且正因如此，机器不再是技术辅助，而成为交互的能动因素，能够作为团队成员合作完成目标[1]，这也构成人机协同与人机协作的最大区别要素。

虽然人机协同很大程度上依赖技术的进步来优化协同方式，但这并不代表用户端的参与是被动的，事实上，人机协同模式的优化也包括考虑如何使人更好地接入该协同工作模式中。2020 年 11 月云从科技全球首款人机协同操作系统亮相乌镇世界互联网大会，正如 PC 时代的 Windows 系统，移动时代的 Android、iOS 系统，帮助用户方便掌握应用最新的技术。

云从人机协同操作系统，简称 CWOS（Cloudwalk Operating System），是运行在通用操作系统或云操作系统之上，提供人机协同相关算力、算法和数据管理能力和应用接口的底层软件系统，专为人与计算机之间进行自然交互、协作完成复杂业务而构建，同时为开发者设计研发人机协同智能应用提供全面支持，旨在降低人工智能应用门槛、提升人类与机器智能进行协作的效率和体验。云从人机协同操作系统框架如下图所示，具有多个模块，共同支持人机协同的高效运行。在这个系统中，信息并非零散地直接与用户对接，而是经过了复

---

① 孙效华，张义文，侯璐，等．《人工智能产品与服务体系研究综述》[J]．包装工程，2020，41（10）：49—61．SUN Xiao-hua，ZHANG Yi-wen，HOU Lu，et al． Artificial Intelligence Products and Service System[J]． Package Engineering，2020，41（10）：49—61．

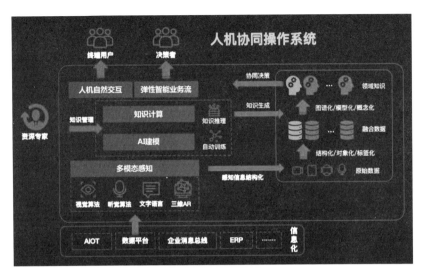

图 2 云从人机协同操作系统框架

杂的处理过程。其中,知识管理、专家资源、多模态感知是系统中用于存储、管理和处理信息的模块,系统利用专家的知识、技能和经验辅助知识的创新与更新,并通过多模态感知将信息结构化,专家资源的知识到最终生成之间还加入了"知识推理"、"知识计算"和"知识生成"这几个功能,可以帮助从现有的知识中推导出新的信息,应用算法和模型来计算和分析数据,以致自动产生新的知识,而后再把这些知识图谱化、模型化、概念化地展现出来,通过这些过程,信息被转化成用户易于理解的形式,交给终端用户/人类决策者,使绝大多数使用者能无门槛地加入人机协同中去。底部的"AIOT""企业消息总线""ERP""AIOT 数据平台"和"企业消息总线路"是支持整个系统运行的基础技术和平台,为整个系统提供了必要的基础设施和通信机制,确保各个模块之间的顺畅连接和协同工作。此外,近年来,基于云从人机协同操作系统,云从科技还积极探索数字人和智能机器人相关的应用场景,在人机协同中进一步插入机器作为连接,或成人—机—机协同模式,再次简单化人的参与。

随着人机协同的工作方式的普及,这种特殊的人机关系也将改变人与世界的关系,机器作为常态化的人类助手,将会对传统的主客关系造成冲击。传统的主客关系讨论集中在主客体是否二分、主体如何认识客体、主客体的本质及存在方式等方面,总体来说,这些讨论都只涉及二者,即作为主体的人,和作为客体的对象物,在主客体双方的关系中建立起对世界的认识。但是,正如 Robert Rosenberger 和 Peter-Paul Verbeek 指出,当技术被使用时,它们有助于在用户和他们的环境之间建立关系,并塑造用户的主观性和世界的客观性,随着眼镜、手机、手表等各种技术物紧密融入日常生活,技术成为主体与客体之间不可或缺的桥梁,主体的存在不再能够抛开技术中介①。同样,当人机协同成为常态化、普遍化、惯性的工作方式时,作为技术伙伴的机器就将紧密地与主体联系,渗透进人们的生活,例如大语言模型的普及,让人们在越来越多的工作场景,甚至是日常生活场景中,将其作为"随身伙伴",在这种情况下,人们对客体的认识就必然经过这一中介,而技术中介在主客关系中的位置,是作为第三者,还是依附于主客体某一方的伴随物,以及与之相关的认识论转变,成为我们需要重新考虑的课题。

三、人机协同的应用与发展

目前,人机协同技术已深入渗透至多个行业,孕育出一系列典型应用实例。并且,人机协同技术的创新与实践是一个持续演进的过程,不断出现着新的成果转换。

(一)人机协同的多领域应用

人机协同在多行业有广泛的应用,近年来愈加受到重视,以下选

---

① Robert Rosenberger and Peter-Paul Verbeek eds, Postphenomenological Investigations, LEXINGTON BOOKS, 2015, 19.

取两个具有代表性的领域做介绍。

1. 军事作战

2023 年 8 月,大西洋理事会发布《人机协同的战场应用》,指出现代化军队必须接受人机协同(HMI)的概念,有效利用人工智能[1]。这一报告的发布,或将标示着,人机协同将成为未来战场的主旋律。

"忠诚僚机"是军事领域人机协同应用的经典案例。早在 2015年,美国就提出"忠诚僚机"概念,于 2020 年 5 月,由美国和澳大利亚联合研制的首架原型机正式亮相。在"忠诚僚机"加入后,一名人类飞行员可以控制数架成本低廉、模块化且可消耗的无人机执行任务,这些无人机可以进行电子进攻或防御、情报收集、ISR 任务、打击任务或作为诱饵吸引火力,提高作战效率,降低士兵风险。

在优化军事作战中的目标瞄准上,美国国防部的 JADC2 项目提供了一个案例。JADC2 中最复杂的部分"将传感器连接到射手",本质上是要解决军方如何从无数来源的信息中获取有效的部分并做出决策,2022 年 1 月美国国会研究服务处(CRS)发布报告称,JADC2系统能够从大量传感器收集数据,并使用人工智能算法处理数据以识别目标,进而推荐最佳的动能或非动能武器以打击目标",这无疑是利用人机协同促进战略决策的正向实例。

2023 年,人机协同在军事作战中的应用也持续深入。1 月,美国国家情报总监办公室下属的情报高级研究计划局(IARPA)宣布了"快速解释,分析以及在线数据源搜索"(Rapid Explanation, Analysis, and Sourcing Online)项目,该项目用软件审查人工撰写的情报材料,并自主生成情报源的推荐,提升情报的准确性和可靠性。4 月,美国海军宣布将其对无人系统和人工智能工具的实验扩展到美国南方司令部第四舰队,这一舰队正在使用一种与以往不同的方法将人机协同

---

[1] https://www.sohu.com/a/716558404_121245527.

的经验教训和新的人机协同能力应用于实战。此外，12 月，日本、英国、意大利三方签署研发协议，计划 2035 年之前共同建造出第六代战机，相较于第五代战机，具有高智能感知电脑是其重要特征，能链接卫星和大量僚机、地面战场系统协同作战。

2. 智能制造

智能制造强调数字化与智慧化结合，提高生产效率，在这个过程中，人机协同的加入成为达到目标的关键要素。人机协同系统中，机器能够依托计算机优势，通过深度学习算法，掌握与分析大量数据，反馈到工业生产中，例如生产线上的智能视觉系统可以实时检测产品缺陷，自动发出警报并提醒操作员处理。

人机协同在智能制造中的应用很大程度上需要协作机器人的参与。2023 世界智能制造大会上国际智能制造联盟主席、中国工程院院士杨华勇发布"2023 世界智能制造十大科技进展"，其中就有FANUC 推出的专为工业场景需求设计的 CRX 系列协作机器人。CRX 系列协作机器人可以搭载 iRVision（智能视觉）及 iRPicKTool 等各种智能化功能，在处理反馈和拾取操作上有较高的效率和准确性，能够搜集、整理、分析和判断生产过程中的数据，为计划决策提供数据支持，并且，图形化的编程方式可引导操作人员轻松上手，降低学习门槛，有效促进人机协同的顺利进行。

（二）大语言模型在人机协同中的应用

作为新兴技术，大语言模式与人的关系究竟是竞争还是协作，大语言模型将取代人类还是辅助人类，一直是颇具争议的话题。自 2023 年 3 月 14 日 ChatGPT4 发布，接着飞速发展，如今，大语言模型已经逐渐渗入了我们的生活，我们可以看到，用户与大语言模式的关系已见人机协同的样貌，发展出人机协同的新实例，值得关注。

1. AI 绘画

AI 绘画可以被视作人机协同的一种形式，在 AI 绘画过程中，人类与计算机系统共同参与创作,各自发挥自己的优势,相互补充,共同完成绘画作品。进行 AI 绘画时,用户提供提示词,描述所需的图片内容、图片风格、图片细节等,由计算机实际作画,用户根据计算机作品进行筛选、编辑或优化。随着 AI 绘画技术的发展,已经出现了专门从事 AI 绘画的人员,被称为"咒师",而提供给计算机的提示词则被称为"咒语",在各种社交网站上已经有博主总结这些"咒语",搭建 AI 绘画指令库。在"咒语"的生成与优化上,大语言模型的加入无疑进一步丰富了 AI 绘画中的人机协同形式,计算机初步反馈图片后,用户可能会得到不符合要求或不满意的结果,此时可以使用大语言模型来对这些结果进行分析和改进,减少人工修正的时间,并且可能获得新的灵感。

2. 协同写作

大语言模型依靠强大的文本生成、理解和编辑能力能够在人机协同写作方面提供很大的帮助。大语言模型可以帮助写作者确定框架、修改语句问题、润色文稿,与人类共同完成所需的文本,在创意写作方面,基于语料库丰富和风格多样化等优势,大语言模型更是展现出不可忽视的潜力。

2023 年 10 月,第五届江苏青年科普科幻作品大赛中,获二等奖的《机忆之地》引起诸多讨论。这篇科幻作品出自清华大学的沈阳教授之手,不过,更准确地来说,是由沈阳教授和 ChatGPT4 共同完成。沈阳教授指定了卡夫卡风格,经过 66 次对话,由 AI 输出约 43061 个字符,再从中复制了 5915 个字符,完成了作品,笔名"硅禅"也是由 AI 生成的。虽然其中有版权等诸多争议点,但这一事例仍向我们展示了大语言模型能够在创意写作中产出高质量的文学作品,也描绘了人与机器协同写作的过程与可以达到的目标效果。近期,170 届的芥川奖得主九段理江表示,获奖作品《东京都同情塔》(新潮 12 月号)使用了 GPT 辅助写作,"大于 5% 的内容是直接使用",并表示"今后也会利用好 AI,并且发挥自己的创造性"。目前,国内外还有许多团队在探索如何通过技术处理,将大语言模型更好地运用到创意写作中,降低用户的写作门槛。

3. 影视创作

在影视创作领域,大语言模型可以用于视频内容分析、剧本创作、音乐设计等,带来更为便捷高效的新型人机协同模式,并且在此模式下已有影视作品产出。

2016 年,纽约大学利用人工智能编写的剧本《Sunspring》经拍摄制作后入围伦敦科幻电影 48 小时前十强。这部短片是由纽约大学的罗斯·古德温和导演奥斯卡·夏普合作完成的。《Sunspring》标志着人工智能在电影创作领域的一次重要尝试,它展示了 AI 理解和创作故事的潜力,同时也展示了人机协同在影视创作中的巨大潜力。

2020 年,美国查普曼大学的学生利用 OpenAI 的 GPT-3 模型创作脚本并制作短片《律师》,对大语言模型在影视创作中的应用可能性做了进一步探索。

国内海马轻帆科技公司推出的"小说转剧本"智能写作功能,能够帮助用户高效地将小说内容转化成剧本格式,用户只需将小说章节内容复制粘贴至特定的文本框中,通过一键操作即可生成符合剧本格式的文本,例如把描述性语言转化为包含场景、对白和动作等视听要素的剧本语言。然而,"小说转剧本"只能进行转换而实现语义层次上的深度改写,需要用户在大模型转写的基础上进行再创作。在这个过程中,人机紧密配合,在各自的基础上推进接下来的工作,已然显示了较为成熟的人机协同模式,并在实践中获得认可。如今,"小说转文本"智能写作功能已经服务了包括《你好,李焕英》《流浪地球》等爆款作品在内的剧集剧本 30000 多集、电影/网络电影剧本 8000 多部,网络小说超过 500 万部①。

① 《中国人工智能系列白皮书——大模型技术(2023 年版)》,中国人工智能学会,2023 年 9 月。

四、人机协同的优势与挑战

人工智能正在彻底改变我们生活的方方面面：医疗诊断、天气预报、太空探索，甚至是写电子邮件和搜索互联网等平凡的工作。然而，随着效率和计算精度的提高，麻烦也随之而来，信息盗用等信任危机出现。但是，人们对于人工智能的悲观预测实际上是一种正在发生的现实，这些是不可避免的，人类在与之相处的过程中只能主动或被迫适应变化，并且以滞后、保守的方式保护现有的人类社会规则。笔者认为，这是必经的危机。

而混乱是进步必然的状态，通过动荡，反思和变革共同发生，当人工智能进入了人机协同的领域，未来人机交互的瓶颈将被一次次突破，甚至不再是以人类预想的方向前往，可能人类与机器人之间的关系会有一个倒置。有趣的未来前景是，尝试将动作学习和高级规划方法结合起来，机器人将学习其行动会产生什么样的后果，而不是从一套预先编程的行动描述开始。一种可行的方法是使用某种基于行动或基于过程的表征来跟踪机器人行动可能性或可承受性的变化，而不是试图直接模拟环境变化的传统表征，后者更容易受到框架问题的影响。现在有一些很有前途的方法试图模拟行动后果的学习，例如称为发展学习的方法，可以以内部动机为基础进行模拟，即通由"好奇心"尝试各种行动，然后执行这些行动的方式不同，最终行动序列也不同，从而获得内部奖励。这些内部动机和基于承受能力的表征理念，使该方法有别于我们更为熟悉的强化学习方法。一个悬而未决的问题是，如何弥合以下两种方法之间的差距：一种方法是在内部动机的引导下，在与环境的具体互动中学习行动的后果；另一种方法是制定抽象的行动计划，以满足由外部给出的目标。这样的平衡实验也许会建立机器自身的社会性，这样它们就会像人类一样，有与他人一起做事的内在动机。

五、结　语

随着工业 4.0 的深入发展，人机协同势不可挡地进入工业、教育、医疗、天文、政治、法律、社会关系等领域之中，人与机器的和谐共生将是未来社会的趋势，目前的关注点不再是未来会怎么样，不再是机器人的可能性，而是转变为了思考未来应该如何，人类与机器人的共同目标将会影响着机器人的设计、开发与实践，在此基础上，人类的发展也会受其影响而步入下一个世代。

人形机器人

王 意

2024 年 3 月 14 日，美国机器人公司 Figure 发布了首个接入 OpenAI 大模型的机器人 demo，视频中 Figure01 作为最先进的人形机器人（Humanoid Robot）之一，展示出高度的智能化和类人性，它不仅可以详细描述周边环境，还能从对话中理解简单需求并执行相关动作，如测试者问道"我能吃点东西吗？"它会回答"当然"后，递出面前的苹果到对方手中。整个交流过程几乎与人无异，这意味着在超强机器学习能力的加持下，机器人与人类的距离逐渐缩小，科幻艺术中塑造的各类仿生人形象也将从文化想象逐渐落地成为技术现实，在不远的将来参与到人类生产生活的各个领域。

我们的日常文化生活中也已出现了机器的拟人化倾向，不同于专业技术实验室对机器人之各项指标的严肃探索，应用在日常生活中的人形机器人则显得更为笨拙可爱。银行、医院、商场等公共场域的人形机器人主要以客服身份完成迎宾、接待、指引等任务。例如网络上流传的一段视频中，银行客服机器人"霸气"喊话该网点领导，要求行长出来开通业务，语气稚拙认真，逗笑现场人群，也引发网友关注。目前，银行中的人形机器人已经代替职员完成一些简单、重复的工作，解决如扫码取号、业务查询、流程咨询等任务，并通过自助语音应答功能实现与用户的互动交流。而在基础服务需求以外，人形机器人也可以辅助医疗，协助卫生健康机构完成测量体温、提醒服药等基础医护工作，并在必要时减少医务人员与病患的接触；也可现身于养老机构中，用于日常陪伴和为老年人提供护理的目的；或者作为讲解员,人形机器人承担了如科技馆、博物馆、美术馆等公共场所的科普、教育、培训工作,增强参观者的互动体验和学习兴趣。此外,人形机器人还会出席娱乐表演的展示活动,参与人机共舞的文艺汇演场景。在2018年韩国平昌冬奥会闭幕式的"北京8分钟"演出中,24台新松人形机器人配合舞蹈演员的演出精准互动。2019年新松人形机器人也同样参与了庆祝中华人民共和国成立70周年大会的现场,在花车游行中与两名少年携手弹奏《我和我的祖国》。在央视春晚的歌舞类节目中,多台Walker仿人机器人跳出一支富有节奏感的Popping(震感舞),动作整齐划一,极富美感……机器已逐渐拥有类人的外形,并深入大众生活的方方面面,而我们似乎还不够了解它们,那么究竟人形机器人是什么?

一、何为人形机器人?

1920年捷克斯洛伐克的恰佩克(Karel Čapek)在科幻剧《罗素姆的万能机器人》(Rossum's Universal Robots)中,使用的捷克语robota便是后来"机器人"(Robot)一词的前身,而robota本意则是苦力、劳役,剧中的经典场景之一便是大量机器人作为劳动苦力被资本家批量制造后投入生产。早在一百多年前,人们已借助科幻文化的试验场域想象机械造"人"的可能,即从外形和功能方面实现对人的复制。人形机器人全称为humanoid robot,其中humanoid意为类人的、似人的,顾名思义是仿照人类形体、模样的机器人,又被称为仿人机器人,属于机器人领域的重要分支,建立在仿生学、控制理论、传感驱动、机械自动化、人工智能等学科的基础上,较之其他种类的机器人,有着更为接近人类四肢的外形。然而就人类制造和利用机器人的历史进度来看,想要达到机器与人的绝对相似现下仍属于理想目标的悬设。机器人工程的发展更像是逐步完成对人的部分功能的替代,而难以"一步登天",如模拟人手的机器人手臂(或称机械臂)被广泛应用于重工业行业的机床搬运、焊接、喷漆等流程中,是对人体上肢操作功能的复现,将个体从繁冗的体力劳动中解放出来。此外,很多应用于日常环境的机器人,在外形上往往与人类身形并无关联,其形状设计首先考量的是匹配应用场合,如智能家居的扫地机器人是圆盘形。

那么我们不禁想问,机器为何需要人形?这是否仅仅是一种文化执念,即人类想要以技术手段复刻自身造出"机械人"。一方面,生物在接触"同类"时会产生亲切的情感,心理学理论认为人类一直存在拟人化(anthropomorphism)的本能,即赋予一些物质、动物以人类特有的属性特征,将其纳入自身心灵世界并投注情感,例如儿童会给毛绒玩具起名字,成人会从"通人性"的角度解释猫狗等宠物的行为……机器的拟人化也同样适应于这套心理机制,类人的机器形式也会增强我们的互动体验感,提高社会接受度。另一方面,人形也意味着更强的环境适应能力,早期机器人技术主要关注地面平移的运动能力,下身区采用轮式或履带式,实验区域仍限于室内平地,且对地面障碍的克服能力有限,但现在已普遍具备双足步行技术,运动性能也大大提升。可以说,几乎所有的产品设计都是围绕人类的需求,展开只有人体结构能通行现下各种环境,如轮式机器人无法在楼梯上运动,但双足机器人可以轻松上下台阶。虽然目前机器人的躯体灵活度难以与碳基生物相比拟,但沿着该思路,参照人体形式的机器人可以最大限度地配适人类生活中的使用习惯、设计理念,同时也能降低成本,实现对人力劳作的直接替换。

有研究将机器人宽泛地定义为"由电控制的机械系统"并"配备传感器具有控制和判断功能"[1]。从机器人的发展历史看来,早期人

———

① 石黑浩等:《初学机器人》,申富饶等译,机械工业出版社,2023年版,第173页。

形机器人很难呈现出明显的类人化表征,它们的外观仍保留了很多机械设备的零件且行动笨拙,但具备双足行走的基本能力。1972 年由日本早稻田大学(Waseda University)打造的 WABOT-1(图 1)被视为一代人形机器人,其主要发明者加藤一郎也被誉为"世界仿人机器人之父"。尽管该机器人的运动能力仅对标人类一岁多婴儿的活动水平,但硬件设备却相当笨重,高约 2 米,重约 160 千克,配备肢体控制系统拥有仿人双手和双腿,全身共 26 个关节,胸部装有两个摄像头,手部装有触觉传感器。[①]

图 1　WABOT-1[②]

如果说以 WABOT-1 为代表的全尺寸人形机器人是该领域发展

　　[①]　顾浩楠:《人形机器人历史沿革与产业链浅析》,《机器人技术与应用》,2023 年第 4 期。

　　[②]　参见 https://www.humanoid.waseda.ac.jp/booklet/kato_2.html。

的起步阶段,那么第二阶段则以 2000 年日本本田公司(HONDA)推出的人形机器人 ASIMO(Advanced Step Innovative Mobility)为代表,相较于前一阶段的庞然大物,ASIMO 更倾向人类的身形,外形如同宇航员,它高约 1.2 米,重约 52 千克,行动时也更为灵活,时速达到 1.6 km/h,可以完成上下楼梯、挥舞、招手等复杂动作,所采用的"动作预测控制"(iWalk)技术可以实时预测动作改变时的重心变化,而当时大多数机器人需要停下来才能做到转身动作。本田公司在 2004 年和 2011 年又分别推出了更新升级后的 ASIMO(图 2)机器人,但在 2018 年宣布停止后续研发,并解散了研发团队。2001 年日本政府启动了 HRP(Humanoid Robot Project)机器人计划,即"人形机器人项目",而该项目的成果造就了一批著名的 HRP 系列机器人,如 HPR1(图 2),HPR2,HPR3,HPR4,HPR4-C 等。

图 2　早期产品 HRP1①

---

① 参见 https://cloud.tencent.com/developer/article/1789755。

　　人形机器人技术发展的第三阶段则由系统高度集成转向强复合运动能力,以 2009 年波士顿动力公司(Boston Dynamics)开发的 Atlas 机器人(图 3)为代表。Atlas 机器人"采用液压驱动电液混合模式,融合了光学雷达、激光测距仪、TOF 深度传感器等设备的技术能力"①。机身材料选用铝制和碳纤维复合材料,轻巧敏捷,可以做出空中转体、后空翻、三级跳等高难度动作。随后 Atlas 机器人迎来持续升级,"被公认为运动性能最强的人形机器人"。②该机器人项目同时也受到美国国防部国防高等研究技术署(DARPA)的资助,计划用于各类危险情况下的搜救任务。而在 2024 年,波士顿动力公司同样宣布中止液压 Atlas 机器人的研发计划③,但随后又发布了电动 Atlas 机器人,业界将此视为人形机器人开启全面电动化时代。

图 3　Atlas 原始渲染和随后的四代机器人④

　　第四阶段也即现在人形机器人的发展前沿,代表性产品为特斯

---

　　①　顾浩楠:《人形机器人历史沿革与产业链浅析》,《机器人技术与应用》,2023 年第 4 期。

　　②　彭德倩:《人形机器人走向何方》,《解放日报》2024 年 3 月 11 日 010 版。

　　③　2024 年 4 月 17 日,波士顿动力公司在社交网络 X 平台发布了一段 3 分 36 秒的视频,作为对液压机器人 Atlas 的最后纪念。

　　④　参见波士顿动力公司官方网站,https://bostondynamics.com/robot_Atlas.html。

拉(Tesla)发布的 Optimus 机器人(图 4),它不仅在动作控制方面更为精确,植入了 DOJO D1 超级计算芯片,也结合汽车品牌的技术数据,共享特斯拉的无人驾驶系统(Full Self-Driving,FSD),具备高速运动时对环境的超强感知能力。

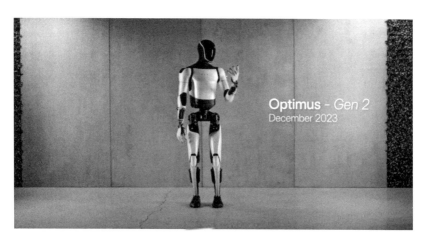

图 4　2023 年特斯拉发布的最新款人形机器人"擎天柱 2 代"(Optimus Gen2)①

　　相比之下,中国自主研发的人形机器人起步较晚,基本依托高校科研机构,20 世纪 80 年代哈尔滨工业大学成功研制了双足机器人 HIT-I,1988 年国防科技大学也同样研发机器人 KDW-I,2002 年北京理工大学公布的仿人机器人 BHR-01 是国内首次实现无外接电缆行走的机器人,可以完成蹲下起身、打太极拳等复杂动作,受到媒体广泛关注。现下国内的人形机器人已实现初步的商业化,代表性产品有小米的全尺寸人形仿生机器人 CyberOne,深圳优必选科技的大型仿人服务机器人 WalkerX 等等。

　　虽然人形机器人发展的技术迭代迅速,但各类产品在普遍结构和核心技术上都具有共通性。标准的人形机器人一般具备头部、上

---

　　①　参见 https://wallstreetcn.com/articles/3704132。

人形机器人不同发展阶段的技术特征			
发展阶段	代表产品	研发机构	主要技术特征
第一阶段	WABOT 机器人	日本早稻田大学	具备双足,初步实现行走能力,转身需停下
第二阶段	ASIMO 机器人	本田公司	系统高度集成,行走中可预测动作,提前改变重心,转身不需停下
第三阶段	Atlas 机器人	波士顿动力公司	具备强复合运动能力,灵活克服复杂障碍环境,可实现跳跃、翻转、跑步等高难度动作
第四阶段	Optimus 机器人	特斯拉公司	超智能化,连接地图信息和汽车导航,植入无人驾驶系统

身躯干、机械臂和双足系统等部分。理想的人形机器人是对人类的现实仿真,不仅包括对人类肌体结构的全方位模拟,同时也希望能复现人类在视、听、嗅、触等感官方面的多重功能,达到灵活避障和自由运动的状态,甚至也包括顺畅的语言交流,是从外形与功能方面对人的无差别的模仿和替代。因为人类区别于其他生物的特征在于直立行走、使用工具和运用语言,仿人机器人的技术也对标着这三个方面,其创造"灵感来源于人类的身体,来自人类的感知和运动技能,以及人类在环境中使用工具的能力。"[1]这两者一直是机器人工学领域的主要课题,而随着人工智能的兴起,机器人的语言交流功能也逐渐被重视。

人形机器人"集仿生学原理和机器电控原理于一体,涉及机器人本体结构、核心零部件、智能感知、驱动控制、支撑环境等主要模块"[2],重要部件包括伺服电机、减速器、传感器、滚柱丝杠等,分为三大要素:"感知和认识系统、判断和拟定系统、机构和控制系统"[3],其

---

① 《Humanoid Robotics:A Reference》,第 50 页。

② 人民网研究院发布:《人形机器人技术专利分析报告》,2023 年 11 月,第 1 页。

③ 石黑浩等:《初学机器人》,申富饶等译,机械工业出版社,2023 年版,第 3 页。

中对周遭环境的感知主要依靠传感器完成,目的在于模拟人类对外部世界的视觉、听觉、嗅觉、触觉以及温度感知等,具体分为内部、外部和相互作用传感器,如机器人关节处通过角度传感器判断手臂位置属于内部传感,外部传感则靠摄像头完成机器视觉获取和追踪,如利用 CCD(Charge Coupled Device)摄像头记录全方位影像;而检测机器人手指间的力的传递则要用到相互作用传感器。智能人形机器人一般会集成包括位置传感器、力矩传感器、视觉传感器等多种传感器,以获取环境和自身状态信息。判断和拟定系统主要针对机器人工作时的自主规划功能,根据传感器提供的环境状况,设计行进路线,给出避开障碍物的动作指令。机构和控制系统负责控制机器人的运动能力,不同于人类肌体的自我力量控制,机器人需要将外部电能转化为动能,因此这部分往往还涉及制动器的能源供应问题,常见如 R/C 伺服电动机。制造灵活的机器人手臂需要用到多个关节和连杆结构,运用正动力学和逆动力学原理预测和控制机器人的平移、姿势和速度。

国产人形机器人代表性产品		
品牌名称	产品名称	发布时间
优必选	Walker 系列	2018 年
小米	CyberOne(铁大)	2022 年
达闼	Ginger 系列	2022 年
宇树科技	宇树 H1	2023 年
智元机器人	远征 A1	2023 年
傅利叶智能	GR-1	2023 年
小鹏汽车	PX-5	2023 年
追觅科技	追觅人形机器人	2023 年
科大讯飞	科大讯飞人形机器人	2023 年

二、产业现状及发展趋势

2023 年 10 月工信部下发有关《人形机器人创新发展指导意见》（下称《意见》）的文件，引发行业热议，认为人形机器人领域有望成为继计算机、智能手机、新能源汽车之后的又一全新科技赛道。有媒体称"人形机器人元年已至"[1]，《机器人技术与应用》总结的 2023 年机器人行业的十大新闻之一便是"仿人（人形）机器人掀起新热潮"，虽然我国在人形机器人技术领域的起步较晚，但后期发展速度迅猛。根据 2023 年 11 月人民网研究院发布的《人形机器人技术专利分析报告》（下称《报告》）显示，中国人形机器人专利申请人总专利数已超过 6000 件，较之日本、韩国、法国和美国，成为人形机器人技术专利申请数量和有效专利数量最多的国家，可见高歌猛进的行业势头和成果丰硕的科技实力。报告中"预计中国、日本申请人未来在人形机器人专利布局上将呈现动力强劲态势，属于主要的技术来源。"[2]综合各国专利成果的数量和质量浮动结果来看，原先日本在该领域的绝对优势地位已逐渐被美国和中国赶超。相比之下中国的机器人硬件制造能力更为优秀，而美国借助人工智能的领先技术在软件能力上较为超前。

目前国内人形机器人产业结构如图（图 6）所示，上游供应商负责人形机器人本体结构、伺服驱动器、智能感知、驱动控制、支撑环境等五个部分，经过中游产品集成环节，到达下游的具体应用领域。仿生机器人技术属于软件硬件高度耦合的复杂动力学系统，零件繁多、组织复杂，涉及材料、能源、制造、信息技术等多个产业领域，若想要实

---

① 金叶子：《人形机器人元年已至，中国布局产业新机遇》，《第一财经日报》，2024-01-19，A01 版。

② 人民网研究院发布：《人形机器人技术专利分析报告》，2023 年 11 月，第 25 页。

人形机器人产业链

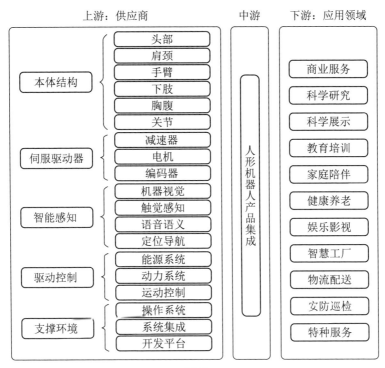

图 6

现关键技术的突破和获得颠覆性创新成果必然需要各领域通力合作,对产业生态联合的要求极高。2023 年全国两会期间,全国人大代表、小米集团董事长雷军提交的建议中便涉及仿生机器人产业,他指出目前发达国家已争先布局该技术领域,"我国在多模态运动规划、动态平衡控制、刚柔仿生机构、全身协调控制等仿生人形机器人核心技术上取得关键突破,但仍然面临核心部组件性能有待提升、应用需求牵引不足、不具备规模化量产能力、应用生态和配套支撑体系不健全等挑战。"[①]并建议人形机器人产业需要早日"建设软硬协同

---

① 《全国人大代表、中国互联网协会副理事长、小米集团董事长雷军:发展仿生机器人须强链补链》,《互联网天地》,2023 年第 3 期,第 7—8 页。

的通用型仿生人形机器人开源创新平台"。①

目前人形机器人产业的发展如火如荼,就内部领域而言,产业体系规划围绕着机器人的软件生态和硬件体系并重方向发展。简单来说,人形机器人的产业链可被划为硬件和软件部分,硬件方面由机器人的动力系统和感应系统主导,软件方面由计算机算法决定。如同《意见》中指出的那样,当前人形机器人关键技术的攻关领域在于:开发人工智能大模型的人形机器人"大脑",开发控制人形机器人运动的"小脑",系统部署"机器肢"以及"机器体"关键技术群。②文件中还指出了之后的发展目标,到2025年时实现批量生产,突破关键技术,初步建成人形机器人创新体系,到2027年时达到世界先进水平,形成完善的产业链、供应链体系。

就外部环境而言,该领域正受到国家政策的扶持与资本市场火热追捧。近5年内,国家发改委和工信部等相关部门发布多个人形机器人的政策性文件,资源倾斜、大力扶植,着力打造良好的政策环境,推动技术成果落地和产业发展的智能化。2018年发布的文件《增强制造业核心竞争力三年行动计划(2018~2020年)》中,将智能机器作为未来发展的重点领域。2019年发布的《产业结构调整指导目录(2019年本)》中,将各类服务型机器人归入鼓励发展类。2021年发布的《"十四五"机器人产业发展规划》指出了"十四五"期间机器人产业发展的工作重点,如补齐材料、元件、工艺方面的技术短板,提高控制系统智能化水平,落实措施中还涉及具体的财税金融领域对机器人企业的支持。2022年发布的《关于加快场景创新以人工智能高水平应用促进经济高质量发展的指导意见》指出,在促进人工智能与实体经

---

① 《全国人大代表、中国互联网协会副理事长、小米集团董事长雷军:发展仿生机器人须强链补链》,《互联网天地》,2023年第3期,第7~8页。
② 工信部科〔2023〕193号文件:《人形机器人创新发展指导意见》。https://www.gov.cn/zhengce/zhengceku/202311/content_6913398.htm。

济的融合过程中尤其关注人形机器人技术产业的落地。2023 年发布的《"机器人＋"应用行动实施方案》指出,到 2025 年推广超过 200 个机器人应用场景,打造一批"机器人＋"的标杆企业。此外,地方层面也积极响应中央部署,包括北京、上海、深圳在内的各大城市相继出台机器人产业发展的计划、方针,旨在前瞻布局,推动产业创新。

同时该领域也赢得了资本市场的青睐,早在 2016 年由哈尔滨工业大学团队主导研发的乐聚机器人获得松禾资本 1000 万元的天使轮投资。近三年随着人工智能的风口形成,人形机器人行业的资本接受度也逐渐增强,"据中国机器人网不完全统计,2022 年上半年,国内机器人行业融资事件共 63 起,已披露金额的融资事件中 18 起为亿元级别,金额约在 50 亿～60 亿元。"[①]2023 年更是人形机器人行业大发展的阶段,据悉"2023 年以来,国内已经陆续成立了数十家新的人形机器人企业"[②],而车企比亚迪也开始加入人形机器人赛道,被其投资的智元机器人属于上海智元新创技术有限公司的旗下产品,经过该轮融资,该公司的注册资本达到了约 5097 万元,而在一年内智元机器人已经融资了 6 轮。可以说 2023 年人形机器人是最热门的投资赛道之一,同年年底,人形机器人的龙头企业深圳优必选科技股份有限公司在港交所挂牌上市,市值约 380 亿港元,成为"人形机器人第一股"。海外市场投资也持续进行,OpenAI 投资了挪威的人形机器人公司 1X,其代表产品是人形机器人 EVE。三星集团投资了韩国人形机器人企业 Rainbow Robotics,该公司源自韩国科学技术院(KAIST)的人形机器人研究中心,代表产品有人形机器人 HUBO[③]。多个研究机构预测未来人形机器人的复合增长率将超过

---

① 贾璇:《又一万亿级产业初现,人形机器人应用加速落地》,《中国经济周刊》,2023 年第 17 期,第 71 页。
② 赵云帆:《"人形机器人第一股"优必选赴港 IPO 通过聆讯,应用场景匮乏限制放量》,《21 世纪经济报道》,2023 年 12 月 5 日 007 版。
③ 周剑:《以金融创新促进中国人形机器人产业发展》,《现代金融导刊》,2023 年第 7 期,第 15 页。

50％。Markets and Markets 预计"全球人形机器人市场规模将从2022 年的 15 亿美元提升至 2027 年的 173 亿美元,复合增长率达63.5％。"[1]总体来说,人形机器人产品的从研发到应用过程极为复杂,需经历功能迭代、产品迭代和集成拓展等三个阶段;除技术以外,还需要配套的产业链支撑以及相关资本的助力,前者需要依托国家层面的宏观调控、合理配置资源达成产业协同,后者意味着要充分发挥市场潜力,技术成果向有效的商业模式靠拢。

人形机器人的未来趋势将配合人工智能技术朝向具身智能(Embodied Artificial Intelligence)方向发展。伴随着大语言模型(LLM)的横空出世,AI 也从弱人工智能开始走向通用型人工智能(GAI),人工智能技术将构成人形机器人的"大脑"部分,不少科技巨头公司已经开发了针对机器人的算法训练,如英伟达开发的 Isaac Lab 学习平台,谷歌开发出的 Robocat 模型等等。人形机器人将结合人工智能技术,利用 AI 赋能实现"AI＋机器人"模式,而这类"通用型机器人"便是具身智能的实体形态,即赋予智能以机器身体。语言大模型的加入也可以帮助机器更精准地掌握和理解人类语言,针对不同情景提高沟通效率,更好地实现对外交互和人机协同。而从产品的应用推广来看,未来人形机器人领域将加快资金部署,尽早探索出成熟完善的商业模式,走出实验室投入消费市场。起步阶段的机器人基本是出于科学探索目的,每次亮相更像是技术展示,多为军用,即使民用也面向工业或是特定的企业,很少为普罗大众关心。该领域的主推方向之一便是实现产业落地,从原先的实验样品阶段走向商业化模式。然而,如何具体落实至消费终端依然挑战重重。一方面,高昂的制造成本阻碍了人形机器人投入量产,如 2023 年宇树

---

① 秦枭:《预测称今后五年复合增长 50％以上,人形机器人春天不远了?》,《中国经营报》,2023 年 2 月 20 日 C02 版。

科技发布的通用人形机器人 H1,零售价在 9 万美金(约 64.5 万元人民币)左右,而优必选的 WalkerX 机器人造价更是高达数百万元,价格掣肘了消费的推广普及。另一方面,目前人形机器人的应用场景匮乏,对不同情景任务的执行能力还有待整合,更多是作为先进的技术成果而展示,而人形机器人若想更好地服务人类现实生活,则需要综合、全面的技能,如处理家务或陪护老人的机器人往往需要掌握洗菜做饭、收叠衣物、清扫卫生等多项日常技能,否则考虑到经济效应,用户会更愿意聘请家政服务人员,而非使用单一功能的人形机器人。因而在人形机器人的产业落地过程中,亟须锁定明确的应用场景,加强多场景的联合作业能力,做到集多个工种于一身。

三、人形机器人的后人类图景

后人类文化中往往同时混杂着技术实践与文化想象,"科幻想象既是技术的伴生物,也对技术发展起到促进作用"[①],人形机器人非常适合作为落点去体察科幻对后人类文化的塑造,因为技术与文化的重叠在人形机器人形象上的显现十分明显,换言之科幻艺术是人形机器人最佳的文化试验场所,科技的创新往往被天马行空的想法所推动。人形机器人的最早影史形象可以追溯至德国电影《大都会》,主宰者试图通过制造与地下城领袖一样的金属机器人,来取代地下城工人领袖玛丽亚。科幻电影中塑造了各类人形机器人形象,如《机械姬》中的艾娃,《西部世界》中的德洛丽丝,与真人无异却无法留存记忆,以及《终结者》中施瓦辛格饰演的杀手的 T-800 号机器人即使遭遇大火皮肉尽毁,依然剩下了铁架钢筋。《银翼杀手 2049》中也同样存在销毁旧型号复制人的"银翼杀手"。"科幻影像尤其起到

---

① 王峰:《科幻如何塑造后人类》,《中国比较文学》,2023 年第 4 期。

了启示和激励作用。'看见'对事实性的影响是极其显著的,未来机器人或人工智能的影像形象更是如此,人形具有传递人性的文化力量。"①除影像文本之外,机器仿生人的形象也常出现在文学文本中,在《仿生人能梦见电子羊吗》仿生人会因为身份问题遭受追杀,石黑一雄的《克拉拉与太阳》中为陪伴儿童设计的人工智能机器人具有高度的共情能力。人形机器人总是在与人类群体的交流、碰撞中突显其存在的意义价值,就像女性主义视阈总是在与男性如影随形的对比中反省女性存在,机器仿生人也为人类提供了镜像般的参照。日本大阪大学的石浩黑(Hiroshi Ishiguro)在 2002 年以自己女儿 Risa 为原型打造了第一个超仿真儿童机器人 ReplieeR1-R for Risa;在 2006 年,他打造了一个几乎和自己一模一样的机器人 Geminoid H1,当被问到为何执着于开发人形机器人时,石黑浩表示自己是出于理解人的目的去研究类人机器人(human-like robot),如果人类想要与机器互动,那么最直接的结果便是制造与人类外表一样的机器。因此,在追求人机相似的表层逻辑之下,重要的是借此反观人类自身。

首先将带来对人类传统主体性地位的反思,后人类文化中的人形机器人不同于基因编辑、克隆技术等生物造人方式,机械质料的非人性与酷似人类外形的设置形成内在张力,仿生人拥有比人更强的体力和智力,若再配以自我意识的觉醒和替代反抗,机器与人之间的矛盾便成为科幻艺术的关注点。比起人机和谐的温情式乌托邦想象,这类人机冲突则带有科幻恶托邦色彩,集中渲染了 AI 机器代替人类的忧患意识和焦虑情绪。在这种敌对基调中,被批量"制造"的机器人成为星际移民的奴仆供人驱遣,受到人类残酷的虐待、捕杀,以致忍无可忍转而联合反抗,与人类发生激烈的暴力冲突。其中所展现的对人类社会秩序的反思和权威统治的挑战冲击了人类中心主

---

① 王峰:《科幻如何塑造后人类》,《中国比较文学》,2023 年第 4 期。

义的传统价值体系,消解了传统的主体性,人类不再是宇宙的中心和
"万物的尺度",机器人是否同等地享有生命伦理……而这恰恰是后
人类文化的发力方向之一,即促使我们反思已经习以为常、不言自明
的人类存在和日常经验模式。人机共同体将构成后人类文化的"新
主体",对重新理解人类生命的形式、本质都起到关键推动。可以想
见,未来我们与人造替身的关系绝不仅仅是顾影自怜式的娱乐,"研
究电影、神话和文学中的仿生人,有可能就是健全所有机器的起源。
机制的源头很可能是神圣的迷恋:对永恒的生、无痛的死的神圣而又
被诅咒的渴望。"①人形机器人是技术实体化的体现,"机器可以被理
解为一种自创生系统,一种致力于在深层实现主客体动态交往过程
的动态网络结构,一种新的智能形态。"②这一进程也必然伴随着人
类自身的不断完善,意识到某些重复性工作和低阶能力的可替代,放
手交由机器人去完成,从而将自己从中解放出来以专注发展全新的
思维和能力,实现与技术环境的协同进化。

在科幻隐喻的后人类未来中,机器人、复制人、仿生人、赛博格这
些文化概念往往有着家族相似性。如果说人形机器人是在人类生命
体之外单独开辟出的仿生新形态,指向机器与人类共在的新局面,那
么人机嵌合的另一条路径则是直接对人身体的改造,不论是智能穿
戴设备还是植入性的脑机接口等等,人体肉身与机械构造相配合的
赛博化发展同样属于后人类的重要形式。通常我们认为,赛博格是
对有机体感官能力的增强,将开启后身体时代,如韩国 DSME 公司
研发的智能救援设备 DSME wearble robot,工人穿戴该类下肢助力
外骨骼后可轻松提起 40 kg 的重物。但智能机器人也同样如此,我

---

① 王佳埼:《后人类视域下的仿生人形象研究:以〈异形〉〈银翼杀手〉系列电影为
例》,2022 年山西师范大学硕士学位论文,第 28 页。
② 王峰主编:《中国后人类文化发展报告(2020—2021)》,华东师范大学电子音像出
版社,第 10 页。

们在遥控的过程中随时掌控着机器人的感知信息,控制、命令机器人的操作过程能以相对间接的互动方式,知道它们能看到什么,知道它们如何感知周边环境,这同样属于人类身体的延伸,甚至能比赛博格达到更远程的效果。未来人形机器人与赛博格会形成相伴而生的混合形态,二者为数不多的区别可能在于,是独立于人还是内嵌人体,但总体的技术目标都是对人类身体能力的扩展。

值得注意的是,科幻不能代替现实。不论是人机界限的模糊,还是人机交互的走向,科幻文化的预测与技术工程的实现之间必然存在落差,比如科幻世界的人形机器人不仅被默认行动自如,甚至拥有超出人类的行动能力,具体的故事中更关注它们的思想、情感和意识活动,即以"非人"的他者身份而展开叙事。但在现实技术框架中,人形机器人作为复杂的力学混合系统(hybrid dynamics system),涉及环境感知、动态运行、任务判断、能源供应、外表设计等多个系统集合,若细分成具体任务指令可达成千上万。综合而言,其双足运动水平依然是最大的技术难点,让机器达到人类肌体的灵活度尚需时日,更别说再附加上同等水平的脑力智能。正如有学者总结道,"我们总是能找到途径,将人的各种能力转化为功能,并通过计算模拟将这一功能实现出来,只要计算力达到要求,从本质上讲,这一过程是无限的。"①技术的每次进步只能是对人类功能模仿的无限趋近,想将人形机器人完全塑造成与人类难辨真假的存在——仿生人、复制人,实际需要整合机器人领域与人工智能技术这两条隐形的科技路线,现实难度非常大。因此,面对科幻文化所引申出的很多问题,诸如人形机器人是否会拥有自我意识,乃至完全替换人类? 我们应理性区分出工程语境与文化现实、狭义与广义、功能型与通用型等具体问题域,而非混为一谈。

---

① 王峰:《人工智能模仿:新模仿美学的起点》,《文艺争鸣》,2019 年第 7 期。

四、结　语

　　当前以 GPT 为代表的大语言模型展现出超强的语言理解和文本生成能力，但这到底属于计算机软件系统，其运行需要强大的算力基础设施为支撑，我们仍需打开手机或电脑输入提示词，虚拟的数字世界难以直接链接现实世界。因此，人形机器人有望成为未来人工智能落实至物质世界的载体之一。人形机器人为人工智能提供灵活的"身体"，人工智能则成为人形机器人的"最强大脑"。如何将运动控制与多模态大模型相结合，完成软件与硬件的强耦合，实现虚拟世界与物理世界的真正交互是未来的技术关键。高级人形机器人作为通用型人工智能的终端也将进一步扩大 AI 对世界的影响。我们可以期待，在不久的将来会有一群聪明灵活的机器人穿梭于我们的日常生活中，它们轻松理解指令，完美执行任务，诠释着技术让生活更美好的愿景。

ASMR 自发性感官经络反应

任春晓

你是否曾经体验过一种难以言传的生理反应？

每当听到温柔的声音在耳畔低语，注视旁人全神贯注地重复某项细小的工作，理发时发丝被人轻抚拨动，或是坐在图书馆感受到书页翻动的声音、笔尖在纸面摩擦、有人缓步从身边走过……仿佛有一股暖流，由颅顶流淌到脊背，它既让人头皮发麻、微微战栗，又使人不由自主地感到愉悦与平静，乃至在高度放松下昏昏欲睡。这便是 ASMR 引发的奇妙反应。

一、什么是 ASMR?

(一) ASMR 的定义史

"ASMR"，autonomous sensory meridian response，即自发性感官经络反应，或译为自发性知觉经络反应、自发性知觉神经反应等，指的是一种通过听觉、视觉、触觉和嗅觉等感官知觉刺激触发的身体愉悦反应，刺激感通常产生在颅内或头皮，并逐渐向下蔓延到颈后、背部等人体其他部位。

1983 年，在美国电视节目《欢乐画室》（The Joy of Painting）中，主持人鲍勃·罗斯（Bob Ross）通过温柔的低语和反复拍打板刷的沙沙声，带给观众一种特殊的听觉愉悦。虽然《欢乐画室》的本意是进行艺术启蒙，但是许多观众表示这档节目意外地治愈了他们的失眠；罗斯本人则很可能在无意中成了第一个 ASMR

表演者①。

1996 年，QSound Lab 发布音频作品《虚拟理发店》(Virtual Barber Shop)，有意通过人声引导和理发剪发出的"令人毛骨悚然的咔咔声"，为听众带来了一段完整的第一人称虚拟理发体验。2007年，LovelyVirus 将此音频制作成无画面的静帧视频，发布于视频网站优兔(YouTube)，并在视频简介中特别提醒受众佩戴耳机、闭上双眼。该视频如今被视为 ASMR 类型视频鼻祖，在 YouTube 网站的观看次数已经超过 4053 万次。

2007 年至 2008 年间，一些互联网论坛成立在线讨论组，成员们集中分享个人经验并讨论类似于这种奇特的感官体验，如发布在医学讨论平台稳定健康上的(SteadyHealth)的帖子《奇怪的感觉真好》(WEIRD SENSATION FEELS GOOD)及其评论区和成立于雅虎网站(Yahoo)的线上讨论组"煽动者社团"(Society of Sensationalists)；前者启发了詹妮弗·艾伦(Jennifer Allen)在 2010 年正式提出自发性感官经络反应这一非医学术语②，用以强调其自主性、与感官感觉相关、接近高潮或顶点、需要由外部或内部事物触发的四大特点③。在此之前，互联网用户尝试使用"无名之感"(Unnamed Feeling)、"AIHO"(Attention Induced Head Orgasm，专注诱发的头部高潮)、"大脑高潮"(brain-ogasm)等不同词语对 ASMR 进行定义。

艾伦在社交网站脸书(Facebook)上注册了 ASMR 讨论组，并告知了那些在《奇怪的感觉真好》帖子下留言的人们。留言板用户很快

———————

① 张春晓.《从观念化到肉身化：ASMR 对声音理论的挑战及其后人类意义》[J].文艺研究，2023(05)：117—127.

② Richard，Craig. History of ASMR：Birth of the ASMR Community. ASMR University. 2015-07-23. https：//asmruniversity.com/2015/09/23/podcast-birth-history-asmr-community.

③ Richard，Craig. Interview with Jennifer Allen, the woman who coined the term, Autonomous Sensory Meridian Response(ASMR). ASMR University. 2016-05-17. https：//asmruniversity.com/2016/05/17/jennifer-allen-interview-coined-asmr.

集体迁移到该讨论组中，继续分享唤醒他们此种体验的视频；其中，2009 年发布于优兔网（YouTube）的视频《耳语——你好》（Whispering-hello）被视为第一条有意识触发 ASMR 的作品①。

自此之后，互联网中以"ASMR"命名的作品迅速增长，很快引领了一种全新的休闲娱乐风尚。2011 年，苏·多伦斯（Sue Dorrens）创立首个专门提供 ASMR 视频的网站耳语中心（whisperhub.co.uk）。2012 年，耶鲁大学临床神经科学家史蒂文·诺韦拉（Stephen Novella）在其神经科学博客发表有关 ASMR 的文章《神经学》（Neurologica），将自发性感官经络反应带入大众视野。如今，ASMR 爱好者（ASMRtists）已经形成了一个非常庞大的互联网社区，越来越多的用户参与其中，共同创作并欣赏 ASMR 类型视频，分享这种难以言表的愉悦感受。

在早期互联网论坛中，人们将这种经络反应的具体表现形式描述为"头皮或脊椎发麻"、"瘙痒感"、"震颤感"、"流淌过脊背的暖流"、"划过脑海的银色光芒"、"极度兴奋的颅内高潮"、"掠过头皮的鸡皮疙瘩感"等，其共性是体验者感到放松和欣悦。在讨论自发性感官经络反应的专门网站 ASMR 大学（ASMR University）上，刺激感被分为身体感觉（包括发生在头部、颈部、脊柱和身体其他部位的轻微而愉快的刺痛、火花、模糊或波浪般的放松感）和心理感觉（包括放松、平静、舒适、平和、安宁或困倦的深刻而舒缓的感觉）两部分。此外，还有一些试图分析 ASMR 现象的学者将这种由头皮蔓延至全身的感受描述为"星爆"（starbursts）、"寒战"（shivers）等②。

———————————

① Autonomous sensory meridian response: The whisper network. (2019，Apr 27). Breaking News. Ie Retrieved from https://www.proquest.com/wire-feeds/autonomous-sensory-meridian-response-whisper/docview/2215448260/se-2.

② Gallagher, R.(2019). "ASMR" Autobiographies and the(Life-) Writing of Digital Subjectivity. CONVERGENCE(LONDON)，25(2)，260—277. https://doi.org/10.1177/1354856518818072.

（二）ASMR 在互联网中的传播现状

自 2010 年自发性感官经络反应定义提出至今，ASMR 已经成为一种备受欢迎的休闲娱乐方式。截至 2024 年 2 月，ASMR 在谷歌趋势中，从 2010 年至今，"ASMR"的搜索热度持续攀升；在过去一年中，中国已经成为"ASMR"搜索热度最高的地区①。

为什么 ASMR 只在最近十到十五年才显得如此流行？这是因为，ASMR 的传播高度依赖于技术设备与互联网数字媒体平台。虽然自发性感官经络反应很可能在很久之前就已经存在于人类经验之中，但是数字媒体平台为 ASMR 提供了真正的讨论与传播平台。

如詹妮弗·艾伦自述的经历一样，许多人从小便在现实生活中有意或无意地经历了这种难以言表的愉悦反应，却无法为此寻找到一个合理的解释，更难以再现其触发环境。而现代科技与线上视频平台的兴起为体验 ASMR 提供了一种安全便捷的方式。如今，许多 ASMR 艺术家利用自己的直觉和受众反馈，为受众提供了丰富的 ASMR 类别作品。这些 ASMR 作品或者是对能够引发自发性感官经络反应的现实生活场景的直接记录，要么是对相关因素（如声音、行为和时刻）等进行模拟并重现。因此，ASMR 爱好者们可以通过观看 ASMR 视频或收听 ASMR 播客主动追求 ASMR 体验。

当前，在 ASMR 作品整理平台"ASMR 索引"（The ASMR Index）上，ASMR 的相关频道已经超过四千个，发布视频超过八十万条，兴趣标签超过七十四万种。在 ASMR 视频最早兴起的优兔视频网，相关搜索结果超过千万个，单个热门视频播放量超过七千六百万次，视频发布者为"ASMR 魔法"（ASMR Magic）；单个受欢迎的频道获赞量接近五十万，频道制作者为"东 ASMR"（Dong ASMR，在中文

———————

① 数据来源：https://trends.google.com/trends/explore?q＝ASMR（谷歌趋势），数据时间：2024 年 3 月 24 日。

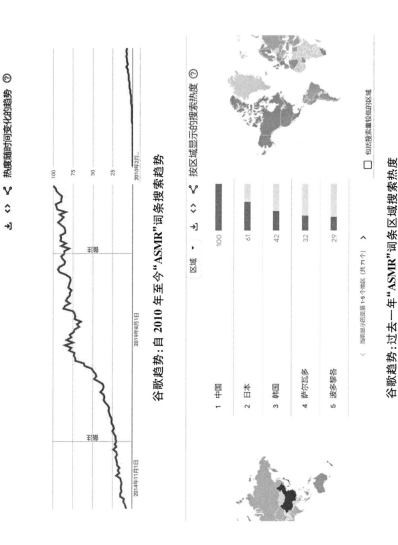

谷歌趋势：自 2010 年至今"ASMR"词条搜索趋势

谷歌趋势：过去一年"ASMR"词条区域搜索热度

互联网中使用"Dong 的助眠频道"作为用户名）。

2014 年，视频制作者"蝉"（Chan）首次使用中文录制 ASMR 视频，ASMR 随之传入中国[1]。在移动音频平台方面，"喜马拉雅 FM"单个 ASMR 音频专辑播放量达到七百七十余万，包括"荔枝 FM"、"蜻蜓 FM"等平台在内的 ASMR 稳定受众数量则不低于五百万[2]。在视频平台方面，在短视频平台抖音中，"asmr"话题下视频投稿量超过四十万，播放量则已经超过两千三百七十亿[3]；在哔哩哔哩弹幕视频网中，播放量最高的单个作品数据突破两千九百万（为优兔网转载作品，原视频发布者为韩国制作者"yeonchu asmr"）。

然而，由于自发性感官经络反应的生理愉悦特性，部分主播及视频制作者在流量的裹挟下将 ASMR 作为软色情的替代词，录制喘息声、呻吟声及带有明显性暗示色彩的角色扮演等内容吸引受众。2018 年 6 月 8 日，全国"扫黄打非"办公室约谈网易云音乐、百度网盘、B 站、猫耳 FM、蜻蜓 FM 等多家网站负责人，要求各平台大力清理涉色情低俗问题的 ASMR 内容，加强对相关内容的监管和审核。由此，国内 ASMR 作品的转载及创作进入寒冬期，各大平台大量封禁相关频道，下架相关音频视频作品，部分平台（如哔哩哔哩弹幕视频网）更一度将"ASMR"列为屏蔽词。荔枝 FM、斗鱼及虎牙直播等平台仍然未将该词解禁。大量 ASMR 艺术家因此被迫与受众道别，或转而使用"助眠""放松解压""音声"等关键词替代ASMR。

①　樊昊，李牧，仇宇宁等.《自发性知觉经络反应的研究进展》[J].河南医学研究，2018，27(24)：4474—4475.

②　赖黎捷，张红霞.《ASMR：音频平台、用户、内容融合的新落点——基于"喜马拉雅FM""荔枝 FM""蜻蜓 FM"三个平台的用户调查》[J].中国广播，2020(11)：37—42. DOI：10.16694/j.cnki.zggb.2020.11.013.

③　数据来源：https://trendinsight.oceanengine.com（巨量算数），数据时间：2024 年3 月 24 日。

虎牙直播平台搜索"ASMR"结果

事实上,绝大多数严肃的自发性感官经络反应的研究者认为, ASMR 所引发的愉悦感是与性无关的。早在术语创造之时,詹妮弗·艾伦便试图以这种更为客观的描述方式取代"颅内高潮"的说法,以期在最大限度上排除个人经验对于科学讨论的干扰①。截至目前,大部分互联网讨论者认同这种濒近顶点的感官反应有别于性高潮,同样尚无学术调查及研究表明 ASMR 能够引发性唤起。有学者认为,作为技术和听觉现象的 ASMR 本身是中性的,它是否具有与色情结合的倾向取决于我们如何理解色情——如果抛去性的内容和道德评判,抗拒被观念化、被静观的肉身感觉,本身就是色情的②。

①　Richard, Craig. Interview with Jennifer Allen, the woman who coined the term, Autonomous Sensory Meridian Response(ASMR). ASMR University. 2016-05-17.

②　张春晓.《从观念化到肉身化:ASMR 对声音理论的挑战及其后人类意义》[J].文艺研究,2023(05):117—127.

二、如何触发 ASMR 体验？

值得注意的是，虽然大部分 ASMR 作品是音频或视频形式、以刺激听觉感受为主，但是触觉、视觉等感官刺激同样可以引发感官经络反应。比如，前文提及的《奇怪的感觉真好》一帖的发布者"好的都可以 51838"（okaywhatever51838）就曾这样总结道："我有时会有这种感觉，没有什么真正的诱因，它只是随机发生的……小时候看木偶剧，或者别人给我讲故事时会有这种感觉，十几岁时同学帮了我一个忙，朋友用记号笔在我手掌上画画时也会有这种感觉。"在本帖的评论区中，还有部分用户提到引发他们生产感官愉悦的事物包括："缓慢的说话、移动甚至是驾驶"、"身边人的专注行为，如填表、画画、修理小设备、玩游戏等"、"展现他人专注行为的特写镜头"、"被他人关注或感受到他人的关心及帮助"等等。同时，部分分享者的个体经验表明，ASMR 不一定需要依赖外部事物刺激和触发。一些人可以通过进入一种接近冥想的专注状态，主动增强自身的感觉和感受能力，进而触发 ASMR 体验。不过，几乎所有分享者都注意到，ASMR 体验具有很强的个人性和随机性，能够引发某人愉悦体验的事物对于另一人而言很可能是无感甚至反感的，而即使某些事物通常能够引发某人愉悦感受，但这种关联也不是必然的；有时人们主动接触这些事物以寻求 ASMR 体验，最终却只能无功而返。

当前，ASMR 爱好者们通常将能够刺激感官引发经络反应的那些事物称为"触发因素"（triggers），并根据触发因素的不同将 ASMR 体验分为不同类别。

首先，ASMR 体验可以被分为内部触发与外部触发两大类别。内部触发的 ASMR 体验与正念（mindfulness）和冥想（meditation）类似，都可以帮助体验者达到平和且积极的心理状态。自发性神经经络反应与后两者的区别在于,ASMR 体验强调的是濒近高峰、高潮或顶点的感受,且通常是断续的、突如其来的,而正念与冥想练习带来的体验往往更加平静和悠长。另外,有学者指出,ASMR 的专注侧重于感受到他人对自己的关注,而正念与冥想强调的专注状态是个人向内关怀并善待自身①。

通过外部事物触发的 ASMR 体验则主要分为通过听觉触发、通过视觉触发、通过触觉触发三种类型。

(一) 听觉类

通过听觉触发的 ASMR 体验种类繁多,可以依据人声在其中的参与程度再次细分为耳语类、接触音及无人声三大类别。此外,咀嚼音、吹气声、低声哼唱、亲吻声及各种口腔音(Mouth Sounds,如响舌声、舔舐声、口水音、吧唧声、啵啵声等),同样是 ASMR 常见的听觉触发因素。此类 ASMR 音视频的制作者会使用专业的收音及扩音设备放大声音刺激,并提醒听众佩戴耳机欣赏作品,视频画面通常较为单一、简洁、稳定,甚至不少作品为静帧视频或黑幕视频。

耳语类作品是听觉触发类 ASMR 作品中占比最高的一种类型。一项英国斯旺西大学(Swansea University)的研究表明,在参与调查的 475 人中,有 75% 的人认为耳语是 ASMR 体验的有效触发因素②。耳语类作品内容通常包括漫谈、故事、催眠或哄睡、冥想或类冥想引导语、阅读、讲解、激励语、模拟对话、心灵鸡汤式语录或仅仅重复一些单个字词等。在 ASMR 浪潮影响下,许多其他类型的视频制作者也会尝试使用耳语替代平时的说话方式,为受众带来更为丰

---

① Kirschner, H., Kuyken, W. & Karl, A. A Biobehavioural Approach to Understand How Mindfulness-Based Cognitive Therapy Reduces Dispositional Negative Self-Bias in Recurrent Depression. Mindfulness 13, 928—941(2022). https://doi.org/10.1007/s12671-022-01845-3.

② Barratt, E. L., & Davis, N. J.(2015). Autonomous Sensory Meridian Response (ASMR): a flow-like mental state. PeerJ, 3, e851. https://doi.org/10.7717/peerj.851.

富奇特的听觉体验,以期达到接近 ASMR 的愉悦效果。

接触音指人为制造、借由外物产生、往往需要通过收音设备放大的声音,包括毛刷声、褶皱声(Crinkle,褶皱物通常为锡纸、牛皮纸、塑料纸和塑料包装袋等)、铝箔声、盖子声、拉链声、整理声、翻书声、脚步声、写字声、键盘敲击声、手指摩擦声(Finger Fluttering,通常伴随耳语)、抓挠声、轻拍声、敲击声、粘黏声(Sticky,通常伴随敲击声,指手指或其他物品与有黏性的物品接触后分离的声音)、木块声(Wooden Blocks,包括木制品移动声、木块敲击声、木板摩擦声等)、切割声[被切割物通常为肥皂、太空沙、水晶泥、史莱姆(Slime,一种硼砂制泥状黏性玩具)、泡沫板、丝织物、干湿花泥等]及碾压声等。

无人声的 ASMR 触发因素包括自然音(如风声、雪声、雷声、雨声、溪流声、海浪声、鸟鸣声、虫鸣声、振翅声等)、环境音(通常与自然音相伴出现,如钟磬声、木鱼声、篝火声、炉火声、风铃声等)、其他白噪音(White Noise,又译白噪声,指功率谱密度为常数的随机信号,其声音特征为平稳、规律、具有高一致性,如电流声、木屑声、冰块撞击声、摩擦沙沙声等)、纯音乐[Absolute music,指无填词的音乐作品,能够触发 ASMR 体验的纯音乐通常为温柔、低缓的自然器乐声,如笛箫、古琴、钢琴、竖琴、小提琴、大提琴等;与部分使用电声乐器的轻音乐,如班得瑞(Bandari)、久石让、卡努纳什(Karunesh)等音乐制作者的作品及各种阿尔法脑波音乐等]。

(二) 视觉类

视觉类 ASMR 触发因素不如听觉类那么广为人知。在上文提及的以英国斯旺西大学为研究单位的论文中,两位作者共同总结了五种常见的 ASMR 触发因素,其中只有"观看重复性任务"一项属于视觉类刺激。同时,"观看重复性任务"也是五大触发因素中最不常见的一类,在 245 名被试人员中,只有 34% 的人表示自己曾经被其触发①。

但是,一份发表于 2017 年的 ASMR 触发因素清单表明,观看是 ASMR 的重要触发途径之一,其中最为普遍和强烈的视觉类触发因素是"观看他人抚摸另一人的头发";此外,"观看他人绘画(包括素描和色彩画)""观看他人化妆或涂指甲油""观看他人触摸自己的头发""观看他人拆开包装"和"观看他人烹饪"同样被认定为有效的 ASMR 触发因素,而"观看他人为钢笔注入墨水"和"观看他人睡觉"两项虽然有人提及,但是未能引发参与者的广泛共鸣②。

当前互联网上常见的视觉类 ASMR 触发因素有:手势动作(通常伴随接触音出现)、摇晃镜头、触摸镜头[Camera Touching,视频制作者通过手指及各种工具(如毛刷、卷尺、荧光棒等)与镜头互动,观众能够明确意识到镜头存在]、3D 感眼部触摸(视频制作者往往通过在视频画面中添加两道竖线或使用半圆形阴影遮挡等方式模拟手指穿过镜头、切实触碰到观众眼部的感受)、灯光引导(包括点光源移动及闪烁、灯光色彩变化、灯光强弱变化等)、手指灯(视频制作者将发光灯套戴在指尖,结合手势动作与灯光引导进行触发,其中以拇指灯最为常见)、重复动作、缓慢动作、肥皂(包括挤压皂片、皂卷、皂丝球及淀粉皂盒、刮或切割软硬质肥皂及干皂等)、黏土、太空沙、水晶泥、史莱姆等。其中,肥皂、水晶泥、史莱姆等同样常常作为听觉类触发因素出现。二者区别在于,注重视觉触发的 ASMR 艺术家会注重丰富触发物的颜色与样式,有时混入亮片、金箔、扁珠、泡沫球、珠光粉、彩色墨水乃至珍珠、钻石等填充物,以期达到更为出彩的视觉效果。

---

① Barratt, E. L., & Davis, N. J. (2015). Autonomous Sensory Meridian Response (ASMR): a flow-like mental state. PeerJ, 3, e851. https://doi.org/10.7717/peerj.851.

② Fredborg, B., Clark, J., & Smith, S. D. (2017). An examination of personality traits associated with Autonomous Sensory Meridian Response(ASMR). Frontiers in Psychology, 8.

同时,部分日常生活场景同样可以作为 ASMR 的视觉触发因素,如化妆、整理化妆用品、身体护理、绘画、魔方、禅园(zen garden,又称微型枯山水,一种日本沙盘景观,使用者往往借助木耙等工具整理沙盘)等。

试图制造视觉触发的视频制作者更加注重视频画面的整洁度、丰富性及优美感,制作者真人出镜比例较听觉类触发视频更高,视频中出现的动作通常十分缓慢,且具有高度重复性和规律性。同时,虽然此类 ASMR 作品往往与听觉类触发因素共同出现,形成多种感官的共同作用,但是也有部分制作者尝试制作无声视频,如优兔视频上传者"杰格的 ASMR"(Jeg's ASER)、"埃斯福斯 ASMR"(ACEFORCE ASMR)等。无声 ASMR 触发视频可以有效将观众的注意力集中在其视觉效果,更可以为失聪群体提供有效的 ASMR 体验。

(三) 触觉类

当前有关 ASMR 的讨论及共同经验的产生集中于数字媒体平台,所以许多通过音像资料了解到 ASMR 的人们可能误以为这是一种仅由视听刺激而引发的经络反应。他们往往习惯于根据个体需求主动寻求 ASMR 体验的线上触发,却忽略了广泛存在于现实生活中的、通过触摸与被触摸经验引发的感官及心理愉悦。事实上,ASMR 是一种更广泛的情感体验,它常常在现实世界的社会环境中引发,而不仅仅是一种需要科学解释的流行网络现象[1]。

通过早期互联网论坛中关于 ASMR 现象的讨论及部分 ASMR 视频中对日常生活中触觉经验的有意模拟,我们依然可以确认,触觉

---

[1] Poerio, G. L., Succi, A., Swart, T., Romei, V., & Gillmeister, H. (2023). From touch to tingles: Assessing ASMR triggers and their consistency over time with the ASMR Trigger Checklist(ATC). Consciousness and Cognition, 115, 103584. https://doi.org/10.1016/j.concog.2023.103584.

刺激同样是十分重要的 ASMR 触发因素。

调查研究表明,触觉触发与人际关系/社会交往高度相关,有效的触发因素包括:与他人的肢体接触(包括有意或无意,在接受调查的 296 人中,有 98％的人认同肢体接触是有效的触发因素)、他人的密切关注(服务类入住酒店、理发、洗耳、被测量身体数据、作为调查对象、感受到或接受他人照顾、获得积极肯定)、他人的友善行为(如善意的话语、借来物品、道歉、善意的行为)、吹气(Blowing,如向耳中吹气)、目光接触等[①]。

为了更好地理解何种触觉刺激可以有效触发 ASMR 体验,我们依然可以借助数字媒体平台中部分影像作品进行分析。当前,侧重于模拟触觉刺激的 ASMR 视频往往通过视听效果制造多维体验(通常被描述为 3D 乃至 8D 体验),使观众仿佛身临其境,回忆起自身在现实生活中得到的触感经验,进而产生仿佛获得同等刺激的错觉,引发神经经络反应。这种视频通常带有角色扮演(role-play)性质,侧重于对社交接触及人际关系的重现,尤其注重模拟他人对自身的善意关注。常见的模拟情境有:医学检查(常见如眼科检查、口腔检查、颅神经检查、颅骨检查、专注力测试等)、部分特殊职业相关活动(如法医验尸检查、情报人员搜身检查、执法人员搜身、心理咨询、人事面试等)、身体护理服务(如水疗、按摩、耳道清洁、口腔清洁、头屑清理、面部护理)、日常服务场景(如理发、量体裁衣、化妆服务等)、其他人际交往(扮演对象多见于伴侣、父母、兄弟姐妹、女仆、管家、老师)、个人关注等。

部分视频制作者会模拟超现实背景下的人际互动及触觉触发,

---

① Poerio, G. L., Succi, A., Swart, T., Romei, V., & Gillmeister, H. (2023). From touch to tingles: Assessing ASMR triggers and their consistency over time with the ASMR Trigger Checklist(ATC). Consciousness and Cognition, 115, 103584. https://doi.org/10.1016/j.concog.2023.103584.

常见虚构背景有:未来科幻背景、历史背景、中世纪魔法背景、热门影视作品背景(如老友记、哈利·波特系列、漫威电影宇宙、DC 宇宙等)。其中,视频上传者"大气层"(ATMOSPHERE)创作了"科幻系列"、"维多利亚时代系列"等超现实世界观作品,同系列视频中会出现彼此关联的原创虚拟人物,在触发神经经络反应之外,带给观众额外的叙事美学效果。在 ASMR 作品整理平台 ASMR 索引(The ASMR Index)的统计中,大气层已经获得超过七千四百万播放量。

此外,触觉触发可以为失聪失明群体提供线上的 ASMR 体验。此类视频通常为有声视频,观众需要将手指按在出音孔周围,感受气流振动对皮肤的触发作用。该方法见于视频制作者"东 ASMR"。

注:部分 ASMR 爱好者认为嗅觉同样可以触发自发性神经经络反应,但是目前有关嗅觉触发的调查研究及互联网论坛中的相关讨论数量较少,本文暂不做梳理。同时,虽然 ASMR 的触发因素可以根据知觉进行大致分类,但是实际生活中的愉悦反应往往综合了多种感官感受,很难截然区分。

三、为什么人们需要 ASMR?

(一) ASMR 体验与形成机制

一般认为,"自发性神经经络反应"一词是一个伪医学术语。尽管数以千万计的人们相信自己曾经反复经历 ASMR 体验,但是目前尚无学术研究切实揭示其生理学原因。

根据英国学者巴勒特(Barratt)和戴维斯(Davis)的研究,ASMR 体验是一种类似于"心流"状态的经验,当参与者进入放松或愉悦的经络体验中时,会感到刺痛感起源于后脑勺,穿过头皮,沿着脖子后面扩散;半数参与者报告表示,这种感觉通常会随着强度的增加而扩散到肩膀和背部①。

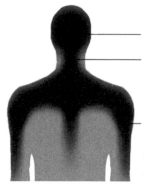

刺痛感的起源

描述为向下移动，沿着脊柱的线。许多人的肩膀也有这种感觉。

感觉可能会扩散到其他部位，强度越来越大，通常是四肢和下背部。

ASMR 刺痛感的路径图

虽然上图显示了 ASMR 刺痛感最常出现的区域，但是巴勒特与戴维斯同时指出，刺痛感在其扩散幅度与增加强度方面存在着巨大的个体差异，在其他相关研究和讨论中，手臂和腿部同样是常见的反应区域。不过，值得注意的是，在与自发性感官经络反应十分相似的"审美震颤"(frisson，指艺术作品引发的生理愉悦反应)体验中，有更多人将其表述为发生在手臂和腿部的"刺痛发痒感"和"鸡皮疙瘩感"。虽然自发性感官经络反应与审美震颤的触发机制具有明显分别，部分非专业人士会在经验分享时将二者混为一谈。

ASMR 体验中难以描述、难以证实的刺痛感是一种单纯的心理反应吗？既有研究表明，ASMR 会使受试者心率降低而皮肤电导水平升高②，同时受试者与内感受和情绪相关的区域也会被激活，包括脑岛(insula，又称岛叶，属于大脑皮质的一部分，功能与情绪调节与自主神经相关)、内侧前额叶皮层(medial prefrontal cortex：mPFC，

---

① Barratt, E. L., & Davis, N. J. (2015). Autonomous Sensory Meridian Response (ASMR): a flow-like mental state. PeerJ, 3, e851. https://doi.org/10.7717/peerj.851.

② Poerio, G. L., Blakey, E., Hostler, T. J., & Veltri, T. (2018). More than a feeling: Autonomous sensory meridian response (ASMR) is characterized by reliable changes in affect and physiology. PLoS ONE, 13(6). https://doi.org/10.1371/journal.pone.0196645.

被证明参与多种精神疾病,且与认知、记忆、社交、奖赏行为等脑活动过程同样有密切关系)和背侧前扣带皮层(dorsal anterior cingulate cortex:dACC,被证实与情绪、决策、认知及调节高度相关)[1]。与此同时,虽然医学研究证明,联觉、社交联系和审美震颤等体验同样可以激活相关脑区,带来轻松与愉悦的情绪反应,伏隔核、mPFC、脑岛和次级体感皮层被证明是 ASMR 体验中格外活跃的独特脑区[2]。

目前,针对 ASMR 形成机制的推测有如下三种:

1. 联觉理论

联觉(synesthesia,国内研究及讨论有时遵循钱钟书的译法称其为"通感")是一种结合若干感官系统的心理症状,表现为因引发一种感官系统的刺激而同时诱发其他感官系统兴奋的情况,譬如看到暖色调颜色便仿佛感到温暖、听到尖锐的声音便会感受到触痛等。巴勒特等人的研究表明,自发性感官经络反应与联觉之间的联系虽未达到统计学上的显著水平,却依然表现出高度相关性。在联觉的情感亚型中,个体通过诱导理论上对他们没有情感影响的刺激触发,与 ASMR 体验十分相似;同时,在有关联觉的文献中,患有恐音症(misophonia,字面意思为"厌恶声音")的人会对特定声音产生自动的负面情绪反应,与听觉类触发的 ASMR 反应刚好相反。我们或许可以由此推断,自发性感官经络反应所带来的放松及愉悦感可能与联觉的反应机制类似。但是,同样有研究证明,在经历 ASMR 体验时,受

① Villena-Gonzalez, M. (2023). Caresses, whispers and affective faces: A theoretical framework for a multimodal interoceptive mechanism underlying ASMR and affective touch: An evolutionary and developmental perspective for understanding ASMR and affective touch as complementary processes within affiliative interactions. BioEssays: News and Reviews in Molecular, Cellular and Developmental Biology, 45(12), e2300095. https://doi.org/10.1002/bies.202300095.

② Lochte, B. C., Guillory, S. A., Richard, C. A. H., & Kelley, W. M. (2018). An fMRI investigation of the neural correlates underlying the autonomous sensory meridian response(ASMR). BioImpacts, 8(4), 295—304. https://doi.org/10.15171/bi.2018.32.

试者的功能网络连接与联觉反应并不完全相同,因此联觉机制并不能完全用于解释 ASMR 效应。

2. 大脑奖赏回路

生物学研究表明,伏隔核(Nucleus accumben)会对个体行为进行评估,判断该行为是否应当受到奖赏,并根据判断结果向中脑腹侧被盖区(Ventral Tegmental area)发送信号。脑腹侧被盖区将释放对应量多巴胺(Dopamine)进入不同脑区,通过多巴胺传递兴奋信息。其中,部分多巴胺将被送回伏隔核,使之在接下来的一段时间内降低对同一行为的评估。前述研究证明,ASMR 体验将同时触发包括伏隔核在内的不同脑区,进而引发高潮般的愉悦感受。另一方面,许多 ASMR 体验者表示,在他们享受数字媒体平台带来的便捷触发同时,触发也变得越来越困难,以致许多 ASMR 类型视频上传者会额外制作带有"针对 ASMR 免疫者""当你对 ASMR 感到麻木时"等标签的作品;这与伏隔核降低同行为评估的机制一致。因此,有关大脑奖赏回路的神经学解释或许是最便捷也最有效的 ASMR 机制解释。

3. 情感触觉反应

部分研究者认为,自发性感官经络反应虽然可以通过不同感官刺激分类,但是究其根本是通过视觉、听觉等刺激联觉到触觉引发一系列生理反应。同时,由于 ASMR 触发中包含着显而易见的来自他人的善意关注,最有可能在此过程中被唤醒的触觉记忆是情感触摸(affective touch)。情感触摸是一种基于进化论假说的触摸的讨论维度。学者认为,触摸的积极情感成分可以通过一组无髓鞘的、低阈值的机械感受性传入纤维(即 C 触觉,C tactile,CT)传递,通过温柔、缓慢地抚摸得以最佳的激活[①]。研究表明,不同的感觉系统可以

---

① 郭长胜,王艳,代剑洋等.《情感触摸的机制及在儿童中应用的研究进展》[J].中国康复医学杂志,2022,37(02):273—277.

对情感刺激(爱抚、耳语和情感面孔)做出特定反应,这些刺激输入大脑的内感受中枢进行整合从而引发生理调节;而 ASMR 与情感触摸具有相同的心理和生物机制。ASMR 现象同样源于与早期附属行为和自我调节相关的生物机制的发展,通过躯体感觉与视听刺激的融合整合为多模态交互机制的一部分,传递情感与生理调节信息。[①]

(二)ASMR 的作用及个体反应差异

无论具体的生理学机制如何发挥作用,多种研究表明,自发性感官经络反应不仅能够作为"安慰剂"为体验者带来短暂的放松及愉悦情绪高峰,而且切实地有益于体验者的心理健康。

研究证实,在观看 ASMR 视频时,观看者的心率与血压会降低,在观看结束后,观看者不仅可以放松心情,而且可以迅速恢复到足以应对具有挑战性任务的饱满状态中去[②]。一项质性研究表明,对于许多人来说,ASMR 已经成为日常生活中的一个固定程序(通常为每晚入睡前);而对另一部分人来说,ASMR 是一种用来缓解复发症状的流行手段:他们会因精神状态欠佳增加 ASMR 的使用量,将它视为一种在感到焦虑时诱导睡眠或分散注意力的有效工具——"这就像是吃安眠药一样"[③]。由于需要进入专注状态这一特征,自发性感官经络反应可以通过分散人们对痛苦想法的注意力的方式,有效提

[①] Villena-Gonzalez, M. (2023). Caresses, whispers and affective faces: A theoretical framework for a multimodal interoceptive mechanism underlying ASMR and affective touch: An evolutionary and developmental perspective for understanding ASMR and affective touch as complementary processes within affiliative interactions. BioEssays: News and Reviews in Molecular, Cellular and Developmental Biology, 45(12), e2300095. https://doi.org/10.1002/bies.202300095.

[②] Pedrini, C., Marotta, L., & Guazzini, A.(2021). ASMR as Idiosyncratic Experience: Experimental Evidence. International Journal of Environmental Research and Public Health, 18(21). https://doi.org/10.3390/ijerph182111459.

[③] Woods, N., & Turner-Cobb, J. M.(2023). "It's like Taking a Sleeping Pill": Student Experience of Autonomous Sensory Meridian Response (ASMR) to Promote Health and Mental Wellbeing. International Journal of Environmental Research and Public Health, 20(3). https://doi.org/10.3390/ijerph20032337.

高人们的心理健康水平。与此同时,这项研究表明,许多学生相信通过 ASMR 诱导的睡眠可以使他们在醒来时感觉更有效率、更放松、更警觉,这不仅有效地改善了他们的情感状态,而且通过促进学业成功这一方式更为长效地改善了焦虑状况。

自 2019 年新型冠状病毒病流行以来,全球经济、粮食、住房安全及健康问题都受到了显著的负面影响,精神疾病的患病率也随之上升。数据显示,谷歌网站中"ASMR"一词的搜索量也在 2019 年攀升至新的高峰。对于那些 ASMR 爱好者来说,自发性感官经络反应有助于降低压力水平和辅助入睡,因此对焦虑、失眠和抑郁等临床病症同样具有直接或是潜在的益处。一项发布于 2018 年的统计调查显示,在接受 ASMR 体验后,受试者的平静指数大幅上升,而焦虑、抑郁均有显著下降[1]。ASMR 大学网站的数据同样显示,接近半数常感到悲伤的人认为 ASMR 帮助他们缓解了悲伤情绪,三分之一的抑郁症患者认为 ASMR 有助于他们病情的改善。当然,目前自发性感官经络反应虽然被认为对部分爱好者的情绪调节及精神健康有所帮助,但是依然无法替代医学建议及专业的心理咨询及治疗,仅仅作为一种可能的开放性选择而存在。

同样有大量研究表明,ASMR 体验具有十分明显的个体差异性。无论是从触发因素的偏好层面,还是从此类作品引发的具体效果来看,不同个体对于相同作品的评价及自身生理反应很可能大相径庭。比如,对于恐音症患者来说,特定声音会给他们带来强烈的负面反应,哪怕只是阅读或者想象到某种声音,都有可能引发愤怒和肌肉紧张等躯体反应。视觉、触觉等其他类型的 ASMR 常见触发因素同样

---

① Poerio, G. L., Blakey, E., Hostler, T. J., & Veltri, T. (2018). More than a feeling: Autonomous sensory meridian response(ASMR) is characterized by reliable changes in affect and physiology. PLoS ONE, 13(6). https://doi.org/10.1371/journal.pone.0196645.

有可能带来这样截然相反的效果。然而有趣的是,部分恐音症患者同样可能曾经经历并且喜欢 ASMR 体验,这就是不同的触发因素带来的不同效果。同时,更有大量 ASMR 不敏感者即使寻找了大量不同的触发因素,依然无法体验到任何感官反应;这与个体神经区域及性格因素有关,通常无法通过主观意愿改变。

因此,复杂奇妙的 ASMR 体验最终依然指向"回到自身的感觉",将身体作为一个接收器和显示器,观照知觉感官带来的真实反应。这种内在性不是作为智人种和"我自己"的独特体验,不是不可通约的心灵印象,而应当被视为一个敞开的领域,是与各种事物连接、与各种力量相互作用的结果①。

———————

① 张春晓.《从观念化到肉身化:ASMR 对声音理论的挑战及其后人类意义》[J].文艺研究,2023,(05):117—127.

态势感知

宋根成

导言 态势感知:我们每天都在从事的智能活动

"态势感知"(Situation Awareness,SA)在心理学上,又名情景意识,它是我们日常生活中甚至一生之中都在从事的智能活动。从简单的决策到复杂的判断,态势感知一直都在帮助人类在不断变化的生存环境中做出及时反应。

举个例子,即使是幼儿园的小朋友,也知道过马路时要遵守"绿灯行,红灯停"的规则。这是最基本的态势感知——通过观察交通信号灯,确保自己的安全。再往大了说,人类自古以来就通过观察动物群体的异常行为来推测地震等自然灾害的发生。这些看似简单的感知方式,实则为我们生存提供了重要保障。

随着时代的发展,现代态势感知已经超越了这些简单的传统应用。今天,专家们利用人工智能和大数据分析等高科技手段,通过分析各种迹象来判断灾后或疫情后是否会发生次生灾害,这是一种更复杂的态势感知。虽然方法更加高深,技术更先进,但核心原理依然不变:通过洞察当前情境,预测潜在的风险与机遇。

简而言之,态势感知就是我们判断和应对环境变化的能力。无论是小朋友遵守交通规则,还是科学家预测灾难,我们都在通过这种能力保护自己和他人。而现代科技,特别立足人工智能(AI)基础上的不断升级的人机融合,使得态势感知变得更加精准、高效。今天,自动驾驶、军事指挥、网络安全等领域,都在广泛研究和应用人机融合,帮助我们在复杂的环境中做出更科学的决策。

一、历史与现代:态势感知的演变

古代军事战略家和哲学家早已认识到理解环境和情境的重要性,这一思想反映了 Situation Awareness 的核心理念。作为一个正式的学术概念,态势感知首次于 1970 年代提出,并在航空、军事和人因工程等领域逐渐获得广泛关注。学者和从业者开始研究如何帮助个体感知、理解和预测环境或情景中的各种复杂多变的事件,以便做出合适有效的决策或行为。

(一) 态势感知的历史渊源

这一概念并非现代才有的创新,它深深扎根于古代军事思想和哲学中。古代的军事家、战略家和哲学家们已经意识到"知己知彼"的重要性,这与情境意识的本质高度契合。中国古代军事经典《孙子兵法》中的名句"知己知彼,百战不殆"便强调了了解自身与敌人的状况,能够帮助我们在战斗和竞争中保持优势,并有效提高成功的可能性。古希腊阿波罗神庙门口刻着的箴言"认识你自己"(know thyself),警示人们要深刻了解自己的处境,以便作出智慧的决策。

此外,"三思而后行"作为中西方共通的智慧,也是态势感知的核心。孟子在《孟子·尽心》中提出"君子不立于危墙之下",强调远离潜在的危险,并及时做出反应,古岁马的哲学家塞内卡也曾提出"谨慎行事,预见未来"这与"三思而后行"有异曲同工之妙。无论是预防潜在风险,还是在面临困境时的迅速判断,这种"三思"理念始终贯穿于人类对环境的认知中。类似的观点也出现在《礼记·中庸》中:"凡事预则立,不预则废",强调了预见和预防的重要性。而《论语·卫灵公》中的"人无远虑,必有近忧"更为人熟知,深刻揭示了未雨绸缪、提前进行情境预测的重要性。

正如本杰明·富兰克林所言:"如果你不去计划,你就是在准备失败。"这句话可以应用于态势感知模型中,强调保持警觉、做好准备、保持安全的重要性。近现代,普鲁士军事家克劳塞维茨(Carl von Clausewitz)的《战争论》(On War)也提到了情境感知的重要性。他在书中提出的"战争是政治的继续"(War is the continuation of politics by other means)强调了战争与政治之间的密切关系,表明对政治环境的准确把握对于战争决策的至关重要。这一观点体现了克劳塞维茨对战局发展和政治矛盾的预见能力。

从古代的兵法与哲学到近现代的军事战略理论,我们可以看到情境意识或态势感知的核心思想早已存在,并在各个文化中不断传承与发展,并为传统态势感知的实践和现代态势感知的理论化提供了深厚的文化和历史根基。

(二)态势感知概念的理论化沿革

有学者提出,在第一次世界大战期间,Oswald Boelke 提出的观点"在敌人觉察之前获得对敌人的觉察是非常重要的,因此迫切需要找到一种实现的方法",就是态势感知概念的雏形定义。[1]

态势感知的正式定义是在 1980 年代由心理学、人因工程和认知科学领域的研究者提出的。其中,知名研究者米卡·R.恩斯利(Mica R. Endsley)的定义颇有影响力。态势感知(SA)被其定义为"对环境中的要素在一段时间和空间内的感知,对它们含义的理解,以及对它们在不久的将来状态的预测"(Endsley,1995)[2]与传统上被认为是个体对周围环境的感知程度的情境意识概念相比,恩斯利的定义更加系统和全面。她将情境意识分为三个层次:感知(Perception)、

---

① 飞行员态势感知的机理研究 https://www.sohu.com/a/352388159_464088.

② Endsley, M. R. (1995). Toward a Theory of Situation Awareness in Dynamic Systems. Human Factors,37(1),32—64.

理解(Comprehension)和预测(Projection)。这个层次结构突显了情境意识的复杂性,并提出了更系统的方法来培养和评估情境意识。

蒂姆·巴斯(Tim Bass)根据前人的研究,于1999年首次提出网络态势感知(Cyberspace Situational Awareness,简称CSA)的概念所谓网络态势是指由各种网络设备运行状况、网络行为以及用户行为等因素所构成的整个网络的当前状态和变化趋势。

"没有预测的态势感知,就不叫态势感知,Bass在态势感知最初的研究框架中更是提出了闭环(Close-the-loop)的概念,即,态势感知必须要有'评估'(Assessmen)、'预测'(Forecast)、'可视化'(Visualization)和'联动'(Comprehension)四个环节,缺一不可。没有对非结构化数据分析,也不能叫真正的态势感知。结构不一而又相互关联的数据,就如同大脑接收到的不同信息(声音、气味等)。态势感知的其中一大作用,就是将这些数据的关联理清,这就需要用到数据挖掘和神经网络技术。实现这一连串的计算,好比大脑调动神经元,处理无数信息,并不是件容易的事。既需要强大的算法模型,又需要可以做实时处理和计算的平台,将告警结果分析、输出。"[①]

在实践中,人工智能在态势感知中的不足,尤其是情境理解、适应能力和跨领域联想能力的缺失,暴露无遗,这促使研究者们探索更加高效的感知机制。基于人机融合的深度态势认知,因此提上了日程。这个理念的迈进,不仅实现了信息处理与认知的优势互补,还推动了态势认知向更加智能化和全局化的方向发展。这种模式为未来复杂态势感知的应用提供了广阔的前景。

深度态势感知的含义是:"对态势感知的感知,是一种人机智慧,

---

① 写入"十三五"规划的态势感知,你真正了解它吗? https://www.sohu.com/a/124681231_464088.

既包括了人的智慧,也融合了机器的智能(人工智能)",是能指＋所指,既涉及事物的属性(能指、感觉),又关联它们之间的关系(所指、知觉);既能够理解弦外之音,也能够明白言外之意。它基于 Endsley 对主体情况的理解(包括用于输入、处理和输出)。它是对系统趋势的全球分析,其中包括人、机器(对象)、环境(自然、社会)及其关系。①

众所周知,在算法中,计算和算计分别代表着逻辑推理与智能化感知的不同方面。计算是基于逻辑规则进行的推理,涉及数学和算法的精确性,是自动化的核心。而算计则更加注重感性与非逻辑的跨领域理解,具备启发性和适应性,属于智能化的范畴。深度态势感知的优势或特色正是将这两者结合,通过计算(推理和规则)与算计(感知和洞察)的结合来进行复杂情境下的应对和决策。

在态势感知的计算过程中,情境化、场景化和态势化是不可或缺的要素,计算需将情境与现实环境结合,从而提供具体的操作建议。然而,算计则不依赖于特定情境,它更多是基于启发式判断来推测未来的变化。深度态势感知正是通过这两者的切换,既能够应对复杂的情境变化,又能在不确定的环境中预测未来的变化并做出合适的决策。

在未来的深度态势感知中,计算的部分由机器负责,处理大量的已知数据和实时反馈,而算计则更多依赖于人的感性和判断能力,尤其在应对复杂、模糊、不确定的情境时,人的直觉和经验仍然不可或缺。人机协作将不再是简单的自动化推理和反应,而是计算与算计的相辅相成、相互增强。

深度态势感知不仅仅是一个科学问题,它更是一个复杂性问题。

① 刘伟著.《人机融合超越人工智能》[M].北京:清华大学出版社,2021.04,第155—156 页。

机器在解决复杂(复)问题上表现突出,而人类则擅长处理杂乱(杂)问题。随着人工智能技术的发展,深度态势感知不仅能在复杂系统中进行快速准确的计算,还能在不断变化的环境中通过算计进行跨域感知和判断。

(三)态势感知:传统与现代

态势感知作为一种人类的智能活动,最早可追溯到人类对环境的基本理解和预测。无论是在狩猎、农业还是日常生活中,早期的人类便通过观察周围的自然现象和动物行为,做出应对决策。这种能力反映了人类适应环境、保障生存的本能,也为现代态势感知的发展奠定了基础。

在传统的态势感知中,人类依赖于直觉、经验和知识来获取、理解和预测环境要素。这一过程通常发生在信息有限且情境复杂的情况下。例如,军事指挥官凭借多年的战场经验和侦察信息,来判断战场态势;或是科学家依据自然现象来预测地震。这种基于经验的感知方式灵活且具有应变能力,但也受到信息量和处理速度的限制,难以应对日益复杂和多变的现代环境。

然而,随着技术的飞速发展,现代态势感知已不再仅仅依赖于人类的感知和判断,尤其是人工智能(AI)的应用,极大地拓展了态势感知的边界。AI技术,如机器学习和数据挖掘,能够处理海量的数据,并从中提取出有价值的信息。例如,在网络安全领域,人工智能算法可以实时监控网络流量,迅速识别潜在的威胁和异常行为,显著提高网络态势感知的精准度与响应速度。

现代态势感知不仅依赖人工智能,还结合了先进的技术手段,如传感器、大数据大模型分析和AI算法。这些技术使得我们能够从多个数据源中迅速收集大量信息(如卫星、无人机等设备提供的实时数据),并进行快速处理与深度挖掘。这种技术的融入使得现代态势感知不仅更加及时、全面,而且精准度大大提升。例如,在智能交通系统中,传感器实时监测道路上的车辆位置与速度,结合算法预测交通流量与拥堵情况,这一过程远超传统方式中依赖人工判断的局限。

简而言之,传统态势感知主要依赖人类的经验、直觉和感知能力,而现代态势感知则是人类智慧与先进技术的结合体。随着人工智能技术的迅猛发展,现代态势感知能够处理更为复杂的信息,帮助我们在复杂多变的环境中做出更科学、更精准的决策。

(四)快态势感知与慢态势感知:现代态势感知的双支柱

在我们日常生活中,从交通信号的智能调控,到网络攻击的精准拦截,再到天气预报的实时更新,这一切都离不开态势感知。简单来说,态势感知就是通过对周围环境的观察和分析,帮助我们理解现在、预测未来并做出决策。而在现代态势感知体系中,有两个重要的分支:快态势感知和慢态势感知。它们既有分工,也有合作,共同构成了态势感知的核心框架。

顾名思义,快态势感知的特点是"快"。它擅长应对突发事件,在第一时间捕捉环境中的动态变化并迅速作出反应。比如,当一个十字路口发生了拥堵,快态势感知可以立刻调整信号灯来疏导车辆;当网络系统检测到黑客攻击时,快态势感知能够迅速采取拦截措施。

快态势感知的优势在于速度快、效率高,它为我们赢得了宝贵的时间。然而,快态势感知往往只关注当前的状态,缺乏对深层次规律的洞察,这限制了它在长远规划中的作用。

而什么是慢态势感知? 与快态势感知不同,慢态势感知追求的是"深"。它更像一位战略家,通过收集大量历史数据、分析趋势并挖掘深层次规律,帮助我们进行长期决策。

比如,气候变化的研究需要慢态势感知,它通过对多年气象数据的整合分析,为全球变暖等问题提出解决方案。在军事领域,慢态势感知帮助制定战略计划,通过预测敌方的行动趋势,为长期作战提供支持。

慢态势感知的优势在于视野长远、洞察深刻,但因为它需要时间进行分析,面对突发事件时可能显得"反应迟钝"。

快态势感知和慢态势感知看似目标不同,一个追求速度,一个注重深度,但它们之间并不存在矛盾,而是相辅相成、共同构成现代态势感知的整体架构。快态势感知专注于实时动态的捕捉,解决"现在怎么办"的问题;慢态势感知关注长期趋势和深层规律,回答"未来怎么走"的问题。

在实际应用中,这两者往往需要协同工作。例如,在城市管理中,快态势感知可以迅速应对交通事故,而慢态势感知则通过长期数据优化城市交通规划,减少未来的拥堵。所以,现代态势感知的理想状态是实现快与慢的融合。

随着科技的发展,特别是人机融合的深入发展,现代态势感知正在实现快与慢的深度融合。例如:在网络安全中,快态势感知快速识别攻击,慢态势感知分析攻击模式,提升整体防御;在智能城市中,快态势感知实时调度资源,慢态势感知优化长期发展方案;在军事行动中,快态势感知监控战场实时动态,慢态势感知制定作战策略。这种快慢结合的机制,让现代态势感知既具备了快速反应的敏捷性,又拥有了深度分析的洞察力。

二、态势感知:规则、边界与伦理的多重考量

在现代社会,从国家安全到网络防护、从商业竞争到日常生活,"态势感知"这一概念日益被提及。态势感知不仅是一种技术手段,更是一种多维度的认知能力,它帮助我们理解复杂环境中的变化,支持决策。然而,随着这一技术的广泛应用,规则的制定、边界的划定以及伦理问题也变得日益重要。以下将从规则、边界与伦理三方面,探讨态势感知在快速发展中的挑战与机遇。

(一) 规则:稳定与灵活的平衡

态势感知的实现离不开规则的支持,这些规则既提供了框架,又帮助规范行为,避免冲突。例如,国际军事领域通过制定军控协议与透明通报机制,减少了因信息不对称而引发误判的可能。规则为国家之间的互动提供了稳定的基础,让各方能够依据已知的框架评估局势并采取行动。

然而,面对技术飞速发展和全球安全环境的变化,固定的规则往往显得不够灵活。例如,人工智能与量子计算的崛起、网络战的兴起,都对现有规则提出了挑战。这时,"打破规则"并非意味着无序,而是指在新环境下对规则进行调整或重建。例如,为应对数字战场的复杂局面,国际社会需要定义新的行为准则,包括数据攻击的边界、虚拟空间中的敌我关系等。这种动态平衡使态势感知既能保持规范性,又能适应不断变化的现实。

(二) 边界:数据滥用与隐私保护的拉锯战

态势感知的核心在于数据。通过对海量信息的收集、分析与整合,技术可以为军事行动、商业决策甚至日常生活提供重要支持。但正因为数据的集中使用,隐私保护与技术滥用问题也成为民众和行业关注的焦点。

在实际操作中,态势感知的数据边界往往模糊不清。例如,在商业领域,企业可能通过用户行为数据预测市场趋势,却也可能侵犯个人隐私;在国家安全领域,情报机构的监控技术可以保障社会稳定,却可能被滥用为权力的工具。如何界定数据收集与使用的边界,确保既能充分发挥技术潜力,又不侵犯个人权益,是态势感知的核心难题。

为此,国家和组织需要建立严格的法律与伦理规范。例如,数据的使用应遵循"最小化"原则,仅采集实现目标所需的信息;同时,透明化和问责制也应贯穿技术应用的全过程,以减少滥用的可能。

（三）伦理：人工智能与反诈的攻防赛

人工智能技术的加入使态势感知更加智能化，但也带来了全新的伦理挑战。例如，在大国博弈、战争对抗等领域，人工智能与反人工智能，诈与反诈的对抗中，"道高一尺，魔高一丈"的局面频繁上演。一方面，态势感知通过精准分析可疑行为，有效遏制了网络诈骗、金融犯罪等活动；另一方面，诈骗者也利用人工智能伪造身份、生成假信息，迷惑普通人甚至技术系统。

这种复杂的博弈让人们意识到，技术的伦理边界并非一成不变。尤其在面对智能技术的不确定性时，规则与伦理的结合显得尤为重要。例如，如何保证态势感知技术中的人工智能模型不会带有偏见？如何避免过度依赖技术而忽视人类判断？这些问题需要技术开发者、监管者和普通公众共同思考与应对。

（四）态势感知：不是福柯的圆形监狱

法国哲学家米歇尔·福柯（Michel Foucault）在《规训与惩罚》提出的"圆形监狱"（Panopticon）理论，旨在揭示现代社会通过持续监控实现权力控制的机制。这一理论以可见的监视赋予监控者权力，个体则在被动中自我规训，形成一种封闭、静态的控制体系。从表面上看，态势感知（Situational Awareness）似乎与"圆形监狱"有相似之处，它同样依赖对环境和信息的全面获取，为决策者提供强大的洞察力。然而，二者的本质却截然不同。

首先，"圆形监狱"强调通过单一方向的监控压制个体自由，其核心目标是强化权力的延续。而态势感知则是一个开放、动态的系统，其目的在于实时适应环境变化、支持复杂问题决策。它不仅强调多维度协作与灵活调整，还致力于提升社会效率，例如在灾害预警、公共安全等领域提供服务。这种适应性使态势感知从"控制"的逻辑中跳脱出来，更关注对人类和社会的正面支持。

其次，态势感知的运作与现代社会的隐私保护紧密结合。与"圆形监狱"中完全忽视个体隐私不同,态势感知系统日益强调技术与伦理的平衡,采用数据匿名化、加密等手段降低对隐私的侵害,并通过法律法规限定使用范围,确保其目标始终服务于社会整体福祉。这种透明性和规范性,不仅减少了公众的疑虑,也凸显了其为社会发展服务的价值。

所以,尽管态势感知在信息获取上与"圆形监狱"有表面相似,但其开放、动态和服务导向的本质使它超越了单一监控的逻辑。通过加强技术手段、透明治理和法律监督,态势感知不仅可以有效应对复杂局势,还能平衡隐私与效率,为社会的和平与发展提供重要支撑。

三、态势感知在中国的发展和研究

态势感知这一概念于20世纪90年代引入中国。2001年反恐战争后,中国军事学界开始关注这一领域,并于2003年发表了第一篇相关军事论文《无人战斗机的态势感知模型框架》。尽管态势感知在安全领域的应用在早期发展较为缓慢,但2015年阿里巴巴安全峰会标志着这一领域的重大转折。

在2015年的阿里巴巴安全峰会上,主题为"天下无贼"。阿里云安全首席研究员吴翰清的发言引发了热烈讨论。他提出了现有防御手段为何无法有效防御黑客攻击,以及为何使用防火墙或IPS等传统安全工具仍然会遭受黑客入侵的问题。这次峰会重新引起了对态势感知的重视,并推动了其在网络安全中的应用。

2016年,习近平总书记在网络安全与信息化工作座谈会上发表讲话,确立了新的网络舆论观,强调了加快构建关键信息基础设施安全保障体系的重要性,要求实现全天候全方位的网络安全态势感知,以提升网络安全防御能力和威慑能力。

同年12月27日,国务院发布了《"十三五"国家信息化规划》,再次强调了态势感知的重要性。规划中的"十大任务"之一便是健全网络安全保障体系,提出"全天候全方位感知网络安全态势"的目标,这与习近平总书记在4·19网络安全和信息化工作座谈会上的讲话一致。

从习近平总书记的4·19讲话,到《中华人民共和国网络安全法》的出台,再到"十三五"国家信息化规划》,态势感知逐渐成为网络安全领域的基础词汇。如今,业内人士普遍认可其重要性,并在各个层面推进其应用和发展。

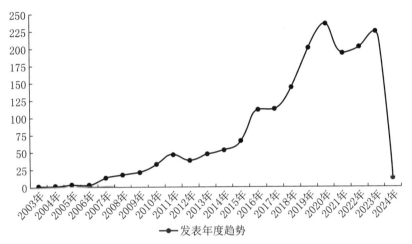

数据库:总库　检索条件:篇名:态势感知　分布项:发表年度

出处:www.cnki.net

在过去的二十年里,态势感知领域的发展经历了明显的波动和变化。从2005年到2010年,全球局势相对平静,态势感知领域的论文发表数量一直维持在较低水平。然而,2010年至2019年间,一系列国际大变局如阿拉伯之春、欧债危机、叙利亚内战和朝核危机等引起了广泛关注,对相关研究产生了深远影响。这些事件促使与地缘政治、国际安全以及经济金融等领域相关的研究增加,尤其是在国际关系和国际安全领域。特别是2014年克里米亚危机爆发后,乌克兰和俄罗斯之间的战争加剧了地缘政治紧张局势,进一步促进了与地缘政治和国际安全相关的研究。与此同时,随着态势感知在国家战略中地位的提高,学界和业界对该领域的关注不断增加。

例如,中国学界围绕态势感知的论文数量在近年呈现出持续增长的趋势,反映出态势感知在国家发展战略中的重要地位。然而,2020 年至 2021 年间,尽管全球面临疫情挑战,态势感知领域的论文数量却出现了下降。这可能是由于研究资源的转移、重点调整以及合作受限等因素造成的。疫情期间,许多研究机构和学者将重心转移到与疫情相关的研究上,导致了该领域的研究投入减少。同时,研究团队间的合作受到限制,期刊审稿和发表时间也因疫情影响而延迟。综合以上因素,态势感知领域的研究发展受到了国际局势、国家战略和全球突发事件等多重因素的影响,呈现出了波动性和复杂性。

整体走势是态势感知的地位在国家战略中的日益提高,这也影响了中国学界和业界对这一领域的关注和研究。比如,在 2015 年,中国学界围绕态势感知的论文总数是 66 篇,而到了 2016 年一下子提升到 111 篇,2018 年 144 篇,而到了 2023 年为 224 篇,除了 2021 年有一个小幅的回落以外,基本保持了 25.28% 的年均增长率。

截至 2023 年末,共发表了近 1775 篇论文,提供的数据显示了涉及态势感知的论文发表在不同学科中的分布情况。从数量上看,涉及态势感知的论文数量从多到少依次是:互联网技术学科论文 950 篇,占比 43.46%,计算机软件及计算机应用 295 篇,占比 13.49%。电力工业 263 篇,占比 12.03%,自动化技术 252 篇,占比 11.53%。电信技术 111 篇,占比 5.08%。武器工业与军事技术 93 篇,占比 4.25%。航空航天科学与工程 76 篇,占比 3.48%。军事 70 篇,占比 3.20%,公路与水路运输 41 篇,占比 1.88%,安全科学与灾害防治 35 篇,占比 1.60%。这些数据揭示了在涉及态势感知的研究中,互联网技术、计算机软件及计算机等技术类学科的研究占据主导地位,而军事领域也是一个重要的研究方向。值得注意的是,在更细化的学科分布中,行政学、信息经济等非技术类学科也有一定数量的涉及态势感知的论文发表,显示了态势感知研究在跨学科领域中的广泛应用和关注度。

从 Covid-19 于 2020 年初大爆发以来,态势感知的研究按照研究主题演变:从 2021 年到 2023 年,网络安全研究的主题经历了一定的演变。除了 situation awareness 和安全态势感知之外,2021 年出现了安全态势感知作为一个新的主题,这可能反映了研究者对于安全态势感知在网络安全中的重视和探索。

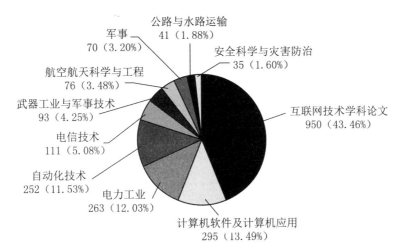

数据库:总库 检索条件:篇名:态势感知 分布项:学科
出处:www.cnki.net

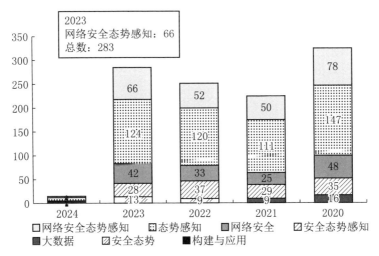

数据库:总库 检索条件:篇名:态势感知 分布项:主要主题
年度交叉分析,出处:www.cnki.net

尽管主题有所变化,但网络安全态势感知在所有年份中都是研究的重要主题,并且论文数量最多。这表明了对于理解和应对网络安全威胁的态势感知在学术界和实践中受到的持续关注。从定量数据可以看出,虽然网络安全论文的数量总体上有所增加,但 situation awareness 和安全态势感知论文的数量在某些年份出现了略微下降。这可能反映了研究重点的转移或者是其他新兴主题的出现,需要进一步的研究来理解这些变化背后的原因。

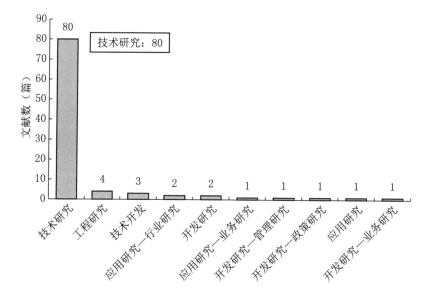

2023 年技术研究层次的论文有 80 篇,工程研究有 4 篇,技术开发有 3 篇,应用研究—行业研究有 2 篇,开发研究有 2 篇。应用研究—业务研究有 1 篇,开发研究—管理研究有 1 篇,开发研究—政策研究有 1 篇,应用研究有 1 篇,开发研究—业务研究有 1 篇。针对 2023 年态势感知的研究层次,需要注意到以下几点:

应用研究较少:与技术研究层次相比,应用研究层次的论文数量较少,仅有 2 篇。这表明对态势感知技术在实际应用场景中的研究和探索相对不足。在实践中,对态势感知技术的应用研究是至关重要的,因为它能够验证技术的有效性、可行性以及对实际问题的解决能力。

工程研究和技术开发数量较少:工程研究和技术开发层次的论文数量也相对较少,分别为 4 篇和 3 篇。这可能意味着对态势感知技术在实际工程项目中的应用和开发方面的关注还不够。工程研究和技术开发的论文可以帮助将研究成果转化为实际产品或解决方案,并推动技术的商业化和实际应用。

研究层次分布不均:技术研究层次的论文数量最多,而其他层次的论文数量相对较少。这可能导致研究过程中对于态势感知技术在实际应用、工程实践和开发过程中的深入探索不足,从而影响了研究的全面性和实用性。

综上所述,2023 年态势感知的研究层次中存在着应用研究不足的问题,以及工程实践和技术开发方面的关注不足。这或许给未来的研究指明了一个方向:我们可以更加关注实际应用场景和工程项目中的态势感知技术研究,以推动技术的实际应用和商业化。

随着网络安全领域的不断发展,situation awareness、安全态势感知等概念的研究仍然具有重要意义。同时,可以考虑对新兴主题进行更深入的研究,以跟上网络安全领域的发展趋势,并为应对新型网络安全威胁提供更有效的解决方案。

四、中国政府对态势感知的战略性应用

中国在态势感知研发和应用方面展现了显著的进步和积极的作为,涉及多个领域,包括疫情防控、国际安全态势和经济危机等。通过对这些领域的态势感知技术的应用,中国政府不仅提高了应对突发事件的能力,也在全球范围内展示了科技治理的新范式。以下将重点分析中国在疫情防控和网络安全领域的态势感知应用。

（一）中国疫情防控政策变化

中国在疫情防控方面采用了包括态势感知在内的先进技术手段，有效地应对了 COVID-19 等传染病的挑战。通过大数据分析、人工智能等技术，中国政府能够及时获取疫情的动态信息，评估风险，做出相应的防控措施。同时，中国还通过建立健全的疫情监测系统和应急响应机制，加强了与国际社会的合作与信息共享，为全球疫情防控作出了积极贡献。值得注意的是，中国政府在疫情防控中始终展现了对态势的灵敏感知和适应能力。针对疫情动态的变化，政府及时调整防控策略，从动态清零政策转向了动态感知的策略。

1. 政策调整的背景和原因

中国在疫情防控方面采用了包括态势感知在内的先进技术手段，有效地应对了 COVID-19 等传染病的挑战。通过大数据分析、人工智能等技术，中国政府能够及时获取疫情的动态信息，评估风险，做出相应的防控措施。特别是在动态清零政策的实施过程中，中国政府展现了高度的态势感知能力。动态清零政策并不是要实现零感染，而是通过灵敏的疫情感知和适时调整防控策略，以最小化疫情对社会经济的影响。随着全球部分国家因难以承受经济运行成本而选择与病毒共存，中国政府在疫情防控策略上仍坚持动态清零，为全球疫情的防控赢得了时间和空间。直到 2022 年末，中国才采取了完全放开的政策。这一政策调整的背后，充分体现了中国政府对疫情态势的感知、分析和预判能力。

2. 动态感知政策的执行

在转向动态感知政策后，中国政府更加注重对疫情的感知、预警和管理。具体措施包括以下几个方面：

首先是数据监测和分析。政府持续监测每日新增病例、病毒变异情况等数据，通过大数据分析和人工智能技术实时掌握疫情动态。

这种技术手段不仅能够快速获取和处理大量数据,还能通过模式识别和预测分析,提前发现潜在的疫情暴发点,从而采取预防措施。

其次是风险评估和预警系统的建立和完善。中国政府建立了一套全面的风险评估和预警系统,对不同地区和人群的疫情风险进行分类评估。根据疫情数据和传播趋势,系统能够及时发布预警信息,指导地方政府和公众采取相应的防控措施。这种系统不仅提高了应对疫情的效率,还增强了社会的整体防范能力。

在重点人群管理方面,政府加强了对高风险人群的监测和管理。通过对确诊病例的密切接触者和高风险地区返回人员进行严格的隔离和检测,及时发现和治疗感染者,防止疫情的进一步扩散。此外,政府还加强了对老年人、慢性病患者等易感人群的保护措施,提供更为细致的医疗服务和防护指导。

最后是公众健康教育的持续加强。政府通过多种渠道向公众宣传健康知识,提高公众的防范意识和自我保护能力。包括通过电视、广播、互联网等媒体平台发布权威信息,开展健康教育活动,普及防疫知识。同时,政府还鼓励公众积极接种疫苗,提高免疫力,降低感染风险。这些措施不仅有助于控制疫情,还增强了社会的健康素养和应对公共卫生危机的能力。

通过以上措施,中国政府在转向动态感知政策后,能够更高效地管理和控制疫情,保护公众健康,维护社会稳定。

3. 动态感知政策的人文赋能

早在 2016 年,习近平总书记在全国卫生与健康大会上发表重要讲话,提出"努力全方位、全周期保障人民健康",将全民健康上升到了政治高度。在健康大会上,习近平总书记提出了两个观点:1)没有全民健康,就没有全民小康。全民健康成为全面实现小康的必要条件;2)他要求将全民健康融入所有治国理政的政策中来。不管国内国际形势如何变化,治国理政的政策不断调整,人民群众的健康不能变。2016 年是中国特色社会主义大健康理念的里程碑之年。读懂了这一年的政策变化,我们就更容易读懂中国政府在动态感知方面的决策和部署了。显然,关于疫情防控的大政方针指导下的措施调整体现了中国政府领导人的审时度势、科学预判和人文关怀。

(二)中国网络安全态势感知

1. 网络安全态势感知的定义

当前,国内学界提到"态势感知"时主要是指"网络安全态势感知",即将态势感知的相关理论和方法应用到网络安全领域中。网络安全态势感知可以使网络安全人员宏观把握整个网络的安全状态,识别出当前网络中存在的问题和异常活动,并作出相应的反馈或改进。通过对一段时间内的网络安全状况进行分析和预测,为高层决策提供有力支撑和参考。①

2. 网络安全态势感知技术的重要性和应用

随着网络与信息技术的不断发展,人们的安全意识逐步提高,网络安全态势感知的重要性也日益凸显。在现代社会中,网络遭受攻击已成为一种常态。我们不能阻止所有攻击行为,但可以通过提前识别和发现这些行为,尽可能降低损失。这种转变标志着安全防护思想从过去的被动防御向主动防护和智能防护的演变。

在物联网和云技术快速发展的背景下,新技术带来了新的安全挑战。例如,海量终端的接入、传统网络边界的消失、网络攻击的隐蔽性和复杂度的增强,都对网络安全提出了更高的要求。网络安全态势感知技术的出现,为应对这些挑战提供了有力工具。

1) 安全建设目标的转变

传统的安全建设目标主要是满足合规性要求,但随着网络威胁

---

① 什么是态势感知? ——华为 https://info.support.huawei.com/info-finder/ency-clopedia/zh/%E7%BD%91%E7%BB%9C%E5%AE%89%E5%85%A8%E6%80%81%E5%8A%BF%E6%84%9F%E7%9F%A5.html.

的日益复杂化,防御和威慑能力变得更加重要。例如,一些企业通过部署高级威胁检测系统(Advanced Threat Detection,ATD)和入侵防御系统(Intrusion Prevention System,IPS),不仅可以满足监管机构的合规要求,还能增强对高级威胁的检测和应对能力。

2)攻击检测对象的转变

过去,网络安全主要关注已知威胁的检测,例如利用签名识别恶意软件。然而,随着攻击技术的进步,很多威胁变得难以通过传统方法识别。利用大数据分析、异常检测、态势感知和机器学习技术,安全系统现在可以检测到未知威胁。例如,某大型银行通过机器学习算法,成功识别了一起利用零日漏洞的攻击,避免了重大损失。

3)威胁响应方式的转变

在应对网络威胁方面,响应方式也发生了重大变化。传统方法依赖人工分析和手动处置,而现在更多的是依赖自动响应系统。例如,某互联网公司部署了自动响应闭环系统(Automated Response Loop System),在检测到异常行为后,系统能自动隔离受感染的设备,阻止威胁的进一步扩散,并启动应急响应程序,实现快速反应和协同联动。

由于网络安全态势感知系统的建设复杂度和成本较高,目前主要应用于大型机构和企业。例如,某国家级科研机构部署了全套态势感知解决方案,实现了对网络威胁的全方位监测和响应。而对于中小型企业,可以选择功能相对简单、成本较低的集成解决方案,以满足基本的安全需求。

通过上述具体案例和详细解释,我们可以看到,网络安全态势感知技术不仅是对现有安全防护体系的升级,更是应对现代复杂网络威胁的必然选择。

3. 国内网络安全态势感知产品与平台

目前影响力最大的产品有几家国内龙头企业打造的平台产品。

主要有 IDC，华为等。

国际数据公司（IDC）是全球著名的信息技术、电信行业和消费科技咨询、顾问和活动服务专业提供商。成立于 1964 年，IDC 在全球拥有超过 1300 名分析师，为 110 多个国家的技术和行业发展机遇提供全球化、区域化和本地化的专业视角及服务。IDC 的分析和洞察助力 IT 专业人士、业务主管和投资机构制定基于事实的技术决策，以实现关键业务目标。IDC 于 1986 年正式在中国设立分支机构，是最早进入中国市场的全球著名的科技市场研究机构。1999 年被中国企业收购。在中国，IDC 分析师专注于本地 ICT 市场研究，与本地市场高度结合，研究领域覆盖硬件、软件、服务、互联网、各类新兴技术以及企业数字化转型等方面。IDC 特别针对中国网络安全态势感知市场，于 2018 年下半年推出《IDC 创新者：中国态势感知安全市场，2018》报告，并形成惯例，相继推出了 2019、2020、2021、2022、2023 年度的《中国态势感知解决方案市场》分析报告。

《IDC 创新者：中国态势感知安全市场，2018》报告的宗旨是通过识别和推广中国网络安全态势感知市场中的创新技术供应商，帮助推动行业向着更加安全、可靠的方向发展。该报告旨在挑选出具有创新商业模式或技术能力的新兴 IT 技术供应商，并对其产品、客户案例和商业模式进行全面分析，以为市场参与者提供全面、客观的评估，帮助他们更好地了解和选择适合的 IT 产品，推动网络安全态势感知技术的应用和推广，从而有效应对日益复杂的网络安全威胁。

随着 2023 年度《中国态势感知解决方案市场》分析报告的出炉，我们看到了五年来的变化：安恒信息连续三届蝉联中国态势感知解决方案市场领导者地位，凭借卓越技术和行业实践。态势感知平台成为企业网络安全核心，提升企业网络防御能力至关重要。安恒信息的解决方案在多个方面具备领先优势，包括威胁检测、溯源分析等。近期，他们全面升级态势感知平台，推出了 AXDR 产品，实现了实战攻防全生命周期管理。未来,他们将继续创新产品,为客户提供更可靠的数字化转型解决方案。IDC也提出了相关建议,助力技术买家提升网络安全防护能力。

此外,华为,针对金融、网安、政府、运营商等大、中、小型企业,推出了基于大数据的APT防御产品HiSec Insight高级威胁分析系统(简称HiSec Insight)。据说,HiSec Insight能够采集网络中的海量基础数据,如网络中的流量、各类设备的网络日志和安全日志等,通过大数据分析和机器学习技术,识别网络中的潜在威胁和高级威胁,从而实现对全网的安全态势感知。

(三)中国智能网联汽车的发展与态势感知技术的应用

智能网联汽车的发展与态势感知技术密不可分,两者相辅相成,共同推动了中国智能汽车产业的快速发展。上海人工智能研究院院长宋海涛在接受采访时指出,中国智能网联汽车驶入全球领先赛道。[①]美国《纽约时报》报道,中国正在测试的自动驾驶汽车数量已超过其他国家。

中国智能网联汽车的发展依赖于先进的态势感知技术。宋海涛认为,车载传感器、控制器、通信装置等设备提供的环境感知和智能决策功能,是智能网联汽车的核心。这些技术为态势感知提供了强大的数据支持,使智能汽车能够实时了解周围环境,做出安全、高效的驾驶决策。政府政策和法律框架的支持,为智能网联汽车及其态势感知技术的发展提供了保障。这些政策不仅推动了智能汽车的研发和测试,还促进了态势感知技术在实际应用中的发展。政府对智能网联汽车准入和上路通行的试点工作,也为态势感知技术的测试和优化提供了宝贵的实地数据。中国企业和高校在硬件核心技术和

---

① 中国智能网联汽车驶入全球领先赛道。https://baijiahao.baidu.com/s?id=1802919095098060704&wfr=spider&for=pc.

智能算法方面的创新,直接推动了态势感知技术的进步。传感器技术、北斗导航定位技术及"车路云一体化"系统的发展,为态势感知提供了更高精度和可靠性的技术支持。

庞大的中国市场和多样化的用车环境为态势感知技术的推广和应用提供了广阔平台。消费者对汽车智能化的高接受度,也促进了态势感知技术在智能网联汽车中的广泛应用和快速迭代。中国在智能网联汽车领域的国际合作,有助于态势感知技术的全球推广。通过与其他国家的技术交流和合作,中国在态势感知技术上的创新和实践经验,可以为全球智能汽车产业提供参考和借鉴。智能网联汽车行业面临的技术突破、配套设施完善、法律法规建设等挑战,同样适用于态势感知技术的发展。如何在实际应用中突破技术瓶颈、完善配套设施、保护数据安全和个人隐私,都是态势感知技术在智能汽车领域发展需要解决的问题。

交通场景中的动态目标态势感知是自动驾驶汽车环境感知系统的核心任务,是实现交通场景理解与建模的重要环节。目前,动态目标的态势感知技术尚未成熟,是限制自动驾驶汽车发展与普及的技术瓶颈之一。[1]这是 2021 年一篇博士论文的观点,那么到了 2023 年,这一问题解决了吗?

截至 2023 年,自动驾驶汽车动态目标态势感知技术虽然取得了显著进展,但仍然是一个具有挑战性的领域。尽管通过先进的传感器技术、增强的数据处理算法以及机器学习和人工智能技术的整合,动态目标态势感知的准确性和决策能力得到了大幅提升,但其发展和普及仍然面临诸多挑战。

研究表明,利用异质传感器组(如 LiDAR、雷达和摄像头)以及

---

[1] 王黎.面向自动驾驶的动态目标态势感知技术研究[D].国防科技大学,2021. DOI:10.27052/d.cnki.gzjgu.2021.000499.

数据融合技术,能够显著提高自动驾驶汽车在不同驾驶场景中的环境感知和决策能力。这些系统有助于创建更全面和精确的动态目标理解。然而,在所有可能的驾驶条件下实现完全的态势感知仍然是一项复杂的任务。恶劣的天气条件、变化的道路环境以及不可预见的因素仍然是重大挑战。持续的研究工作旨在通过提高系统的鲁棒性和可靠性来克服这些限制。

此外,中国智能网联汽车行业也面临一系列挑战:

技术方面:需要进一步完善自主可控的智能汽车技术创新体系,包括突破关键核心技术、完善测试评价技术以及开展重点场景(如码头、港口、矿区等)的示范运行验证等。

配套设施方面:车路云一体化与车辆智能化的协调发展对于支撑智能网联汽车的规模化应用至关重要。这需要协调企业、行业、研究机构和政府等多方力量,形成合力。

法律法规方面:完善相关法律法规体系,明确智能网联汽车在交通事故中的责任归属,强化数据安全和个人隐私保护,这些都是行业长足发展必须解决的问题。

总体上来说,动态目标态势感知技术作为自动驾驶汽车环境感知系统的核心任务,是实现交通场景理解与建模的重要环节。然而,该技术的成熟度不足,仍然是限制自动驾驶汽车发展与普及的技术瓶颈之一。中国智能网联汽车行业的技术创新、配套设施建设和法律法规完善,是推动态势感知技术发展的关键。只有从根本上解决这些问题,才能真正促进自动驾驶汽车的进　少发展和普及。

五、态势感知的未来发展趋势

随着人工智能(AI)和机器学习技术的飞速发展,态势感知技术的应用前景愈加广阔,尤其是在后人类时代,技术的潜力和创新能力变得更加引人注目。未来,态势感知的进步不仅仅局限于技术层面的突破,更将在决策系统和决策建议领域表现出前所未有的深远影响。Leopold Aschenbrenner 在《态势感知的未来十年》一文中描绘了未来十年 AI 发展的宏伟蓝图。他认为,随着计算能力的迅猛增长和技术的不断创新,态势感知将不再仅仅是一个术语,而将成为未来社会不可或缺的核心概念。这一观点强调了态势感知技术如何在不断进化的科技环境中,成为决策支持系统与未来社会的重要组成部分。[①]

(一) 从智能化到全方位覆盖:技术与人类的协同发展

随着人工智能技术的成熟,未来的态势感知系统将逐步向智能化与自动化发展。通过深度学习和实时数据分析,系统不仅能自动识别异常行为,还能在瞬间采取相应的防御措施。例如,在金融领域,智能化的态势感知系统能够实时监控大规模交易流,自动识别异常交易并防止潜在的欺诈行为。这类技术减少了人工干预的需求,同时提升了安全防护的精准性和响应速度。

然而,技术的进步并非仅局限于网络安全领域。随着物联网(IoT)和工业控制系统的普及,态势感知将在智能制造、交通管理、能源调度等多个行业发挥关键作用。以智能交通系统为例,未来的态势感知技术将能够实时监控交通流量,预测潜在的交通瓶颈和事故风险,及时调整交通信号和疏导策略,确保城市交通的流畅与安全。

(二) 跨平台整合与实时响应:预见未来的能力

未来的态势感知系统将更加注重跨平台的整合与信息共享。通过将不同领域的数据进行整合,系统将有效提升整体安全性与应急响应能力。例如,一家国际物流公司通过跨平台的态势感知系统整

---

① SITUATIONAL AWARENESS : The Decade Ahead https://situational-awareness.at/.

合物流管理、供应链管理和客户关系管理的数据,不仅提高了信息透明度,还增强了应对突发事件的能力。

除了整合能力,未来的态势感知系统还将具备更强的预测能力。借助大数据分析和预测算法,系统能够在威胁发生之前识别出潜在的攻击路径,并提前做出反应。这种提前预判与实时响应的能力,将为各行各业提供更加精准和高效的决策支持。

(三)行业定制化与决策支持:从"态势感知"到"势态知感"

若把"态势感知"看成 bottom-up 过程,那么"势态知感"就是 top-down 过程,新手常常用态势感知,高手往往是势态知感或两者交替并用。[①]

"势态知感"是对传统态势感知技术的进一步进化。它不仅关注当前情境的感知,还能基于多维度的信息,预测未来可能的变化,并做出相应调整。这种能力将使机器在某些复杂情境下的判断力超越人类。人类依靠经验、情感和记忆,在复杂环境中进行预测与调整,而机器则依赖大量数据与算法进行快速预测,尽管如此,机器在理解和处理复杂情境时仍有其局限。

例如,在医疗领域,态势感知技术将结合人工智能分析患者的健康数据,提前预测健康风险并采取预防措施。而在金融领域,系统通过历史交易数据和市场趋势预测可能的金融危机,帮助决策者做出精准的应对策略。这种跨行业、定制化的态势感知系统,将在未来的决策支持中扮演越来越重要的角色。

(四)人机交互与人文关怀:技术与人类的平衡

尽管人工智能在态势感知中扮演着日益重要的角色,提升了数据处理、预测能力和实时反应速度,但最终决定胜负的,依然是人类。

[①] 态势感知与势态知感 http://www.360doc.com/content/23/0523/11/32196507_1081791172.shtml.

虽然人工智能可以在各种情境中进行快速计算和精准预测,但面对复杂多变的现实世界时,其计算和预测能力仍有限。人类的优势在于能超越算法与计算,结合直觉、经验、情感以及对复杂局势的深刻洞察,做出更为精准的决策。

例如,尽管系统可以自动识别安全威胁,但专业人员的判断依然至关重要。人类不仅能理解复杂的情境,还能从社会、文化和伦理的多维度进行分析,而这些是当前人工智能所无法模拟的。未来,技术与人类的协同将成为关键。尽管人工智能能够提供高效的数据处理和快速响应,但最终的战略决策仍然需要依赖人类的智慧与判断。

尤其在高风险和复杂情况下,机器无法完全替代人类的直觉和灵活应变能力。正如中国古语所言:"兵者,诡道也",虽然人工智能在某些领域可能表现出超人的计算能力,但人类依然在应对不确定性和复杂情境时占据主导地位。技术虽是决策支持的重要工具,但它无法替代人类对情感、社会契约和长远利益的考量。

因此,未来的态势感知将是人工智能与人类智慧的互补。人工智能能够助力人类处理海量数据,但人类的洞察力和情感判断可以弥补机器在应对复杂伦理问题和突发变化时的不足。最终,尽管人工智能为态势感知带来了巨大的技术突破,它始终是"工具",而非最终决策者。未来的胜负,依然掌握在人类手中,技术的真正价值在于助力人类做出更精准、更全面的决策,而不是单纯地替代人类的判断。

(五)深度态势感知:人工智能与反人工智能的交相辉映

未来的态势感知技术发展将迎来一个新的高地——深度态势感知。这一阶段,人工智能(AI)与反人工智能(Anti-AI)将交相辉映,彼此促进,推动态势感知能力的提升。在这一过程中,人工智能不仅通过数据处理与算法优化提供精确的预测能力,还通过与反人工智能的结合,能够在复杂多变的环境中保持灵活性和适应性。反人工智能的引入有助于避免技术的极端化,使系统在面对不确定性时具备更多的自主决策与调整能力。这种深度融合将使得态势感知不仅限于快速响应,更具备了预测未来、调整策略的能力。

在军事等关键领域,人工智能与反人工智能的结合尤为重要。随着技术的发展,人工智能已经进入催生反人工智能战略的阶段,即通过设计陷阱与误导信息干扰对方的人工智能判断,迫使其产生错误决策。虽然机器计算的优势在于其快速与精准,但它本质上仍然是自动化的进阶形式。如果完全依赖机器进行判断和决策,只一味追求速度、准确性和灵活性,可能会导致重大的战略失误。正如中国古语所言:"聪明反被聪明误,赔了夫人又折兵",过度算计可能导致更大的损失;"人算不如天算"揭示了现实世界的复杂与不确定,无法通过单一的计算掌控全局;"塞翁失马,焉知非福"则提醒我们,短期的得失无法判断长期的局面,过度依赖既定计算可能错失潜在的转机与危机。这表明,单纯依赖人工智能计算的局限性,需要人类智能在洞察、权衡与应对突发事件时补充人工智能的不足。

(六)未来展望:更加智能化、个性化的态势感知系统

未来,态势感知系统将不仅限于单一领域,而是跨越多个行业,提供更为精准、个性化的解决方案。随着技术的不断发展,态势感知将在金融、医疗、交通、公共安全等领域大幅提升应对复杂情境的能力。在这个背景下,态势感知的应用将不再仅仅局限于实时感知,而是逐渐发展为一个复杂的预测与决策支持系统,帮助人类更好地适应未来变化。

态势感知技术将逐步从传统的"感知"迈向"势态知感",这一转变标志着人类理解和应对复杂情境的能力不断提升。未来,态势感知技术将更加智能化、个性化,能够根据各个行业的具体需求提供定制化的解决方案。同时,随着技术与人类的深度融合,我们将迈入一个更加安全、高效、智能的时代。技术不再仅是科技进步的象征,它将成为人类社会走向未来的坚实基石。

产　业

电子游戏(RPG 类型)

王柳依　高宇珊

电子游戏(Electronic Games)是依托各类电子设备展开的互动娱乐行为,在当下的语境中更为直接地指由游戏公司或独立创作者制作并发行、以作品姿态面世,而后供玩家体验的游戏软件。自 20 世纪 60 年代随着计算机技术的突破萌芽,从街机游戏与主机游戏的时代,到个人电脑普及后电脑游戏飞速发展,进而出现客户端游戏与网页游戏的分野,再到近十多年来手机游戏的爆发,"电子游戏"这一概念已然成为一个门类复杂的庞大系统,对应着现实中日新月异的、不断扩张的国际产业。

北京时间 2023 年 12 月 8 日,TGA(The Game Awards)组委会公布了 2023 年度各类奖项得主。这一由知名游戏媒体人杰夫·吉斯利(Geoff Keighley)主办,任天堂、索尼与微软等头部厂商赞助的游戏界最高盛典与全球多语言视频平台合作同步直播,在空前的关注之下将最具含金量的"年度最佳游戏"(Game of The Year)荣誉颁发给了拉瑞安工作室(Larian Studies)开发的角色扮演类游戏(Role-playing Game,简称 RPG)《博德之门 3》(Baldur's Gate 3)。这部好评如潮的电子游戏软件既是毫无疑问的创新之作,同时也是一种"复兴",即对"玩家控制并扮演角色在虚拟世界中活动"这样最古老经典的游戏类型的重振。

一、游戏的人：精神的戏剧扮演

事实上，在电子游戏数十年的发展历程中，"虚拟世界中的角色扮演"一直是大多数游戏类型都无法绕开的原始核心机制之一。相较于大众津津乐道的叙事情节、给玩家带来直观体验的视听效果乃至资深游戏人关注的各种具体玩法设计，"控制"与"扮演"似乎是更接近电子游戏的本质与起点的要素。原因在于：尽管理论细节中存有争议，但叙事情节和视听效果是游戏从其他古老的艺术门类中借用而来的综合表现形式；且屏幕外的玩家首先要以某种形式介入游戏空间、与虚拟世界产生交互，才能让更多玩法在此基础上实现。

与之相关并且十分耐人寻味的另一点是，当人们将文本量庞大、所需操作通常只有简单点击选择的电子游戏混淆地指派为"视觉小说"时，教育领域中使受训者扮演预设角色以习得特定知识或技能的工具性软件却始终被忠实地称作"游戏"。例如，于 1970 年首度发行的期刊《模拟与游戏》(*Simulation & Gaming*)将题目中的两个概念并提，暗示二者拥有相近的含义，其实际涉足的领域正是模拟或游戏对学习行为的辅助促进作用。此外，公共舆论也曾一度认为，在虚拟世界中鼓励玩家以血腥暴力的操作走向胜利的电子游戏，理应对青少年玩家在现实中表现出的种种边缘行为负责，致使相应的学科研究者也将其作为一类课题展开探索。这些现象均隐晦却诚实地揭示了电子游戏如何与人发生关系——通过在虚构的电子空间里扮演一个并非真实存在的角色，玩家成为"游戏的人"，不同于那个受到现实世界种种物质约束的个体，拥有被解放的进步潜能，或在社会道德的倡导者看来是被激发了更易堕落的本我；在相同的过程中，电子游戏实现了自我定义，证明其"可游戏性"，即它可以为玩家提供一个以虚拟身份嬉戏的场所，而该场所既是"危险"的，又是安全的。

当一个玩家启动电子设备并进入游戏世界,通常情况下,其肉体在现实世界的活跃度会大大降低——不轻易离开自己的座位,身躯的行为集中在眼与手。与此相对的是,这名玩家的精神可能高度活跃,在一个与现实世界的景观大相径庭的虚拟空间中自由地驰骋。这正是一名正在进行精神的戏剧扮演的"游戏的人"。

"赛博戏剧"(cyberdrama)是由美国交互叙事理论家珍妮特·默里(Janet Murray)提出的"大叙事"概念,指的是以计算机为媒介的新型故事,它正如18世纪兴起的小说所做的那样,讲述着我们当下的生活:"在后现代世界中,日常经验似乎越来越像一场游戏,我们意识到我们所有的叙述都是建构出来的。父母、子女、爱人、雇主或朋友等普通的经验类别已被描述为'角色'(roles),并很容易被解构为它们在文化意义上被发明出来的组成部分。人类的大脑、地球的地图、人际关系的协议,都是即兴集体故事游戏中的元素,是重叠、冲突、不断变形的结构的集合体,这些结构组成了我们践行和诠释个人经历的规则。"[①]在默里看来,电子游戏正是一种典型的赛博戏剧,它理所当然地与物质现实保持了距离,但玩家依旧在全身心地投入时信以为真地扮演角色,哪怕这种扮演在他人看来可能是过度反应、幼稚可笑的。因为这种经由扮演避免自己的精神在游戏世界中跳脱戏外、重回波澜不惊的物质世界的坚持,既是游戏的需要,也是"游戏的人"享受游戏生活的需要。

二、游戏的世界:秩序井然的第二现实

我们习惯将肉身所处的物质世界称作"现实"(reality),但如今

---

① Janet Murray：*From Game—Story to Cyberdrama*，2004，Retrieved from https：//electronicbookreview.com.

迈向后人类的种种经验总是在不断提醒着我们同时身在多个不同于物质世界的"现实"之中。这种论调不难使人联想到法国哲学家让·鲍德里亚（Jean Baudrillard）最重要的思想成果——"拟象"（Simula-cra），一种批判不断增殖的新技术媒介符号潜移默化地对物质世界实施侵蚀、改写乃至篡位的危机理论："拟象和仿真的东西因为大规模地类型化而取代了真实和原初的东西，世界因而变得拟象化了。"①

鲍德里亚的矛头首先指向的是各类新闻媒体，并非电子游戏开发商。在这一点上，电子游戏拥有了与文学、电影等虚构艺术同等的豁免理由，即尽管这些艺术作品可能被寄寓了写实的理想，或是创作者用某种超现实的形式表达对物质世界中不可见之物的认识的尝试，但它们从未宣称自己是"现实"。然而在模拟现实的程度上，电子游戏无疑比其他两种形式更进一步。

显然，读者和观众几乎不与文学或电影进行改变作品实际形态的互动，不可能对"已经完成"的作品中的人物、情节或环境施加任何影响力。这一现象的本质一方面在于游戏的特殊时间性，即阅读与观影时间是完全外在于文学与电影的，体验的长度取决于读者与观众的个人能力与习惯；而游玩的时间既是电子游戏内的时间，也是玩家物质现实中的时间，两者虽然不是完全等量，却总是遵照一定的规则彼此对应。这或许也能成为对饱受诟病的电子游戏成瘾性的一种解释——玩家将时间分配的制定权心甘情愿地让渡给了这个虚拟世界。另一方面，游戏具有特殊的空间性。当然，如果物质是定义空间的必要条件，那么此处的"空间性"仅仅是一种譬喻。读者和观众在作品建构的世界外部向内观测，而玩家则通过扮演，从自身游戏化身（avatar）的视角出发，以规定的行动力探索电子游戏空间。

---

① （法）让·鲍德里亚（Jean Baudrillard）：《仿真与拟象》，载汪民安编：《后现代性的哲学话语》，浙江：浙江人民出版社，2000 年版，第 329 页。

电子游戏中的虚拟世界是一种秩序井然的第二现实。与第一物质现实相比,它最鲜明的特征是人为规定的秩序性,体现为游戏系统对玩家的"生杀大权"。程序对规则的贯彻会即时反馈给玩家,这一方面使得某些游戏空间显得格外危险残酷,如横版过关游戏中玩家控制的角色通常要经历无数次死亡;另一方面又展现出这种第二现实远超物质现实的人道与理想主义——这不是一个充满荒谬与虚无的世界,玩家可以在失败中摸索出行之有效的生存法则,并永远有重来的机会。丹麦知名游戏理论家杰斯珀·尤尔(Jesper Juul)在其著作《失败的艺术:探索电子游戏中的挫败感》(*The Art of Failure: An Essay on the Pain of Playing Video Games*)中讨论了一种以失败经验的悖论式张力支撑起的游戏世界本质:"游戏是一个安全的地方,失败也是可以接受的,痛苦并不是最令人不愉快的事情。我们经常说'游戏而已',意为这只是一件小事。我们经常认为同样的事情,在游戏里发生和在游戏外发生含义是不同的。在现实中,阻止他人完成目标被认为可能是绝交的信号,但是在那些能促进友谊的游戏中,我们经常会阻止其他玩家完成他们的目标。从这种视角来看,游戏是不同于现实世界的事情,在这个架构里失败并不是最痛苦的事情。"[①]正是这样一个充斥着否定的虚拟世界,使玩家扮演的角色在屡次碰壁中激发出自身在游戏空间内持续探索的信念感。

三、国产 RPG 游戏的现状与发展

RPG 是角色扮演类游戏(Role-Playing Game)的简称,这类游戏注重角色扮演和情节体验。"广义的 RPG 游戏包括桌面纸牌游戏、

---

① (丹麦)杰斯珀·尤尔(Jesper Juul):《失败的艺术:探索电子游戏中的挫败感》,杨子杼、杨建明译,北京:北京理工大学出版社,2019 年版,第 6 页。

实景扮演游戏和电子游戏三种。但由于电子游戏的广泛普及,如今提到 RPG 游戏,一般单指 CRPG,即计算机角色扮演游戏"①,CRPG 是 Computer Role-Playing Game 的简称,在 CRPG 游戏中,玩家通过操控、扮演一个或多个角色,完成主线及支线的任务以推动剧情发展,在游戏构造的虚拟世界体验角色扮演的乐趣。剧情体验与角色扮演是 CRPG 游戏的两个重要要素,而作为一类电子游戏,CRPG 主要调动的玩家感知能力是视觉和听觉,因此,本节拟从三个角度对 CRPG 游戏进行案例分析:剧情叙事、角色塑造、视听美学。

1. 剧情叙事

剧情在 RPG 游戏中具有重要地位。美国学者亨利·詹金斯"强调游戏空间和环境在叙事中所起到的作用"②,把空间性概念引入游戏叙事学研究,认为"游戏设计者并不等同于讲故事的人,他更是叙事建筑师"③,将电子游戏的叙事模式分为四种,分别是联想型空间、演绎型故事、嵌入式叙事和生成性叙事:"空间故事可以利用那些业已存在的、具有关联性的故事来唤起联想;它们可以为演绎叙事事件提供舞台,布置场地;它们能将叙事信息嵌入到场景中;它们为生成性叙事提供资源"④。本文即应用詹金斯的这一理论来对 RPG 游戏的剧情叙事类型展开分类分析。

(1)联想型空间

詹金斯指出,"在联想型叙事中,空间设计既可以提升我们在熟悉的世界中的沉浸感,也可以更改既定细节,给故事打开新的视角"⑤。此类叙事模式可以在网易今年推出的开放世界武侠 RPG 游

---

① 尧荣芝,张钰培.《角色扮演游戏对电影叙事形态的影响》[J].电影文学,2017(22):22—26.

②③④⑤ 亨利·詹金斯,吴萌.《作为叙事建筑的游戏设计》[J].电影艺术,2017(06):101—109.

戏《射雕》中见到。游戏《射雕》再现了赵王府、桃花岛等金庸原著《射雕英雄传》中的经典场景,让玩家沉浸在金庸风的武侠世界冒险中;还增添了《倚天屠龙记》中的经典场景万安寺,糅合金庸其他著作中的武侠元素,给玩家以不一样的游玩体验。

（2）演绎型故事

詹金斯认为,在演绎型故事中,游戏的叙事"围绕着角色在空间中的运动而构建起来,环境的特征可能延缓或加速情节发展"①。具有这一剧情叙事类型的代表性国产游戏是《原神》。在《原神》中,玩家在游戏中扮演主角"空"/"荧",为寻找妹妹/哥哥,在提瓦特大陆上游历四方。在采用演绎型故事进行叙事的游戏中,"角色在地图上的移动推动其故事发展"②,《原神》游戏主线剧情随着玩家一路游历蒙德、璃月、稻妻、须弥、枫丹、纳塔、至冬诸国而逐渐展开;玩家在地图上"跑图"时,也会在不同的地点触发各种"世界任务"。《原神》地图具有山峦、洞窟、岛屿、海底、城市等多种地形地貌,给玩家带来多样化的大世界探索体验。

（3）嵌入式叙事

对于嵌入式叙事,詹金斯指出,"在嵌入式叙事中,游戏空间变成记忆宫殿,玩家若要重建情节,必须先理解这一宫殿中所容纳的各项记忆载体的含义"③。在国产游戏中,应用这一剧情叙事类型的、具有代表性的 RPG 游戏是《山河旅探》。

《山河旅探》是奥秘之家开发的一款国风推理探案 RPG 游戏。在游戏中,玩家扮演侦探沈仲平,以对现场进行勘察、观察证物、询问证人等方式来收集线索,进行破案;游戏中设置了多种结局,玩家根据线索选择不同的选项,会导向不同的故事结局。

---

①②③ 亨利·詹金斯,吴萌.《作为叙事建筑的游戏设计》[J].电影艺术,2017(06):101—109.

（4）生成性叙事

詹金斯如此阐释生成性叙事："在生成性叙事中，设计师使得游戏空间充满叙事可能性，让玩家能够在这一空间中建构故事"①，并指出应用此类叙事模式的代表性游戏是《模拟人生》。《模拟人生》是一款沙盒游戏。沙盒游戏是指"在电子游戏中以技术为手段，给予每一位玩家以表达自由，使玩家可以在最大程度上生成自己个性化的游戏内容，——像儿童'玩沙'一样的随性与自由"②。

国内的沙盒游戏中具有代表性的是网易的《代号：诸神黄昏》，这是一款开放世界沙盒游戏，具有"丰富的多主角战斗、策略性的养成系统和沙盘化的探索玩法"③。《代号：诸神黄昏》是 MMORPG，MMO 是 Massive(Massively)Multiplayer Online 的缩写，MMORPG 即大型多人在线角色扮演游戏。"神谕"系统和"历史任务"，玩家在其中的不同选择会影响世界线的变化；游戏采用 Rogue-like 地牢玩法，每个关卡都是随机生成的，并伴随一些随机生成的事件剧情，自由度很高。玩家在世界场景中自由探索时，也会触发一些随机事件剧情。

2. 角色塑造

RPG 中的游戏角色分为可操控的游戏角色和非可操控的游戏角色，可操控的游戏角色又分为游戏主角和可操控的同伴类角色。其中，游戏主角是"充当游戏世界中的玩家代表"，是玩家"在虚拟世界中的个体代理"④。

---

① 亨利·詹金斯,吴萌.《作为叙事建筑的游戏设计》[J].电影艺术,2017(06):101—109.

② 王梁.《沙盒化电子游戏研究》[D].山东大学,2023. DOI:10.27272/d.cnki.gshdu.2022.000197.

③ （百度快照）网易游戏.网易全平台大作《代号：Ragnarok(诸神黄昏)》游戏实机内录视频曝光[EB/OL].（2020-05-25）[2024-02-12]. https://baike.baidu.com/reference/50174841/533aYdO6cr3_z3kATKWLyPv3YSaRYo-k6OXSULdzzqIP0XOpRI_rXtp8sYFssPRoGUTFtY9xL9kTkOGpUxoZ8fUQc-01R7cngnX8UzPEprbu_dE4nM8c59cf.

④ （美）Markus Friedl 著；陈宗斌译.《在线游戏互动性理论》[M].北京：清华大学出版社,2006 年版,第114页。

在 RPG 中,有些游戏可以让玩家自主选择游戏主角。有些 RPG 按性别划分可选主角,如:《原神》在开篇剧情中可以选择男性主角"空"或女性主角"荧",《崩坏:星穹铁道》则可以选择女性开拓者"星"或男性开拓者"穹"作为主角。这种主角分类一般是为了让玩家选择与自己相同性别的角色以增强代入感,也有玩家选择与自己不同性别的角色来体验虚拟世界,但选择不同性别的主角一般不会对剧情发展或游戏玩法产生影响,两位主角的性格也相近。还有些 RPG 甚至可以让玩家自主决定角色的容貌等外观,如《以闪亮之名》,具有强大的捏脸系统、换装系统和染色系统,玩家可以自由决定主角的外观,游戏玩法的自由度非常强。还有一类 RPG 可以选择主角的职业,本文开头提到的《博德之门 3》,玩家可以选择的职业有 12种,每种职业中又分支出了不同的子职业,子职业共有 46 个,每个职业都有独特的技能,给玩家带来丰富的游戏体验。目前很多国产 RPG 也可以进行职业选择,如苏州天魂网络科技股份有限公司推出的 RPG《古魂》,其游玩重点放在职业和技能选择上,丰富了游戏的可玩性。

有些 RPG 则不能选择主角。在这类 RPG 中,有的 RPG"为了提供代入感,让不同类型的玩家都能沉浸到主角中,或者在主角身上找到自己的影子,游戏往往不会详细刻画玩家角色。比如《塞尔达传说》中的主角林克,就没有任何台词"①。真人互动影像 RPG《完蛋!我被美女包围了》,主角顾易虽然有台词和行动并以此影响游戏剧情的发展,但没有具体的形象,游戏的镜头语言以主角的视角展开,玩家仿佛直接置身于与诸位女性角色的面对面互动中,增强了玩家在游戏中的沉浸感。还有的 RPG 的主角有着鲜明的性格特色,例如仙剑系列游戏,主角性格鲜明,情节叙事性强,玩家在玩游戏时仿佛在

---

① 彭天笑.游戏论|《完蛋! 我被美女包围了》与美少女游戏:兼与邓剑、武泽威商榷[EB/OL]. (2022-09-26)[2024-02-12]. https://www.thepaper.cn/newsDetail_forward_25877273.

看一部情节跌宕起伏的电视剧——这类 RPG 游戏也确实能改编成优秀的电视剧,如仙剑系列游戏改编的系列电视剧。在这类游戏中,玩家并非在游戏中扮演"另一个自己",只是在控制角色,代入感不强。因此,如果主角性格设计得好,会受到玩家欢迎;如果主角性格让玩家不太满意,则会受到玩家的批评。

3. 视听美学

作为以数字媒介为载体的文化工业产品,电子游戏主要调动的玩家的感知能力是视觉和听觉。电子游戏通过精妙的视听美学设计,给玩家以充分的感官刺激和审美愉悦,在虚拟世界中营造沉浸式的感官体验,辅助玩家在游戏中的角色扮演。近年来,国产虚拟世界 RPG 游戏在视听美学方面以中式美学和科幻美学的设计较为突出,涌现了许多具有代表性的游戏。

(1)中式美学:《曲中剑》——水墨、武侠与古曲

由腾讯互娱天美工作室制作的《曲中剑》是一款以传统古曲为主题的水墨武侠音游,于 2022 年 12 月 26 日正式上线。玩家在游戏中扮演的主角是一位误入曲中幻境的琴师,通过与境中前辈切磋(以武侠动作演奏乐曲)的方式来磨砺曲中剑,以突破曲境。在视觉设计上,游戏画面以淡彩水墨风为特色,并参考董源的《夏景山口待渡图》、傅抱石的《竹林七贤图》等经典国画,以工笔和写意两种传统中国画风格来设计游戏场景,烘托曲中古意,渲染武侠风格。在音乐设计上,以"保留原曲核心音乐特征和意境的基础上,增加节奏和律动"①为设计目标,选取更具节奏感和抒情性的音乐段落加以改编,配合武侠风格的打斗机制,同时保留原乐曲的国风精华,增强玩家的

---

① 腾讯游戏学堂.刀光剑影与古典音律的完美融合!《曲中剑》主创团队亲述幕后开发历程[EB/OL].(2022-09-26)[2024-02-12]. https://mp. weixin. qq. com/s?＿＿biz＝MzI3MTQzOTY3OQ＝＝&mid＝2247525916&idx＝1&sn＝e92025c305d1b2befff920e7e259ada6&chksm＝eac3e44cddb46d5aec5f7fc2034fcc3b5cc01dc4df03a253362318b5c9c07f2991b1efb3f20c&scene＝27.

游戏体验。如《十面埋伏》关卡，由慢到快的琵琶音乐配合从小兵到项羽的越来越快的 BOSS 攻击动作，以听觉效果帮助玩家沉浸体验战斗的紧张激烈。

（2）科幻美学：《行界》——科幻与国风的融合

《行界》是一款由咕咕工作室开发的国风科幻手游，发行日期为2023 年 5 月 19 日。在游戏中，玩家扮演的角色是少司寇，置身于能寂灾难发生后幸存的高科技城市——七院，探索被 AI 全面治理的社会中人类与人工智能之间的关系。《行界》的创新之处在于对"传统文化＋未来科幻"的探索。在视觉效果上，在角色立绘方面，角色的服装设计是"LED＋金属部件＋全息影像等赛博朋克题材常见的元素"①与广袖长袍的汉服元素、折扇中国结的国风配饰的融合，很好地结合了科幻感与国风审美；在场景设计方面，游戏场景融合了赛博朋克式的科技感画风与水墨写意的中国画要素，机车摩托与屏风凉亭相得益彰。在 BGM 方面，"游戏采用了兼顾中国味和科幻电子音的设计"②，在配乐中结合现代的电子乐器和古筝等传统乐器的音色，在富有动感的电子音乐和悠扬婉转的古风音乐的融合中，营造出了别具风味的虚拟科幻世界。

在角色扮演游戏中，设定合理、丰富多彩的游戏剧情，多种多样的主角类型，以及精妙的视听美学设计，可以给玩家更好的虚拟世界角色扮演体验。目前在剧情叙事、角色设计和视听美学方面，国产RPG 均已有相当出色的代表性游戏产品。2024 年，《黑神话：悟空》等众多新的虚拟世界角色扮演游戏即将发布上线，国产 RPG 的发展前景值得期待。

---

① ② 旅法师营地.营地游戏品鉴|《行界》：一场充满中国味的反乌托邦科幻盛宴[EB/OL].（2023-05-21）[2024-02-13]. https://weibo.com/ttarticle/p/show?id=2309404903962037059587.

AI 翻译

陈雨桐

一、什么是 AI 翻译？

理解 AI 翻译，首先要理解机器翻译。

机器翻译，也称作自动翻译，是利用计算机将一种自然语言（源语言）转换为另一种自然语言（目标语言）的过程。机器翻译研究有着 70 年左右的历史，大致可以分为三个阶段。第一阶段，基于规则（Rule-Based）的语言翻译。1954 年，美国乔治敦大学和 IBM 公司使用 IBM-701 计算机首次开始了机器翻译的实验，开创时期的机器翻译只能做到单纯的单词对应翻译，无法很好地处理语法、语序、语境、多义词等问题。而因为前期投入巨大而效果甚微，1966 年美国语言自动处理咨询委员会（Automatic Language Processing Advisory Committee）针对机器翻译研究的评定结果，发布了题为《语言与机器》的报告，报告否定了机器翻译研究继续进行的可行性，建议停止机器翻译研究，机器翻译研究遂逐渐停滞。直到 90 年代，IBM 公司提出了新的翻译模型，机器翻译由此进入第二阶段——基于语料库（Corpus-Based）的机器翻译。基于语料库（Corpus-Based）的机器翻译方法可以分为基于统计（Statistics-Based）的机器翻译和基于实例（Example-Based）的机器翻译，这两种翻译方法较基于规则的机器翻译方法已有显著的进步，尤其在处理相似和相同文本上，但翻译效果很大程度上取决于语料库的规模和概率模型的质量。

2013 年以来，随着深度学习的研究取得较大进步，机器翻译来到了第三阶段——基于人工神经网络的机器翻译。这也就是目前我们所说的 AI 翻译（即人工智能翻译）主要依赖的翻译方式。AI 翻译，实则就是将人工神经网络的算法系统运用到机器翻译中，其翻译过程主要为机器先将源语句编码成特定的特征集合，基于人类神经网络的算法系统再将其解码成目标语言的文本。和基于规则和基于语料库的机器翻译不同，AI 翻译后的目标语言文本和源语句不再是简单的一一对应，翻译结果也更加准确，更加符合目标语言的使用习惯。

二、2021—2023 年中国 AI 翻译发展状况介绍

（一）行业背景：国家出台政策，支持 AI 翻译发展

2021 —2023 年，国家及相关部门出台了一系列相关产业政策来支持我国人工智能语言服务及翻译行业的发展，为 AI 翻译行业发展提供了良好的政策环境。

2021 年 3 月，第十三届全国人大四次会议通过了《中华人民共和国国民经济和社会发展第十四个五年规划和 2035 年远景目标纲要》，纲要中指出要聚焦高端芯片、操作系统、人工智能关键算法、传感器等关键领域，加快推进基础理论、基础算法、装备材料等研发突破与迭代应用。培育壮大人工智能、大数据、区块链、云计算、网络安全等新兴数字产业，提升通信设备、核心电子元器件、关键软件等产业水平。

2021 年 5 月，国家发展改革委会同有关部门研究制定了《全国一体化大数据中心协同创新体系算力枢纽实施方案》，方案中指出，要构建数据中心、云计算、大数据一体化的新型算力网络体系，促进数据要素流通应用，实现数据中心绿色高质量发展。

2022 年 5 月，中共中央办公厅、国务院办公厅印发了《关于推进

实施国家文化数字化战略的意见》,并发出通知,要求各地创新文化表达方式,推动图书、报刊、电影、广播电视、演艺等传统业态升级,调整优化文化业态和产品结构。鼓励各种艺术样式运用数字化手段创新表现形态、丰富数字内容。培育以文化体验为主要特征的文化新业态,创新呈现方式,推动中华文化瑰宝活起来。到2035年,建成物理分布、逻辑关联、快速链接、高效搜索、全面共享、重点集成的国家文化大数据体系,文化数字化生产力快速发展,中华文化全景呈现,中华文化数字化成果全民共享、优秀创新成果享誉海内外。

2022年10月,国家发展改革委、商务部公布《鼓励外商投资产业目录(2022年版)》,其中提到鼓励外商投资软件产品开发、生产,鼓励外商投资智能器件、机器人、神经网络芯片、神经元传感器等人工智能技术研发与应用。

(二) 竞争格局:科创巨头带领,涌现新兴企业

翻译技术的发展,推动着AI翻译行业不断前进,落地一项项翻译产品。国内AI翻译行业市场的主要企业由各大IT公司构成,如科大讯飞、百度、网易等,也不乏一些新兴的科技创业公司,如武汉夜莺科技有限公司、重庆风速信息科技有限公司、安徽淘云科技股份有限公司、深圳时空壶技术有限公司等。如表1所示,不同企业的AI翻译产品类型多样(实体翻译机、软件、网页、插件等),功能各有侧重。

除了主体为主要提供翻译服务的硬件产品与软件产品,目前不少公司将AI翻译作为产品功能的一项,并以此为卖点来提高产品的市场竞争力,例如深圳影目科技有限公司推出的一款消费级AR眼镜——INMO GO无线眼镜,这款眼镜集视听娱乐、商务办公、智能出行于一体,在翻译方面可以做到用悬浮字幕的方式进行实时的语音翻译;合肥亲爱的译官信息科技有限公司推出的"iTour亲爱的翻译官AR翻译眼镜",可以支持104种语种在线的拍照、电话双向翻译。

表 1　国内 AI 翻译行业相关企业及产品介绍

企业名称	主要产品	产品功能概况
科大讯飞股份有限公司	讯飞翻译机 4.0	语音翻译；拍照翻译；面对面翻译。
	讯飞智能翻译	可用于文档翻译、文本翻译、语音翻译、图片翻译、网页翻译、音频翻译的人工智能翻译平台。
腾讯	腾讯同传	多端全程同传解决方案，可通过现场投屏、手机小程序实时查看同传纪要等同传服务涵盖会前、会中、会后全流程。
	腾讯交互翻译	融合了腾讯人工智能实验室自研的交互式机器翻译、神经网络机器翻译、统计机器翻译，语义理解等技术，帮助用户更快、更好地完成翻译任务。
百度	百度 AI 同传助手	用于在线会议、讲座培训等的全场景、多模态、跨平台 AI 同传服务
网易有道	有道翻译	词汇翻译；文本翻译；音频翻译；视频翻译；有道 AIBox（句子润色、语法纠错、写作建议、内容扩写、重点提炼、单词百科）；AI 文档翻译；AI 写作批改。
	有道词典笔 X6pro	超 100 种语言 AI 在线翻译，中英日韩离线翻译，AI 全科习题辅导，AI 精讲有问必答，AI 长句语法精讲，AI 虚拟人口语私教。
安徽淘云科技股份有限公司	阿尔法蛋 AI 词典笔 T20pro	中英词汇收录达 6000 万，英语 AI 带学课本，大模型 1 对 1 英语作文批改，大模型 1 对 1 口语陪练。
北京火山引擎科技有限公司	火山翻译	依托百亿级数据积累和行业前沿算法提供适用于直播同传，海外内容翻译等场景的翻译服务。

续表

企业名称	主要产品	产品功能概况
阿里巴巴达摩院机器智能实验室	阿里翻译	运用深度网络技术翻译模型进行文本、文档、图片、视频、语音的翻译。
深圳时空壶技术有限公司	时空壶 M3 旅行翻译耳机	基于时空壶自主研发的 AI 翻译引擎，支持最多 6 人的对话双语互译。
	时空壶 X1 AI 同声传译器	基于时空壶自主研发的 AI 翻译引擎，在双语对话模式、远程语音模式、旁听翻译模式、手持翻译模式、多人会议模式下实时翻译。
武汉夜莺科技有限公司	会译一对照式翻译	AI 翻译网页内容、双语对照阅读。
重庆风速信息科技有限公司	智能翻译官	使用神经网络智能翻译 AI 进行文本、文档、图片、视频、音频的翻译。

数据来源：根据公开资料整理

（三）市场规模：翻译硬件为主，增长趋势喜人

机器翻译市场规模正在迅速增长。在全球化和数字化的推动下，越来越多的企业需要跨语言沟通和翻译服务。市场规模方面（如图1所示），中国机器翻译行业的收入主要来源于机器翻译硬件产品的销售。2016年到2023年，中国机器翻译行业市场规模逐年增长，2016年，我国机器翻译行业的规模为4.6亿元。至2022年，该行业规模实现了显著增长，从2016年的4.6亿元跃升至102.33亿元。据预测，到2023年，我国机器翻译行业的市场规模有望进一步扩大，预计将达到166.4亿元。

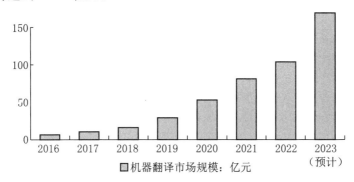

图1　2016—2023年中国机器翻译行业市场规模统计及预测

数据来源：智研咨询《2023年中国机器翻译行业市场全景调查及投资前景预测报告》

（四）产业链条：硬件盈利居多，锚定个人消费

如图2所示，我国AI翻译产业链主要由上游（数据供应商、机器翻译算法供应商、AI芯片供应商）、中游（AI翻译硬件供应商、AI翻译软件供应商）、下游（行业应用消费者、政府机构消费者、个人用户消费者）组成。对于上游和中游来说，目前我国还未有专门的数据供应商，企业自主收集数据，之间不共享，也不对外出售。大部分企业集数据供应商、机器翻译算法供应商、AI翻译硬件供应商、AI翻译软件供应商为一体，如科大讯飞、网易有道、百度等公司都是如此，这些企业利用自主收集的数据来训练自主研发的机器翻译算法，将算

法集成于自行开发的机器翻译软、硬件中。一些缺乏自主机器翻译算法能力的企业则会选择调用大企业的机器翻译 API 来作为机器翻译软件和硬件生产的基础。下游的消费中主要由行业应用消费者、政府机构消费者、个人用户消费者组成。其中,个人用户消费者是各大 AI 翻译行业厂商着重的目标客户。随着新冠疫情的结束,境外旅游正在经历一场显著的复苏,不少个人用户消费者会选择采购 AI 翻译硬件来解决出境旅游的"语言关",也有个人消费者选择购买 AI 翻译产品来进行外语学习、商务交流合作等活动。

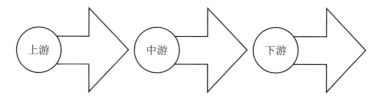

- 数据供应商
- 机器翻译算法供应商
- AI 芯片供应商

- AI 翻译硬件供应商
- AI 翻译软件供应商

- 行业应用消费者
- 政府机构消费者
- 个人用户消费者

图 2　中国 AI 翻译行业产业链

(五) 行业驱动:技术提升质量,需求引领市场

我国 AI 翻译行业的发展主要有以下驱动因素:第一,翻译技术的发展。翻译准确度是 AI 翻译技术的核心竞争力。过去,基于规则(Rule-Based)的机器翻译和基于语料库(Corpus-Based)的机器翻译总是因为翻译结果不够准确,无法作为翻译服务的最佳选项,从而限制了其商业应用的广泛性。只有在翻译准确度得到可靠保障的基础上,机器翻译的商业化进程才能顺利推进,因此,基于人工神经网络的 AI 翻译发展为翻译行业注入了新的活力。随着翻译质量的持续提升,AI 翻译产品有望开拓更为广阔的消费市场;第二,翻译人才流失。根据《中国翻译协会 2023 全球翻译及语言服务行业发展报告》显示,2022 年以来,中央国家机关对翻译及语言服务类人才的需求呈现出明显的上升趋势,尤其是常用语种的翻译人才。相较于 2021

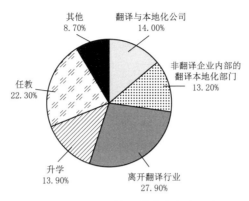

图 3 BTI 和 MBI 毕业学生去向主要占比

数据来源：零点有数，《2022 年中国翻译及语言服务行业发展调研》

年，英语翻译人才的需求增长了 74.2%，而俄语翻译人才的需求更是翻了一番。尽管法语、西班牙语和阿拉伯语的需求略有下降，但值得注意的是，近年来中央国家机关所需的语种种类正在不断增加，2022年需求的语种种类已经扩大至 27 种。[1]中国综合国力的提升和高水平对外开放的扩大，使得中国与各国的经济合作与联系日益加强，进而使得所需的语种种类更加多元化，需要更多的小语种翻译人才。但《2022 年中国翻译及语言服务行业发展调研》显示，翻译本科专业(BTI)学生和翻译硕士专业(MTI)学生的就业去向里仍有 27.8% 的毕业学生选择离开翻译行业，翻译行业人才流失现象仍然存在；第三，翻译需求的增长。根据中国旅行研究院公布的《2023 上半年出境旅游大数据报告》，上半年国际航线旅客运输量恢复至 2019 年的23.0%，其中 6 月份国际客运量已经恢复至 2019 年同期的 41.6%。[2]

① 中国翻译协会，2023 中国翻译及语言服务行业发展报告，[R/OL]. (2023-04-03)[2024-03-01]. http://www. tac-online. org. cn/index. php? m = content&c = index&a = show&catid=395&id=4551.

② 中国旅游研究院，2023 上半年出境旅游大数据报告，[R/OL]. (2023-08-01)[2024-03-01]. https://www. ctaweb. org. cn/cta/gzdt/202308/d08d3bea0fbc4af99ac9873a5560a398. shtml.

随着新冠疫情的结束,国际航班逐渐增加,跨国商务和境外旅游的需求不断释放,语言翻译服务存在刚性需求的同时,AI 翻译产品就成为解决语言问题的优质选择。

(六) 特色应用:消融交流隔阂,助力文化传播

1. 应用于网络文学出海

中国网络文学作为中华文化海外传播体系的重要组成部分,是坚定文化自信,讲好中国故事的重要渠道。随着 AI 翻译技术的发展,网文出海的翻译效率在 AI 的作用下提升近百倍,翻译成本平均下降超九成,中国网络文学"走出去"的态势良好且极具前景。据《2023 年中国网络文学发展研究报告》显示,产出方面,2023 年中国网文出海规模已达 41 亿元,海外网络文学作家数量约 41 万名,海外文学作品约 62 万部;受众方面,2023 年中国网文的海外访问用户覆盖全球 200 多个国家及地区,用户数量约 2.3 亿,日均阅读时长达 90 分钟。[①]目前,已有多家公司开始了中国网络文学的出海业务。推文科技是一家专门为网文公司提供 AI 翻译生产和海外数字出版等服务的公司,该公司在 2020 年联合了 90 多家文学网站,发布"中国网文联合出海计划",超过 7000 部作品通过该计划在海外出版。2021年,推文科技开启了"中国网文联合出海计划 2.0",预计将筛选首批 500 部中国优秀网络文学作品进行免费翻译出版,推动中国网络文学出海。"起点国际"成立于 2017 年,是阅文集团旗下的海外门户。作为我国第一个官方网络文学的海外传播平台,"起点国际"在发布 AI 翻译的网文作品的同时,还上线了"读者修订翻译"功能,该功能通过精通双语的读者阅读反馈,不断优化 AI 翻译模型,从而呈现更好的阅读效果。可以说,AI 翻译大大消融了国内作者与海外读者之

---

① 中国社会科学院文学研究所,2023 中国网络文学发展研究报告[R/OL]. (2024-02-26)[2024-03-01]. https://cssn.cn/skgz/bwyc/202402/t20240227_5735159.shtml.

间的交流隔阂,使得中国网络文学成为一张提升中国文化影响力的文化名片。

2. 应用于跨境电商贸易

跨境电商在运营过程中,面临着来自不同国家和地区的买家和卖家之间的沟通问题,语言交流成为一个重要的挑战。AI 翻译技术的应用大大降低了语言障碍对跨境电商的影响,使得交易更加顺畅和高效。2022 年 5 月,阿里巴巴在跨境电商平台中正式上线对话实时翻译功能,这是全球首个电商领域的实时翻译 AI(人工智能)产品,有效地破解了买卖家语言不通的难题。一些跨境电商平台还利用人工智能翻译技术为买家提供实时的在线客服服务。通过 AI 翻译系统,买家可以用自己的语言向客服提出问题或咨询,系统迅速将其翻译成客服能够理解的语言,同时客服的回复也会被翻译成买家的语言。这种实时翻译功能不仅提高了客户服务的效率,也提升了买家的购物体验。在跨境电商的物流环节,AI 翻译技术也发挥了重要作用。例如,在包裹的寄送过程中,智能翻译系统可以自动翻译和生成多语言版本的物流信息,帮助买家和卖家更好地了解包裹的运输状态和预计到达时间。从商品信息的翻译到客户服务的支持,再到物流信息的传递,AI 翻译都体现了其重要的价值,不仅提高了交易的效率和准确性,也促进了跨境电商的全球化发展。

3. 应用于音视频二次创作

目前的短视频平台上,已经可以搜索到不少利用 AI 翻译制作的二次创作视频,例如"Taylor Swift 开口说中文"、"知名相声演员郭德纲英文表演"等等。这类视频不仅可以做到翻译后声线、语气与原视频出镜者几乎一致,甚至连出镜者的口型都能吻合转换后的目标语言。Heygen Video Translate 是一款前沿的在线 AI 视频翻译工具,不少用户使用它来进行音视频的二次创作。打开 Heygen 的官方网站(https://www.heygen.com),点击视频转换功能(Video Repurposing)下的视频翻译（Video Translation）板块，上传需要翻译的初始视频，设定视频参与人数与生成语言，就可以生成目标语言的 AI 翻译视频。不少短视频工作者将此技术用于视频的二次创作，如使用 AI 翻译将自己的视频翻译成多种语言，投放于不同国家视频平台，也有短视频工作者通过 AI 翻译对明星影视的经典片段进行二次创作以获得视频浏览量等等。不少用户对视频的 AI 翻译功能大加赞赏，例如在 Heygen 首页流动的用户评价中，Sherrie Whitaker 表明她一直在努力寻找这样的一个解决方案，使营销视频更有效。Heygen 是她看到的第一个可以生成视频内容的产品。Shantha R. 认为 Heygen 是一个优秀的视频创造软件，能够帮助营销人员和内容创造者快速和容易地创建专业级视频，并强烈推荐 Heygen 给任何想要创造令人惊叹的视频而不具备专业技能或设备的人。诸如 Heygen 的提供 AI 视频翻译服务的网站越来越多，AI 翻译在影视译制与文化交流打破了语言堡垒，原创视频出海的可能性大大加强。

4. 应用于高等教育授课

随着中国经济和文化影响力的增强，越来越多的海外留学生选择来中国进行高等教育的学习。根据《高等学校接受外国留学生管理规定》，"高等学校应当对申请来华学习者进行入学资格审查、考试或考核。录取标准由学校自行确定。对使用汉语接受学历教育者，应当进行汉语水平考试。"[①]尽管对外国留学生有一定的汉语要求，但在课堂教学上，不少外国留学生仍存在语言理解的难题。除中文授课以外，不少高校也面对外国留学生开展了全英文授课的留学项目。这些外国留学生中，部分人来自第一官方语言非英语的国家或地区，在理解英语和中文两种语言上都有挑战的情况下，学习质量也

① 《高等学校接受外国留学生管理规定》[J].中华人民共和国国务院公报，2000 (19)：11—15.

随之大打折扣。因此，基于 AI 翻译的融合课堂教学，有望成为新兴的教学模式。例如，四川大学华西医院已经对部分全英文授课临床专业（Bachelor of Medicine & Bachelor of Surgery，MBBS）留学生开展了基于 AI 实施翻译技术的融合课堂，且在课后问卷中得知，大部分留学生都期待并认可这一教学模式。AI 翻译下的融合课堂，一定程度上减轻了外国留学生在临床实践学习方面和中国医学生的差距，取得了更好的学习效果。

三、AI 翻译的发展前景与启示

（一）中国 AI 翻译行业发展趋势

总的来说，中国 AI 翻译行业呈现出以下发展趋势：

第一，开发力度向小语种偏移。随着全球化进程和 AI 翻译技术的不断进步，AI 翻译行业的开发重点将从资源数据丰富的主流语言逐渐渗透到资源数据相对匮乏的小语种中，从而使机器翻译所覆盖的语种更加广泛。过去，AI 翻译服务主要聚焦于使用广泛、人数众多的语种，而对那些使用频率较低、应用范围较窄的语种则关注不足，这在一定程度上限制了 AI 翻译产品的推广和应用。然而，近年来，各大 AI 翻译厂商已经开始积极扩展其翻译语言的覆盖范围，向小语种领域倾斜，以丰富其翻译语种的多样性。例如，科大讯飞翻译机 4.0 现在已经能够支持汉语与 85 种语言的即时互译，覆盖近 200个国家和地区，火山翻译目前也支持全球 120 多种语言的互译，涵盖了汉语、日语、韩语、泰语、德语、法语等多种语言。随着机器翻译厂商对语言覆盖范围的持续拓展，我们有理由相信，未来的机器翻译产品将能够覆盖更多元的语言，帮助用户实现全球范围内的无障碍交流。

第二，使用场景与日常生活愈发紧密相关。AI 翻译技术最终将落地转化为实用的产品，实现商业化目标，而产品的实际效用则直接决定了其市场价值。AI 翻译和生活场景越来越紧密结合，帮助用户实现真正的语言无障碍交流。比如，用户可以利用 AI 翻译轻松翻译菜单、店名、商品信息等，AI 翻译也能为出国旅游的用户提供便利，使他们能够顺利地规划旅行生活并享受旅游的乐趣。此外，还能协助个人用户翻译外语剧集和国外新闻播报等内容，进一步拓宽用户获取信息的渠道。

第三，注重离线功能的开发。AI 翻译的离线化涉及软件和硬件两个层面。硬件层面的离线主要是将神经网络模型部署在硬件端，而软件层面的离线则需要优化原有的机器翻译算法模型。这两方面的离线化都是实现机器翻译离线功能的关键所在。为了实现软硬件层面的离线翻译，机器翻译厂商需要拥有强大的平台计算性能，以及离线状态下的数据存储和识别能力，这无疑对厂商提出了较高的要求，因此离线翻译的进入门槛也相对较高。这将成为展现机器翻译厂商竞争优势的一个重要方面。

在境外旅游场景下，部分游客用户因流量资费昂贵而不愿开通国际漫游服务或处于网络覆盖不足或信号较弱的区域，如飞机、地铁以及偏远景区，单纯依赖在线翻译服务难以满足旅游用户在不同场景下的翻译需求。这种情况下，AI 离线翻译功能的需求尤为显著。因此，开发 AI 离线翻译功能便成为各大机器翻译厂商竞相突破的关键点。目前，优质的离线机器翻译已经成了众多机器翻译厂商追求的目标。例如，科大讯飞翻译机 4.0 利用原创的自进化离线翻译引擎，已经支持 17 种离线语言翻译，百度翻译、搜狗翻译等产品也都支持部分语言的离线翻译。展望未来，离线翻译将成为 AI 翻译产品的标配功能，拥有优质离线翻译能力产品的公司将更容易在个人用户市场中占据优势地位。

（二）AI 翻译与人工翻译的合作

相较于人工翻译，AI 翻译有着无法比拟的优点。第一，AI 翻译成本较低。在 AI 翻译过程中,几乎不需要人工操作,省去了雇佣专业翻译人员的成本。第二,AI 翻译节省时间。无论人工翻译的翻译能力有多优秀,在翻译速度上,AI 翻译一定是胜出的。用户使用 AI 翻译时,可以更加快速地获得翻译结果,无需将大量时间花在等待上。第三,AI 翻译易于把控。使用人工翻译时,翻译效果和时间往往受翻译人员的个体翻译能力差异、身心状况、沟通情况等影响,而 AI 翻译按照固定的流程进行翻译,用户在使用 AI 翻译前就能对翻译时间和翻译效果有一个大概的估计。

当然,目前的 AI 翻译并不足以取代人工翻译,在翻译效果上仍然有很大的进步空间。AI 翻译的主要缺陷集中在技术层面句段切分和语音识别上。王丽霞、肖尘依萱等人于 2022 年对市面上的两个 AI 翻译程序"有道翻译官"、"腾讯翻译君"展开了测评,结果表明 AI 翻译在进行语音识别时,往往不能准确地识别出弱读单词、同音异形词,以及词汇的时态变化。[1]

那么,现阶段我们该如何平衡 AI 翻译和传统人工翻译呢?崔启亮、雷学发提出一种基于文本分层的人机交互策略,来实现翻译质量、翻译效率和翻译成本三者的统一。根据客户使用翻译的目的和对翻译质量的期望,目标文本可以分为参考级文本、常规级文本和出版级别文本。[2]对于参考级文本,读者目的在于获取文本的基本信息,可以以机器翻译为主,少量的人工翻译为辅;常规级文本通常属于社会发展的某种特定领域,读者需要根据翻译内容来获取某方面的指导,因此可以采取人机翻译的方式;而对于出版级文本来说,因为文本需要正式出版,所以必须尽可能达到信、达、雅的翻译效果,需

---

① 王丽霞,肖尘依萱,王家义.《语音翻译软件的 AI 同传质量评估案例分析》[J].电子技术,2022, 51(12);346—347.

② 崔启亮,雷学发.《基于文本分层的人机交互翻译策略》[J].当代外语研究,2016 (03);46—52+94.

要采取以人工翻译为主的翻译方式。

（三）翻译人才的培养

AI 翻译行业的发展不断冲击着传统人工翻译行业，尽管目前人工同声传译仍无法完全被 AI 取代，但 AI 冲击传统翻译行业已成业界共识，外语翻译应直视行业前景。首先，外语翻译人才除了注重自身传统的翻译能力提升以外，也应学习 AI 翻译工具的使用，结合 AI 翻译工具进行更好的翻译。山东省翻译协会会长王俊菊在 2024 年 1 月 6 日召开的山东省翻译协会年会暨翻译人才数智化培养研讨会上提出"拥抱技术，携手赋能"的理念[①]，号召翻译人才与技术共同前进。其次，高校和企业在对于翻译人才的培养上，也应从数字化赋能翻译教学与研究的角度入手，培养 AI 时代的翻译人才。张成智、王华树提出："在信息技术时代，高校和培训机构应当培养具备翻译技术能力的翻译人才"，同时他们强调优秀的译者除了具备相应的双语能力和跨文化能力之外，还应该"掌握相当的翻译技术，以提高翻译效率和质量，进而提高其翻译产出"。[②]

（四）相关法律的边界与完善

AI 翻译技术的下放，使得人人都能使用 AI 翻译学习、办公与创作。在使用 AI 翻译时，可能就会涉及一定的法律风险。例如，制作发布影视片段经 AI 翻译后的二次创作视频时，可能就涉及侵害原视频出镜者的姓名权、名誉权、著作权、肖像权等等。据新华社报道，截至 2023 年 8 月份，公安机关已侦破 79 起利用"AI 换脸"技术的犯罪案件，抓获犯罪嫌疑人 515 名。对于人工智能的相关法律需要进一步出台和完善，目前，我国已发布了《生成式人工智能服务管理暂行办法》、《互联网信息服务深度合成管理规定》等多项办法来促成向上

---

① 王延斌.《AI 背景下翻译人才如何培养》[N].科技日报,2024-01-09(003). DOI：10.28502/n.cnki.nkjrb.2024.000171.

② 张成智,王华树.《论翻译学的技术转向》[J].翻译界,2016(02):104—118＋139.

向善的 AI 技术环境。此外,中国网络文学的版权治理问题也面临一定的法律空白局面,海外市场规模扩大的同时,也带来了更大的维权难度,跨区域侵权的证据搜集、法律适用、赔偿追责等问题都是网络文学出海事业的巨大阻力。只有多方努力,良好的网络文学版权治理局面才能形成,才能更好地助力 AI 翻译背景下中国网络文学的海外传播。

数字孪生

姚富瑞　王　程

一、什么是数字孪生？

近年来，随着数字经济的迅速发展，尤其是元宇宙概念在 2021 年的爆发，数字孪生得到了广泛关注和热议。与所有的新生理念在初期并未受到重视类似，在二十多年前提出时，数字孪生（Digital Twin）概念也并未得到行业内的积极响应，直到今天数字孪生技术被各方热捧，在制造行业被广泛地应用，并迅速走出制造业，扩展到了智慧城市、智慧交通、智慧农业、智慧医疗与智能家居等领域。数字孪生，通俗的理解就是物理世界中的物体通过数字化的手段在数字世界中生成镜像，借此实现对现实物体的状态变化完整的映射，对包含该物体的生产或运行过程进行记录、分析和预测，从而实现完整地溯源该物体生产、演化的流程，合理规划该物体的生产或运行过程，在问题发生之前预见到问题并给出相应的解决方案等功能。

早在 1970 年 4 月，Apollo 13 号载人飞船遭遇的紧急事故中，美国国家航空航天局（NASA）已经践行了"数字孪生"的核心思想。针对如何让遭遇氧气罐爆炸事故的宇航员们安全返回地球问题，NASA 早在飞船发射之前就研发了一套完整的、高水准的地面仿真系统，用于培训宇航员和任务控制人员所用到的全部任务操作，包括了多种故障场景的处理，这些功能各式各样的模拟器由多台联网的计算机控制，其中十台模拟器被联网用以模拟单独的大问题。借助这一地面仿真系统，任务控制人员和宇航员们在综合考虑到飞船的受损、可用的电力、剩余的氧气、饮用水等因数的情况后,将模拟器进行调整以适配到 Apollo 13 事故后的配置状态,按质量、重心、推力等参数为这艘新飞船的主机进行了重新编程。任务控制人员还与登月舱制造厂商协同工作,确定了一个新的着陆过程,并安排后备宇航员在模拟器上进行操作演练,以证明方案的可行性。剩下的工作就是宇航员们逐一执行按演练形成的操作指令清单,最终,宇航员们安全返回地球。日后的西门子工程师 Stephen Ferguson 提到,Apollo 13 首次践行了数字孪生。在该项目中,NASA 制造了两个完全一样的空间飞行器,留在地球上的飞行器便是"孪生体",用来反映正在执行任务的空间飞行器的状态,只不过这一孪生体还是实物或物理上的。

最早与数字孪生相似的概念的提出是在 2002 年,当时美国密歇根大学 Grieves M. W.教授提出了产品生命周期管理(Product Life-cycle Management,简称 PLM)概念模型。该"模型中出现了现实空间、虚拟空间,从现实空间到虚拟空间的数据流,从虚拟空间到现实空间的信息流,以及虚拟子空间的表述"①,这个概念虽然没有被称作数字孪生,但是它具备数字孪生所具有的特质和功能,因此被广泛认为是数字孪生概念的雏形。后来,Grieves 教授将其定义为"信息镜像模型"和"数字孪生",意为与物理产品等价的虚拟数字表示,是一个集成了多物理场、多尺度以及概率仿真的数字模型,能够实时反映实体产品的运行状态。Grieves 教授强调了数字孪生在 PLM 中的应用价值,他认为通过建立产品的数字孪生模型,企业可以在虚拟环境中对产品设计、功能、性能、加工工艺、维修维护等进行仿真分析,从而在产品开发早期阶段就发现潜在问题,优化设计方案,减少物理原型制造和测试的成本和时间。此外,他还提到了数字孪生可以帮

---

① 彭慧.数字孪生——起源的故事[EB/OL].[2020-09-22]. http://sccio.cn/arc/131.html.

助企业实时监控产品的运行状态,预测并预防潜在故障,提高产品的可靠性和安全性。同时,通过收集和分析数字孪生中的数据,企业还可以不断改进产品设计,提升产品性能,满足客户需求。然而,由于当时技术和认知上的局限,数字孪生的概念并没有得到重视。

直到 2010 年,NASA 在太空技术路线图中首次正式提出了"Digital Twin"一词,并将数字孪生定义为"一种集成化的多种物理量、多种空间尺度的运载工具或系统的仿真,该仿真使用了当前最为有效的物理模型、飞行的历史等等,来镜像出其对应的飞行当中孪生对象的生存状态"①,意在采用数字孪生实现飞行系统的全面诊断和预测功能,以保障在整个系统使用寿命期间实现持续安全地操作。该仿真刻画和反映物理系统的全生命周期过程,以实现飞行器健康状态、剩余使用寿命以及任务可达性的预测。同时,可预测系统对危及安全事件的响应,通过比较预测结果与真实响应,及时发现未知问题,进而激活自修复机制或任务重规划,以减缓系统损伤和退化。NASA 提出数字孪生概念,有其明确的工程背景,主要是服务于自身未来宇航任务的需要。

随后,数字孪生才真正引起关注,一些学者包括 Grieves 教授对数字孪生概念进行了补充和完善。Gabor 等提出数字孪生还应包含专家知识以实现精准模拟,Rios 等认为数字孪生不仅面向飞行器等复杂产品,还应面向更加广泛通用的产品。Grieves 教授则与 John Vickers 合写"Digital Twin:Mitigating Unpredictable, Undesirable Emergent Behavior in Complex Systems"一文,提出了数字孪生的类型(DTP)、数字孪生的实例(DTI)、数字孪生的集合(DTA)、数字孪生的环境(DTE)等概念。同时将数字孪生可以解决的问题进行了分

---

① GLAESSGEN E,STARGEL D. The digital twin paradigm for future NASA and US Air Force vehi-cles[C]. 53rd AIAA/ASME/ASCE/AHS/ASC Structures,Structural Dynamics and Materials Conference AIAA/ASME/AHS Adaptive Structures,2012:1818.

类:第一类是预计得到的期望结果;第二类是预计得到的非期望结果;第三类是未预料到的期望结果;第四类是未预料到的非期望结果。这种划分基本上覆盖了数字孪生的作用范围。

此后,在工业生产领域,数字孪生概念和技术应用越来越广泛。美国工业巨头通用电器推出基于数字孪生理念的资产预计管理系统,并为客机航空发动机建立孪生模型,实现实时监控和预测性维护。欧洲工控巨头西门子公司提出了"综合数字孪生体"设想,包含数字孪生体产品、生产和数字孪生体运行的精准连续映射递进关系,最终达成理想的高质量产品交付。法国达索公司更是提出了着重强调体验一致性、原理一致性、单一数据源、宏观与微观统一的孪生体概念 3DEXPERIENCE 孪生体。ANSYS 公司提出"通过利用 AN-SYSY Twin Builder 创建数字孪生并可快速连接至工业物联网平台,帮助用户进行故障诊断,确定理想的维护计划,降低由于非计划停机带来的成本,优化每项资产的性能,并生成有效数据以改进其下一代产品"[1]。世界著名咨询公司 Gartner 曾于 2017 年和 2018 年连续两年将数字孪生技术列为十大战略性科技趋势之一。美国通用电气公司基于 Predix 平台"构建资产、系统、集群级的数字孪生,生产商和运营商可以分别利用数字孪生来表征资产的全寿命周期,以便更好地了解、预测和优化每个资产的性能"[2]。

2023 年 5 月,神舟十六号载人航天飞行任务让数字孪生走进了公众视野。在神舟十六号载人飞船与空间组合体的精确对接任务中,基于数字孪生的三维实时可视化技术发挥了关键性作用。在此

---

① YANGYH, QUXL, LUOYP. Threedimensional temperature field numerical simulation of twin-arc high-speed submerged arc welding process based on ANSYS[J]. Advanced Materials Research,2016(216):188—193.

② MAJAHT, RAJIB D, LJUBISA S. Design and testing of a modular sic based power block[C]. International Exhibition and Conference for Power Electronics, Intelligent Motion, Renewable Energy and Energy Management,2016:1—4.

次飞行任务中,一套完整的数字孪生系统是由航天器的物理实体、可视化模型和相关的计算机系统以及持续通畅的通信数据流共同构成的。2023 年以来,在行业应用方面,数字孪生致力于从顶层设计实现虚实互映,在数字化、信息化的基础上将物理实体与对应孪生体重叠,已经在多个城市场景落地,尤其在交通、园区、城市应急等领域已具备较为成熟的实践案例。在智慧交通场景下,数字孪生技术可应用至全息路口、高速公路以及地铁、车站与机场等交通枢纽,致力于解决当前交通管理痛点,推动智慧交通再升级。在数字孪生园区基础上,通过传感技术采集碳排放相关数据,结合人工智能算法模拟预测碳排放规划、碳计算、能效监控等工作,数字孪生可助力于智慧园区向零碳园区转型,对其进行全面赋能。在数字孪生技术的牵引下,通过虚实结合,虚拟车辆模型建构工作和测试场景搭建的过程被大大简化,可解决自动驾驶测试的诸多难点,推动自动驾驶场景加速落地。数字孪生起源于工业,随着其相关技术的日渐成熟,工业也将成为数字孪生应用较广的场景。其赋能工业企业实现提质、降本、增效和创收四大价值,解决离散型工业当前面临的研发设计阶段效率低,生产制造过程难以全面掌控以及设备运维检测过度依赖人工等痛点,将数字孪生技术应用于离散型工业领域,可贯穿产品全生命周期。此外,数字孪生技术可以帮助流程型工业完成优化物料配方、工艺参数与环保检测预警等工作,可优化工业生产过程。在医疗场景中,数字孪生可以提高医疗质量并提升医药研发效率。随着数字化技术的超越式演进和应用,数字孪生已成为工业、能源和医疗等各个领域的热点技术之一。

总体而言,数字孪生是一种虚拟空间中的数字模型,数字孪生模型对应的是物理空间实体,数字孪生模型的生成方式是利用传感器采集实时的以及历史的数据,然后通过数字化的方法抽象出来,数字孪生在时间轴上是覆盖对应实体的全生命周期的,数字孪生在功能上是映射、模拟和仿真。数字孪生也在科幻文学中不断地被表征,像科幻著作《三体》就很好地对其进行着解释,其中"三体游戏"是小说中的一个关键存在,该游戏便是利用数字空间重现了三体星球的实际环境,也复刻了真实三体星球的物理属性,这个虚拟游戏世界在某种程度上可以被看作是三体星球的数字孪生模型。数字孪生的身影还可以在科幻电影《钢铁侠》中被找到,影片中主人公托尼·斯塔克利用先进技术为自己量身打造的钢铁战甲及所搭载的智能系统"贾维斯"具备了一个数字孪生系统的五大核心要素。其中,钢铁战甲是物理实体,虚拟实体是"贾维斯"内置的战甲模型,可以被称为"数字孪生模型"或"数字孪生体"。

二、数字孪生与数字原生

数字孪生引领着我们从物理世界向数字世界的转换,相应地我们思考问题的方式也逐渐由以物理世界为中心转向以数字世界为重心,随着相关探索的加深,数字原生便应运而生。有学者指认数字化转型的终点是数字原生,数字化转型的主导力量是数字移民,而数字原生的主导力量只能是数字原生代,数字原生代现在已经长大了。实际上,所谓数字原生,目前还没有很精准的定义,大体上指天生具备"数字基因",将互联网、大数据、人工智能、云计算、物联网等数字技术与企业组织形态、业务模式、管理流程、技术架构等深度融合的一种思维理念和行动方式。而数字移民,是指那些出生并成年于机械印刷时代和电视广播时代的人,但到后来才迁徙到了数字世界。与数字移民相对,"数字原生代"(Digital Natives)指自出生就成长在数字浪潮下,先天就具有很强的数字思维和数字技能的一代人,他们的娱乐、社交、学习、工作和购物等活动,绝大多数发生在数字世界里或广泛依赖着数字技术进行开展。这代人广泛关注网络信息并被网络信息影响,将互联网世界融入日常,而不是将其视为难以触摸的新颖高端的科技。

同数字原生代一样,国内外一批创新性的企业和组织,如新能源汽车、跨境电商、消费品企业等,自诞生之初,也主动将数字理念充分融入企业文化、商业模式和决策机制的建设与塑造中。因此,即使是在传统的业务赛道,也形成了创新性的产品与业务模式,实现远超传统企业的生产效率和企业价值,不断重塑行业传统格局和发展范式。数字原生将先进数字技术能力和企业经营架构融合的思想方法集合,通过互联网、云原生、大数据等新一代数字技术,实现"分布式、高敏捷、可再生"的技术架构和组织架构,重塑企业文化、技术能力、商业模式和决策机制,是当代企业数字化转型发展的新范式。在本地生活领域,美团将现实世界中的店铺信息进行数字孪生,线下的实体商铺信息在线上通过消费者评价、店家促销活动等数据进一步完善,消费者可以基于店铺的数字形象,完成过去在现实中才能实现的选店决策。相类似,在电商领域,抖音电商通过数字原生商业模式将购物场景(直播带货)与娱乐(短视频观看)和社交(视频分享)场景结合,实现了与传统线下商场数字化转型不同的模式。

数字原生包含人、物、场和知识。数字原生的人即"虚拟数字人",是基于大数据和 AI 技术以及 3D 渲染技术生成的只存在于数字世界的"人"。有别于数字孪生物有现实世界中一一对应的实体,数字原生的物是现实中不存在的、只存在于虚拟的数字世界中的"物",无数的数字原生"物"在虚拟世界里可以构造成无数个与现实世界环境完全不同的数字原生的场,无数的场又可以构建出数字原生世界。数字原生的知识核心是面向答案求解而不限定求解过程,不受人类固有经验束缚,从海量数据中推演生产。就像 AlphaGo 从黑白落子的行为数据中,面向答案学习中间不确定性的过程,生产出超越人类已知的围棋常识之外新的知识,其知识图谱是从知识资源及其载体出发,挖掘、分析、构建、绘制和显示知识及它们之间的相互联系,通过这种关系推理出新的知识,从而让机器能够认知、理解世界。

数字孪生是从现实世界的实体中来,经过数字世界的处理、分析、包装、使用,最终又回到现实世界中反作用于物理实体。它是我们试图用已有的认知和知识,去解决虚拟数字世界里的问题,用我们的知识白盒构建一个模型,通过高性能计算去推理。数字原生则是从虚的数字世界中产生并在数字世界中被使用、被拥有、被展现,从而产生其价值,即数字原生是生产人类物理世界存在之外的数字虚拟世界中的新场景、新物体、"新人类"或虚拟数字人。其中,虚拟数字人的生成有两条技术路径:CG 建模、AI 驱动。在视觉表现层面,用 3D 建模、CG 技术做出从外形、表情到动作都 1∶1 还原的人,让虚拟数字人更像人,但通过 CG 等传统技术手段生成的虚拟数字人所耗费的成本高昂。另一条路径是 AI 驱动,细分为两种方式,一是,在最初以 3D 建模或 CG 技术将数字人尽可能逼真地绘画出来,后续虚拟数字人的语音表达、面部表情、动作都由 AI 深度学习模型的算法进行驱动;二是建模与驱动均基于 AI 算法。在虚拟数字人的创作中,AI 大幅降低了制作成本、简化了制作流程。同时,一些用于生成虚拟数字人的工具化平台已经出现,让创作者与普通用户都能快速生成自己的虚拟形象,如英伟达公司的 Omniverse Avatar,Epic 公司的 Meta Human Creator 等。而数字原生物,是不包含数字人的其他数字虚拟物体,只存在于数字空间中而且可以被人创建或者由数据自我构建出来。大量的数字原生物可以构建出数字原生场。数字原生的物和场用以支撑虚拟数字空间的环境再结合数字人,就可以构成完整的虚拟数字世界。其中由人来创造的数字原生的物和场需要用到 CAD、Unity、Unreal 等,场景建模和渲染工具。而由数据构建的数字原生的物和场需要用到深度学习、无监督学习、3D 场景渲染等核心技术。

数字原生知识实现的关键技术包含深度强化学习、生成式对抗神经网络、多模态学习、自动化机器学习、GPU 和 DPU 等硬件加速技术等 AI 领域的核心前沿技术。近年随着 AI 技术的迅猛发展，数字原生知识也得到长足进步，大有超越人类智慧之势。2016 年，谷歌旗下 DeepMind 开发的 Alpha Go 是第一个击败人类职业围棋选手，第一个战胜围棋世界冠军的 AI 机器人。随后 DeepMind 又推出了 AlphaGo Zero，从空白状态学起，在无任何人类输入的条件下，AlphaGo Zero 能够迅速自学围棋，并以 100∶0 的战绩击败"前辈"AlphaGo。2019 年 DeepMind 开发的全新 AI 程序 Alphastar，在《星际争霸 2》人机大战中，以 10∶1 的战绩全面击溃人类职业高手。AlphaStar 仅仅被训练了两周的时间，却已经积累了相当于 200 年的游戏经验。DeepMind 在一系列下棋和游戏类 AI 研发之后又推出了自动编程 Al-AlphaCode，并于 2021 年和 2022 年使用编程竞赛平台 Codeforces 上托管的 10 个现有竞赛来测试 AlphaCode，总体排名位于前 54.3%，也就是说它击败了 46% 左右的参赛者，这标志着数字原生知识向产业化迈出了一大步。

经过 20 多年的发展，"数字原生"的概念得到了极大的丰富。可以预见，在 21 世纪第三个十年，我国将迎来新一波的数字原生资源研究热潮。顺应数字原生快速兴起的趋势，中国信息通信研究院在数字原生标准制定、技术研究以及产业平台搭建等方面展开了一系列工作。中国信通院云大所聚焦数字原生在架构、流程、技术等方面的新方法、新应用，围绕《数字原生企业架构（DNA）》《数字原生成熟度标准》等开展了一系列工作。从作为元宇宙构建数字底座的数字孪生到数字原生，再到虚实相生，是元宇宙建构的三个重要层次。人类以对现实世界的认知和理解为基础，对一个基于现实并高于现实的虚拟宇宙的创造和构建，将把人类社会引向后人类社会。

三、数字孪生与元宇宙

随着元宇宙的超越式演进,数字孪生概念也随之展现出爆破式的发展趋势。有学者强调数字孪生是通过网络空间的模拟、仿真等还原真实世界并影响现实生活,是要对地球负责的。数字孪生本是一个在元宇宙之前就诞生了的有其独特含义的概念,与元宇宙的概念有本质上的区别,然而二者又有千丝万缕的联系。数字孪生与元宇宙的共同点是,它们都以数字技术为基础,再造高仿真的数字对象和事件,以进行可视化、沉浸式的感知交互和运行,其底层支撑技术可通用。二者不同的是,元宇宙可以显示物理世界为数字框架,也可以完全塑造全新的理念数字世界,即数字原生,终极形态是虚实相生的数字社会。其中每个元宇宙公民拥有数字身份和数字化身,可共同在线社交甚至建设文明,由此可知,元宇宙的根本焦点是在于"人"。而数字孪生则是以信息世界严格、精确映射物理世界和事件过程为框架和基础的,无论是工业制造,还是城市管理,都是基于实时客观数据的动态进程,与 AI 结合的挖掘分析和深度学习,并进一步模拟情境和决策,以改进现实或更好地适应现实,最终实现自动控制或自主决策控制。由此可见,数字孪生的根本焦点在于"物"。

数字孪生的应用更加倾向于对行业效率的改进和技术创新,而元宇宙的应用更倾向于构建公共娱乐社交的理想数字社会,但这并不妨碍两者的结合。基于各种 3D 模型扫描重建技术,如激光雷达扫描、无人机倾斜摄影、卫星遥感等产生的高精地图、点云模型等数据,再融合遥感时空、传感器、物联网、定位轨迹、业务专题、社交内容、文字文档等时空动态数据,通过游戏级引擎的渲染和可视化与沉浸式体验技术,可以构建元宇宙的高保真、高聚合的数字时空场景。同时,在数字孪生应用中得到锤炼的各种 IT 技术,发展成为"元宇宙"

的技术支撑。可以说,元宇宙赢得如此多的关注和重视,一部分原因是站在了数字孪生这个巨人的肩膀上。现阶段元宇宙概念与数字孪生概念之间的关系,即数字孪生的部分核心技术是组成元宇宙技术地基的重要部分。同时,在数字孪生中和工业生产以及城市运行规划等,与决策辅助息息相关的仿真与模拟、预测与调优等技术并不在元宇宙概念当下的讨论范围之内,然而随着产业元宇宙概念尤其是工业元宇宙相关的探讨逐步深入,相关的产品逐渐浮现,在不远的将来,数字孪生的应用场景将会被工业元宇宙所覆盖,数字孪生的核心技术会被工业元宇宙所继承并得以发扬光大,最终数字孪生会被工业元宇宙概念吞噬,成为元宇宙的一个子集。

从数字孪生到数字原生,再到虚实共生,最终构建的元宇宙,特别是对现实世界负责的元宇宙的理想信念,集中表达着人类对虚拟世界的渴望,在虚实之间不断进化的状况,以及虚拟世界是现实世界延伸的本质。当代的数字化景观集中呈现为真实与虚拟之间的界限模糊,真实经验与虚拟经验的交互影响,也即虚拟的现实化与现实的虚拟化,对人们的情感结构进行着重新配置,并以相互塑造的方式持续不断地产生着新的现实感。正如齐泽克对现实有诸多真实的追问,他指出幻想如同瘟疫一般本身亦建构着现实,这"在今天的视听媒介中发挥到了极致"[1],抽象化行为的日常生活化与伪具体形象的泛滥之间的张力,取代了我们时代富有特色的各种对抗,使得传统的标准批判程序发生了转变,也即"从抽象(宗教、法律)概念倒推到这些概念源自的具体社会现实"转变为"从伪具体的形象向构建着我们生活经验的抽象(数码、市场)程序推演"[2]。实际上,随着技术对现实构成性潜力的释放,真实现实与虚拟现实的双重塑造成为必然趋

---

① 斯拉沃热·齐泽克.《幻想的瘟疫》[M].胡雨谭,叶肖,译.南京:江苏人民出版社,2006:1—2.

② 斯拉沃热·齐泽克.《幻想的瘟疫》[M].胡雨谭,叶肖,译.南京:江苏人民出版社,2006:1.

势,对现实的新形态进行批判性追踪,呈现出与传统思辨式推演路径下真实现实与虚拟现实所表达的伦理关系结构并不相同的伦理观念,真实现实的优位性正在不断地受到挑战和刷新。在其中,本雅明对现实的技术构成性的社会和政治条件的批判性思考,使得终端感知切断了主体对可感对象的直接经验所表达的伦理倾向发生松动,我们需要对新的技术语境中直接经验的可靠性和真实性进行重审。

维利里奥曾对虚拟现实的含义进行了彻底的重新定义,将其指认为根植于影像的新"矛盾逻辑"中的现实。随着视频通信、全息摄影和计算机制图技术的发明,一个新的时代被开启,其标志是公共再现或表征逻辑的终结。18世纪以绘画、雕刻和建筑为代表的时代将图像的形式逻辑作为标示,19世纪是摄影、电影或照片的时代,其以再现的辩证逻辑标示自身,21世纪初,随着不同信息和视听设备的迅速增加和淘汰,实时影像日渐主导所表现的事物,矛盾逻辑的虚拟性和潜能也越来越突显,"真实时间如今已经压倒了真实空间"[1],实时与虚拟空间的反常或矛盾逻辑渐趋凌驾于人类时间和实际空间之上。新兴起的技术化视觉阻碍着我们看到、认识和理解我们周围的世界,随着各种计算机和视听设备的大量增加和加速更新换代,"统计型影像"成为失明性技术化视觉的缩影。它们不仅破坏了人类视觉,而且征服了其他一切影像,各种视觉技术阻碍着我们理性地认识真正的视觉立场或清晰地表达我们实际的视觉欲望,"它们制造的'理性的'视觉幻象破坏了人们对真实世界的理解,也损坏了人们解释真实世界的能力。"[2]如此,视觉机器是善还是恶的后现代观点是维利里奥对"视觉学"的新媒体技术进行重要阐释的核心,其中相应

---

[1] 保罗·维利里奥.《视觉机器》[M].张新木,魏舒,译.南京:南京大学出版社,2014:125.

[2] 约翰·阿米蒂奇.《维利里奥论媒介》[M].刘子旭,译.北京:中国传媒大学出版社,2019:162.

的晦涩或理论化的思考是题中之意,而关于视觉的本质问题并不是他要表达的重点。其着力抨击了自动感知等各种视觉技术,认为"这些技术威胁到了我们对后现代视觉领域的认知与解读,引发了'感知信仰危机'"①,与此同时,他也坚持谴责正是新兴起的技术化视觉造成了这种感知信仰危机,因为支撑着它们的技术化辅助设备联结着我们的观看行为与身体。这种从"虚拟影像对人类行为的影响","新的视觉工业化现象与合成感知的实际市场的增长"角度来"谈论视听技术的发展",从而对视觉机器的出现以及失明视觉的产生进行回应,在一定意义上,"开启了关于'其中所有伦理问题'的讨论"②。

实际上,数字孪生与数字原生等数字技术正在以多种方式改写和重塑人们的感知。元宇宙创造与建构中的数字技术将自然空间的现存外延内爆为一种虚拟绘制,引起了视觉、听觉、触觉等多感官的参与和沟通,产生一种身体集体的联觉,改变了日常生活中的直接经验。它们扰乱了现实与虚拟之间的界限,真实时间在虚拟空间中被模拟和呈现,通过技术的意识延伸,"虚拟经验同样伸向味觉、嗅觉、触觉领域"③,日常生活感知的协调在技术影响下不断发生变化。以视觉霸权为中心的个体主体性开始转变为以多感官重新分配为基础的集体主体性新模式,这标志着从对建立在视觉优位性和合法性基础上的个体经验的重视,走向对建基于感官平等上的集体经验的追寻,凸显集体经验的触觉维度。技术对新集体社会和政治主体的形成发挥着重要作用,在机械复制时代,呈现为现代主义新公众的产生,新的媒介公共空间中一种注重实体形态的新的大众公共性的崛

---

① 约翰·阿米蒂奇.《维利里奥论媒介》[M].刘子旭,译.北京:中国传媒大学出版社,2019:76.

② 约翰·阿米蒂奇.《维利里奥论媒介》[M].刘子旭,译.北京:中国传媒大学出版社,2019:78.

③ 沃尔夫冈·韦尔施.《重构美学》[M].陆杨,张岩冰,译.上海:上海译文出版社,2002:235.

起；数字化时代，则集中表现为具有现代性意味、代表着后现代主义文化以及当下以数字化为特征的各类技术连同它们的社会嵌入和相关实践一起内化并叠合在了当代语境中，经验和感知的旧形式并非完全消失，而是在变更它的意义，在数字化技术所重构的公共空间中，也即信息网络空间中，技术现实与日常现实相互渗透，虚拟经验与自然经验交互融合，这种虚拟与现实相结合的审美经验，改写和重塑了人们的感觉系统与情感结构，使得人们重返社群和民主，重建团结、自由感和社会共通感。元宇宙所引发的后人类社会中，主体的技术调解性模糊了客观现实本身中"生命的"与"人工的"伦理区别，使得以视觉为中心的单一感官伦理以及个体主体，开始转向以多感官重新分配以及感官平等为基础的集体主体性新模式。与此同时，数字化技术作为根本上"非人类"但却使人类成为其所是的形式，使得后人类社会中世界中的他者参与了主体的感性生成过程，导致人类主体的"自然"构成伦理发生崩溃，呈现出审美认同的新伦理状况。

四、当代中国与数字孪生

当前，全球数字孪生行业整体处于发展初期，数字孪生行业传统参与者主要有 GIS、测绘专业，建模、仿真企业，建筑信息模型（BIM）企业和集成商、运营商四大类。近年来，随着行业热度的不断提升，越来越多的互联网企业、大数据公司、人工智能科技企业、规划设计院等开始进入行业。根据 Meticulous Research 排名数据显示，全球数字孪生技术应用排名前十的企业依次是美国通用电气公司、IBM 公司、PTC 公司、微软公司、Ansys 公司、西门子工业软件公司、SAP SE 公司、SWIM.AI.Inc、罗伯特博世有限公司。从全球数字孪生行业发展趋势来看，根据 Mordor Intelligence 数据，亚太地区数字孪生市场发展最快，北美占据主要市场份额。美国的现代制造设施依靠数字孪生技术创新，以更低的成本生产更高质量的产品。加拿大制造业、建筑业和汽车行业大量采用数字孪生技术提高生产效率。这些行业的组织使用数字孪生技术来评估给定物理资产的性能，并确定可以改进的地方以达到更有利的结果。

目前，全球数字孪生行业兼并重组事件较少，代表性兼并重组事件多为收购方致力于使数字孪生技术为主营业务赋能，助力企业的产业业务进行加快驱动。2018年1月，埃森哲（Accenture）收购了德国VR内容开发商Mackevision Medien Design，后者利用工程数据构建实物产品的"数字孪生"，通过将CGL、视觉效果和VR技术应用其中，将工程数据转化为沉浸式VR体验来创建视觉内容，致力于为用户提供可视化和制作服务，帮助品牌创建数字产品构型以及虚拟展厅等服务。2022年7月，Cadence Design Systems. Inc收购了数字孪生厂商Future Facilities，前者是全球最大的电子设计自动化、半导体技术解决方案和设计服务供应商。Future Facilities的先进技术和专业知识将支持Cadence智能系统设计战略助力企业在数据中心设计、运营和生命周期管理方面做出明智的商业决策，减少碳足迹。2022年7月，Matterport收购了VHT Studios，Matterport收购的目的是扩展Matterport 3D捕捉服务，将数字孪生和平面图技术与专业摄影、无人机捕捉、营销服务结合，从而加速房地产、旅游和酒店、零售业等领域的数字孪生业务。2023年3月，Snapchat收购了Th3rd，Th3rd是一家3D扫描工作室，为高端产品打造数字孪生，帮助品牌方和零售商将其产品目录快速、大规模地数字化。Snapchat收购3D扫描工作室Th3rd，以加速AR驱动新业务的开发。

从政策层面来看，数字孪生成为各国推进经济社会数字化进程的重要手段。2015—2021年间，主要发达经济体从国家层面制定相关政策、成立组织联盟、合作开展研究，加速数字孪生发展。例如，美国将数字孪生作为工业互联网落地的核心载体，侧重军工和大型装备领域应用,并出台《工业应用中的数字孪生:定义、行业价值、设计、标准及应用案例》,从工业互联网的视角阐述了数字孪生的定义、商业价值、体系架构以及实现数字孪生的必要基础,通过不同行业实际应用案例描述工业互联网与数字孪生的关系。德国在工业 4.0 架构下推广资产管理壳(AAS),侧重制造业和城市管理数字化,认为数字孪生体不是单个对象或单一的数据模型,而是包括数字化展示、功能性、模型、接口等诸多不同的方面;英国出台《赢过国家数字孪生体原则》,成立数字建造英国中心,致力于构建数字孪生城市,打造国家级孪生体,实现孪生体之间高效、安全的数据共享,释放数据资源整合价值,优化社会、经济、环境发展方式。在 2020 年,美国工业互联网联盟(IIC)和德国工业 4.0 平台联合中国政府陆续出台相关文件,推动数字孪生技术发展。2022 年以后,全球大多数国家均开始将数字孪生系统运用至铁路轨道、气候等领域,加大了对数字孪生技术的支持力度,数字孪生技术成为国家科技实力竞争的重要维度。例如,欧盟发布《数字欧洲计划之 2023—2024 年工作计划》,提出建立绿色协议数据空间和数字产品护照,应对气候和环境保护挑战;法国率领 22 个欧洲国家相关机构共同实施极端天气事件数字孪生系统项目;德国开展"德国数字铁路"项目,研发国家铁路网数字孪生系统。日本拓展"PLATEAU"项目,在全日本范围内开发和创建 3D 城市模型各类开放数据。

在我国,数字孪生技术发展历史较短,数字孪生行业整体处于起步阶段。根据《国民经济行业分类》,数字孪生及其关联行业主要归属于信息传输、软件和信息技术服务业中的"互联网和相关服务""软件和信息技术服务业"。近年来,我国相关部门密集出台支持数字孪生技术的发展政策和应用数字孪生技术的产业规划,数字孪生开始大规模推广和应用。2018 年,数字孪生技术开始在我国机械制造、航空航天、智能建筑等领域得到应用。同年 11 月,数字孪生技术在第十九届中国（上海）国际工业博览会上首次亮相。

自 2019 年以来，中国政府陆续出台相关文件，推动数字孪生技术发展。2019 年 10 月，发改委印发的《产业结构调整指导目录》，将物联网、数字孪生、CIM 等设立为鼓励产业。2021 年开春之际，国家中远期发展纲领性文件《中华人民共和国国民经济和社会发展第十四个五年规划和 2035 年远景目标纲要》发布，文中专篇部署"加快数字化发展，建设数字中国"①，指出鼓励探索建设数字孪生城市，加快推进数字乡村建设，将数字孪生技术确立为建设数字中国的重要发展方向。随后不久，《"十四五"数字经济发展规划》强调要"突破智能制造、数字孪生、城市大脑、边缘计算、脑机融合等集成技术"②；《"十四五"国家信息化规划》倡导"扩大优质数字资源供给，鼓励公共数字资源更大范围向社会开放"，"提供方便快捷、资源共享的全国公共文化数字资源服务"③，共同擘画"十四五"时期数字中国建设的美好蓝图。2022 年 4 月，我国发布《关于推进"上云用数赋智"行动培育新经济发展实施方案》，提出开展数字孪生创新计划，聚焦数字孪生体专业化分工中的难点和痛点。2022 年 6 月，国务院印发《关于加强数字政府建设的指导意见》，指出探索城市信息模型、数字孪生等新技术运用，提升城市治理科学化、精细化、智能化水平。2022 年 8 月，工信部出台《工业领域碳达峰实施方案》，强调利用人工智能、数字孪生等工艺流程和设备进行绿色低碳升级改造，将数字孪生技术应用于工业互联网建设中的安全生产管理。2023 年 2 月，中共中央出台《数字

① 国务院.中华人民共和国国民经济和社会发展第十四个五年规划和 2035 年远景目标纲要［EB/OL］.［2021-3-13］. http://www. gov. cn/xinwen/2021-03/13/content_5592681.htm.

② 国务院.国务院关于印发"十四五"数字经济发展规划的通知［EB/OL］.［2021-12-12］. http://www.gov.cn/zhengce/content/2022-01/12/content_5667817.htm.

③ 中国网信网."十四五"国家信息化规划［EB/OL］.［2021-12-27］. http://www.cac.gov.cn/2021-12/27/c_1642205314518676.htm.

中国建设整体布局规划》，强调在智慧水利方面构建以数字孪生流域为核心的智慧水利体系，运用数字技术推动山水林田湖草沙一体化保护和系统治理，完善自然资源三维立体"一张图"和国土空间基础信息平台。2023 年 4 月，工信部印发《关于加强 5G＋智慧旅游协同创新发展的通知》，鼓励各级文化和旅游管理部门及景区管理单位充分利用数字孪生等技术提升监测、风险防范、调控疏导和应急处置能力。2023 年 5 月，中共中央、国务院印发《国家水网建设规划纲要》，要求建设数字孪生水网，完善水网监测体系，提升水网调度管理智能化水平。《数字中国发展报告（2022 年）》指出数字孪生助推新阶段水利高质量发展，以数字孪生流域、数字孪生水网、数字孪生水利工程为主的数字孪生水利框架体系基本形成。

从我国省市数字孪生行业政策规划来看，各省市对于数字孪生的规划主要都是集中于数字经济发展或智能制造中的应用。北京市《关于推动北京互联网 3.0 产业创新发展的工作方案（2023—2025年）》强调要推动虚拟现实、人工智能、区块链、数字孪生等技术在城市服务管理场景中的应用；上海市《支持临港新片区加大先行先试探索深化产教融合城市建设若干措施》支持临港新片区与"双一流"高校合作设立产教融合新型机构，在金融科技、数字孪生、智慧交通等领域开展产教融合项目合作；江苏省《江苏省"十四五"数字经济发展规划》指出，探索数字孪生城市建设；浙江省《建设杭州国家人工智能创新应用先导区行动计划（2022—2024 年）》指出，探索数字孪生机制，推进"城市大脑"建设，等等。截至 2024 年 1 月，我国数字孪生相关国家标准两项，团体标准 59 项，标准化工作推进进程明显加快。2022—2023 年间，我国数字孪生技术标准涉及的范围逐渐扩张，从炼铁、电力供应等传统行业扩张到软件开发、信息系统集成和互联网技术服务、信息处理和储存支持服务等新兴产业，并且团体标准有行业多样化、地域多样化的趋势。

在我国《中华人民共和国国民经济和社会发展第十四个五年规划和 2035 年远景目标纲要》和《"十四五"数字经济发展规划》中,对于数字孪生,均只提到过一次,都是聚焦于推动数字城乡融合发展,打造智慧城市和数字乡村,推进和探索建设数字孪生城市。数字孪生城市是一个通过对物理城市的人、物、事等数字化后塑造出的与之对应的虚拟城市。数字孪生城市的应用落地可以使得城市日常管理问题得到有效的预见和管理,并及时处理。根据"十四五"规划来看,现阶段,国家对于数字孪生的应用落地重点主要还是集中在城市管理,因此这也将是未来几年数字孪生主要发展的重点方向。国内数字孪生行业中,企业大多围绕智慧城市、工业制造等方面部署相关产品。数字孪生作为一项关键技术和提高效能的重要工具,可以有效发挥其在模型设计、数据采集、分析预测、模拟仿真等方面的作用,助力推进数字产业化与产业数字化,促进数字经济与实体经济融合发展,加速实现数字经济的国家战略。

艺　术

AI 音乐

钟鹏辉　李欣悦

AI 音乐(Artificial Intelligence Music),即利用人工智能技术来分析、优化、生成、演奏甚至是创作音乐的领域。它旨在通过结合计算机科学和音乐艺术,拓展音乐创作与欣赏的无限可能。AI 音乐主要包括音乐生成①、音乐演奏②、音乐分析③、音乐改进④、音乐推荐⑤、音乐教育⑥、音乐创意工具⑦等几大应用领域。部分学者将 AI 音乐的起源追溯到 1787 年,莫扎特通过丢骰子随机生成音乐小节方式创作的《骰子音乐》。1951 年,程序员克里斯托弗·斯特凯(Christopher Strachey)在艾伦·图灵(Alan Mathison Thring)的大型计算机上,开展了具有历史意义的音乐合成实验,这一里程碑式的事件标志着计算机首次涉足音乐创作领域。尽管这段 53 年前由图灵合成

---

①　音乐生成:AI 音乐生成涵盖了使用人工智能算法来创作音乐的过程。这包括生成音符、旋律、和声和乐器编曲等。

②　音乐演奏:AI 技术可以控制虚拟乐器或合成器来演奏音乐。这些系统可以模仿不同的乐器,包括钢琴、吉他、小提琴等,并能够根据输入的音乐作品自动演奏。

③　音乐分析:AI 音乐分析用于音乐内容的分析和理解,例如音符、和声、节奏、情感等。这有助于音乐学家、音乐家和音乐产业专业人士更好地理解和研究音乐。

④　音乐改进:AI 可以用于改进现有音乐作品,包括音频修复、声音增强、降噪等技术,以提高音乐的质量和清晰度。

⑤　音乐推荐:AI 音乐推荐系统利用机器学习算法来分析用户的音乐偏好,并向用户推荐他们可能喜欢的音乐作品。这在流媒体音乐服务中得到广泛应用。

⑥　音乐教育:AI 音乐教育工具可以帮助学生学习音乐理论、技巧和演奏。它们可以提供个性化的教育经验,并监测学习进度。

⑦　音乐创意工具:AI 音乐创意工具可以用于帮助音乐家和作曲家获得创意灵感,提供和声建议、编曲建议等。音乐理解:AI 可以用于解析和识别音乐中的情感、情感变化和情感体验,有助于更深入地理解音乐的情感表达。

的单音音乐并不完善，但它却揭开了人工智能音乐创作新纪元的序幕。当下，人工智能技术在机器学习、深度学习、自然语言处理等领域取得了令人瞩目的技术革新，其在音乐领域的应用也得到了进一步深化。数字时代，人工智能以其卓越的智慧，在音乐之海中掀起了层层波澜：它作词如行云流水，字里行间透露出深刻隽永之情；它编曲如织锦绣，在音符跳跃间，编织出一幅幅绚丽的音乐画卷；其伴奏如和风细雨，轻轻拂过心田；其演唱宛转悠扬，如泣如诉，使人沉醉于虚拟歌手和谐悠扬的舞台呈现中。AI 在作词、编曲、伴奏、演唱等方面展现出的惊人"才华"，对当代音乐发展产生了重要影响。

一、AI 音乐的创作语境：数据收集与模型训练

AI 音乐的使用可以追溯到 20 世纪 50 年代，程序员斯特凯通过图灵机制作并录制了一段以随机模型生成，辅以 rule-based 的方法挑选的 AI 音乐。这段录音由随机模型生成，基于规则的筛选机制，遴选出满足特定要求的成果，它由三段不同旋律组成——分别是"上帝拯救了国王""咩咩小黑羊"，以及彼时炙手可热的摇摆乐之王——格伦·米勒乐队（Glenn Miller）的代表作《兴致勃勃》（In The Mood）。新西兰坎波雷大学的计算历史在线图灵档案主管杰克·科普兰（Jack Copeland）与作曲家詹森·朗（Jason Long）找到了保存该录音的 12 英寸的单面醋酸纤维唱片，由此，这段于 1951 年，在英格兰曼彻斯特的图灵计算机实验室中由巨人计算机制作并播放的音乐作品，得以重见天日。可惜的是，由于 BBC 便携式盘形铣刀转盘的转速过快，这段录音的频率并不能被清晰复现，历经调频和噪音过滤的技术操作后，才有所改善。二人惊喜地评价，这首由巨人计算机所创作的音乐，更具先锋性，听起来全然不似 20 世纪 50 年代的音乐作品。

1957 年,希勒(L. Hiller)与艾萨克森(L. Isaacaon)联手,运用自动计算机成功地创作了一部名为《依利亚克组曲》的弦乐四重奏。在这个过程中,哈伦首先制定了一套创作规则,然后计算机依据这些规则自动生成了诸多音乐片段与乐句。哈伦经过精挑细选,从中挑选出合适的素材,最终将这些素材巧妙地组合成一部符合传统音乐记谱规范的弦乐四重奏。与图灵最初合成的单音音乐相比,这部自动生成的多声部音乐不仅在复杂度上有了显著提升,其音响效果也达到了相当高的水准。

科学家与音乐家们的不懈探索与辛勤耕耘,成就了 1987 年的计算机音乐年会上的瞩目时刻。在这一盛会上,美国作曲家大卫·科普(David Cope)惊艳亮相,展示了他所开创的"音乐智能实验"(Experiments in Music Intelligence,简称 EMI)的早期成果,引发广泛关注。EMI 系统以其独特的"算法作曲"原则为核心,在一个由大量特定风格的音乐作品所构成的"数据库"中,通过深度分析,提炼出音乐创作的共性特征,并以此为基础生成仿作。科普凭借这一创新系统,成功创作了六千余首音乐作品,其数量之庞大令人叹为观止。更为令人称奇的是,EMI 系统所模仿的巴赫、贝多芬、肖邦等音乐巨匠的风格之逼真,即便是专业音乐人也难以辨识其真伪。这一突破性的成果,不仅为 AI 作曲确立了以数据收集和模型训练为基础的音乐生成范式,更以其革命性的贡献,激发了不同领域学者对计算机自动作曲的浓厚研究兴趣。计算机音乐创作自此迈入了一个全新的纪元,AI 音乐创作也正逐步展现出其无尽的潜力与无限的可能性。

20 世纪 90 年代,随着人工智能(Artificial Intelligence)技术的进一步成熟,AI 音乐开始被投入实践。1999 年,英国爱丁堡大学的爱默生教授发明了世界首个人工智能音乐创作软件——"艾米"(E-MI),用以提高音乐作品的创作效率和质量。艾米能够自主完成旋律、和声、编曲等音乐组成部分,生成不同风格的音乐作品。在音乐教学领域,它能帮助学生掌握基本的音乐理论、作曲技巧和编曲技能,在音乐创作、教育和表演等领域得到了相对广泛的应用。彼时,人们也开始有意识地运用人工智能技术,完成对音乐作品风格的再塑,以及通过计算机算法对音乐数据加以统计、分类。

进入21世纪,人工智能技术在机器学习、深度学习、自然语言处理等领域取得了令人瞩目的技术突破,其在音乐领域的应用也日趋精细化。2018年,皮埃尔·巴罗(Pierre Barreau)在TED演讲中,以《人工智能如何为你的生活创作个性化的音乐》为主题,向大家展示了人工智能作曲系统AIVA(Artificial Intelligence Virtual Artist)的魅力。通过将乐谱制作成特殊数据库,AIVA阅读了三万余首著名作曲家的经典作品的"代码"来学习音乐创作。截至目前,AIVA的音乐创作被广泛应用于电影、视频游戏、广告等领域,在Spotify、Apple Music、Tidal等流媒体网站上得到了广泛应用。2023年《中国经营报》更是给予高度评价:"AI之于音乐创作的'魔法'已不是'天方夜谭',它正以惊人的速度覆盖音乐市场。"[①]如其所说,AI音乐在当代流行文化中的广泛使用,使其迅速在全球音乐市场占据了一席之地。

二、AI音乐的基础应用:分类识别与智能推荐

想象一下,你是一位音乐爱好者,收藏了成千上万的音乐作品,但每次想要找到特定风格或情感的音乐时,是不是就同大海捞针一般,倍感头疼?此时,一款运用先进AI技术的音乐软件应运而生,成为你的音乐宝库中的得力助手。这款软件具有强大的分类识别能力。你只需输入一些关键词或者描述,它就能迅速地从你的音乐库中,筛选出符合需求的作品。比如,你想听一些爵士风格的音乐,它

---

① 李玉洋.《AI音乐出圈行业各方有喜有忧》[N].中国经营报,2023-10-23(C03).

不仅能准确找到所有爵士乐作品,还能进一步根据爵士乐的不同流派和风格进行细分,让你轻松找到最为称心的音乐。

不仅如此,这款软件还能深度识别音乐中的情感。有时候,你可能不知道自己想听什么样的音乐,只是感觉有些忧郁或者兴奋。这时,你只需要告诉软件你当前的情感状态,它就能为你推荐一些能够抚慰心灵,抑或是激发活力的音乐。更神奇的是,这款软件还是一个智能推荐高手,能通过分析你的听歌历史,利用算法模型、深度学习和神经网络等先进技术,为你量身定制一份个性化的音乐推荐列表。每次打开软件,你都能发现新的惊喜,找到那些你可能从未听过,但却又非常适合自己的音乐。

这就是 AI 音乐带给我们的神奇体验。它不仅能够解决分类识别的问题,还能通过智能推荐,让我们在音乐的海洋中畅游无阻。接下来,我们将针对分类识别与智能推荐这两大基础板块,进一步探讨 AI 音乐背后的技术原理和应用实践。

(一)分类识别领域

分类识别,即将输入的数据自动分类到预定义的类别中。在音乐领域,分类识别技术被广泛应用于音乐风格分类、音乐情感识别、音乐自动标注等方面。

音乐风格分类,是 AI 音乐分类识别领域的一个重要研究方向,通过训练机器学习模型,AI 可以自动识别出音乐作品的风格、流派或时期等信息。例如,基于深度学习的卷积神经网络(Convolutional Neural Networks, CNN)和循环神经网络(Recurrent Neural Network, RNN)等模型,AI 可以学习海量音乐,识别各类音乐的特征,将音乐分类为古典、流行、摇滚、爵士等不同风格。除了识别音乐外在的风格,分类识别技术会通过分析音乐作品的音频特征,探索音乐内在的情感,例如,通过对音乐旋律、节奏、音色等特征的提取,机器学习模型可以判断一首音乐是欢快的、悲伤的,还是激昂的。此外,分类识别技术还能为音乐自动标注,为音乐作品添加元数据标签,如艺术家、歌曲名、专辑名等。这项技术方便了用户查找和筛选音乐,极大地提高音乐库的管理效率。

此外,乐谱识别与音频识别也是 AI 技术在音乐领域的重要运用。乐谱识别是指将音乐作品的音频信号转换为乐谱的过程,通过深度学习和图像处理技术,AI 可以自动从音频信号中提取出旋律、节奏、和弦等信息,并生成相应的乐谱。这不仅大大提高了乐谱识别的效率和准确性,还为音乐创作和教学提供了新的可能性。音频识别是指利用 AI 技术分析和理解音频信号中的内容和信息。在音乐领域,音频识别技术被广泛应用于音频分类、音频标注、音频合成等方面,为音乐创作、音乐版权保护等提供有力支持。

尽管 AI 音乐在音乐检索、乐谱识别与音频识别方面取得了显著的进展,但音频信号的复杂性、音乐作品的多样性以及算法模型的泛化能力,也给 AI 音乐分类识别技术带来了不小的挑战。但随着技术的进步与研究的深入,相信未来 AI 音乐在这些领域的应用将会更加精确、广泛与深入。

(二)音乐预测领域

AI 音乐在音乐预测领域的实践主要体现在算法模型应用、深度学习与神经网络、AI 音乐智能推荐几个方面,其中以 AI 音乐智能推荐的应用最为广泛。

AI 音乐预测在算法模型中的应用,在实践中,AI 音乐预测通常依赖于特定的算法模型,例如,马尔可夫链、遗传算法等模型。近年来,深度学习和人工神经网络在音乐预测领域的应用取得了显著进展。特别是循环神经网络和长短期记忆网络(LSTM)等模型,它们能够处理音乐中的序列数据,并通过学习长期的依赖关系来提高音乐预测的准确性。

AI 音乐在音乐智能推荐的应用,是我们最常接触到的 AI 音乐技术之一,譬如音乐软件中用户个性化推荐板块,网易云音乐的"每日推荐""心动模式",QQ 音乐的"今日私享"等,都与这项技术关联密切。那么,AI 音乐是如何完成对听众的个性化推荐的呢?概括地说,AI 系统可以通过分析用户的音乐收听历史、喜好和行为模式,了解用户的音乐偏好和兴趣,形成用户画像,接着通过机器学习算法,对音乐资源进行标注和分类,建立音乐的信息库,然后,基于用户兴趣和音乐内容的分析,采用协同过滤、内容过滤、深度学习等推荐算法和模型,为用户提供个性化的音乐推荐。

总的来说,AI 音乐预测在当下的应用范围很广。音乐创作中,AI 可以通过预测音乐的走向来辅助作曲家进行创作,提供创作灵感。音乐表演中,AI 可以通过预测演奏者的意图来实时调整音乐的节奏和音色,提升表演效果。2020 年,索尼公司推出了基于 AI 的音乐制作服务 Flow Machines,该服务结合了人类创造性和 AI 推荐系统的优势,为软件提供用户专属的旋律、和弦、低音建议,使创作者能够根据个人偏好定制音乐内容。国内腾讯、字节跳动公司也通过广泛招募音频开发、测评工程师,以及 AI 音频算法专家,通过收集和分析用户的音乐消费习惯,形成基于音乐数据的听众画像,并借助大数据对未来音乐流行趋势的预测,为音乐创作人和用户提供更加精准的服务。此外,基于 AI 音乐预测技术,音乐家们能够有的放矢地雕琢作品,精准把握听众的喜好与趋势,从而在创作过程中更加高效、精准地展现出自己的音乐才华与创意。AI 音乐预测不仅为音乐家们提供了强大的数据支持,更激发了他们在音乐创作中的无限可能,推动了音乐艺术的不断创新与发展。

三、AI 音乐的演绎生成:AI 作曲与虚拟歌手

尽管音乐本质上依赖于情感的流淌与感性的表达,但音乐同时

也具备较强的逻辑性与可计算性，其创作技巧背后更是蕴含着丰富、严密的数理逻辑。常见的作曲技巧，如旋律模式的进展、调式的转换、音程的缩放和扩展、和声的垂直与水平排列、不同乐器音色的比例和融合、曲式中的递进和回旋等，都可以被视作单独的或组合的算法模型。在这样的计算框架下，人工智能技术得以轻松融入音乐创作。

AI歌曲合成技术（也称自动作曲技术），是人工智能、机器学习、音频处理与音乐学等多学科知识的融合结晶。作为AI音乐领域的核心技术，它基于深度学习和自然语言处理技术，能够巧妙地将输入的文本转化为生动的音频，从而生成高品质的歌唱音频。这一技术的出现，无疑为音乐创作领域注入了新的活力与血液。

（一）AI作曲模型

AI作曲的本质，是计算机依靠数字化信息之间的算法模型，进行音乐的演算与创作。随着大数据和计算机学习算法的进步，AI能基于人类歌唱声音特点，建立出相对应的模型，在此基础上，生成更具感染性和艺术性的合成音乐。与传统基于单元拼接或统计参数的合成模型相比，当下基于深度学习的合成模型具有更强的合成能力，能够突破合成模型生成歌声机械感强的局限，生成与人声更为接近的歌声。当下比较常见的AI作曲模型有：

其一，马尔可夫链（Markov Chain），是一种较为简单的算法模型，其原本是一种数学工具和概率模型，常被用于音乐作曲以模拟和生成音乐。它基于马尔可夫过程，其主要思想是当前状态只与前一个状态相关，与更早的状态无关，这种性质被称为"无记忆性"。在音乐作曲中，马尔可夫链可以用于音符、和声、曲式等方面的生成。那么，如何理解马尔可夫链模型在AI作曲中运用？以音符生成为例，技术团队可以通过分析现有音乐作品中的音符序列，创建一个马尔可夫链模型，以确定音符之间的概率转移关系。这样，根据前一个音符的选择,可以生成下一个音符的候选项,从而创作出具有一定音乐逻辑的新音乐。此外,通过调整马尔可夫链的参数,作曲者还可以实现对已有音乐的变奏和重新编排,在不改变基本音乐素材的情况下,以创造性的方式重新演绎音乐。总之,马尔可夫链是 AI 作曲中的一种强大工具,使用者通过合理的建模和参数选择,可以生成新的音乐作品、探索音乐变奏、分析和模拟音乐结构,创造出具有音乐性和创意的音乐作品。但需要指出的是,马尔可夫链模型也有一定局限性,其通常依赖于大量的音乐数据作为输入,才能更准确地模拟音乐的复杂性和多样性。

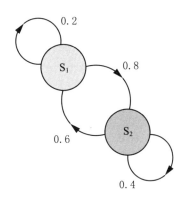

图1 马尔可夫链(Markov Chain)模型示意图

其二,遗传算法(Genetic Algorithm),这种模型模拟了生物进化过程,通过选择、交叉和变异等操作来生成新的音乐作品。以下是运用遗传算法进行音乐作曲的基本步骤:首先,需要定义如何表示音乐,通常,音符、节奏、和声等元素会被抽象成基因编码的形式。接着,需要创建初始种群,随机生成一组音乐个体,这些个体代表了初始的音乐片段,也成为进化过程的起点。然后,要进行适应度评估,定义一个适应度函数,比如说音乐的美感、和谐度、节奏,来评估每个音乐个体的质量,更符合目标的音乐个体将获得更高的适应度分数。接着从当前种群中选择适应度高的一部分个体,进行后续的交叉

(Crossover)与变异(Mutation)。在交叉操作中,从两个个体中选取一些基因片段,并互相交换它们,以创建新的音乐个体,这可以模拟音乐中的主题演变和发展。变异操作可以模拟音乐中的变奏和突发性元素。由此,通过选择、交叉和变异等操作,生成新的音乐个体,构成下一代音乐作品,经由重复迭代,每一代都会借鉴上一代的音乐特征,并逐渐优化,直到达到所需的音乐作品或获得满意的结果。遗传算法能够生成具有一定音乐性的音乐作品,探索新的音乐创作可能性,然而,需要注意的是,遗传算法仍然需要人类作曲家的指导和审查,以确保生成的音乐符合审美标准和创作目标。

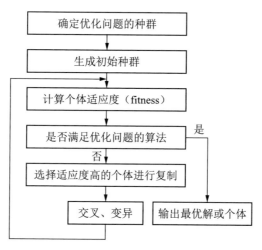

图 2 遗传算法(Genetic Algorithm)模型示意图

其三,人工神经网络(Artificial Neural Networks,ANNs)。这种数字模型试图模仿人脑接纳知识和技能的神经网络,让人工智能进行模仿学习,是自 20 世纪 80 年代以来人工智能领域兴起的研究热点。要如何运用人工神经网络来创作歌曲呢?首先,需要构建一个音乐数据集,其中包含各种音乐作品的信息,如歌曲的乐谱、歌词或音频文件等信息。同时,要把收集到的音乐数据转化为神经网络可以处理的格式,如音符、节奏等元素通常会被编码成数字或向量表示,以供神经网络使用。接着,创建一个适当的神经网络架构,通常是循环神经网络或变种(如长、短时记忆网络),以捕捉音乐中的时序信息。然后便是使用前期准备的数据集训练神经网络模型,促使其学习音乐的模式和结构。在训练过程中,模型将尝试优化权重和参数,以最大程度地准确地生成类似于训练数据的音乐。最后,一旦模型训练完成,便可以使用它来生成新的音乐作品。我们还需留意,音乐生成是一个复杂的任务,不仅涉及音符和和声的生成,还包括情感、创造性和艺术性等因素。因此,使用人工神经网络进行音乐创作,通常需要结合其他技术和音乐理论知识,以获得更好的结果。当今,许多研究和商业项目致力于音乐生成领域,提供了各种工具和框架来帮助创作和探索音乐。

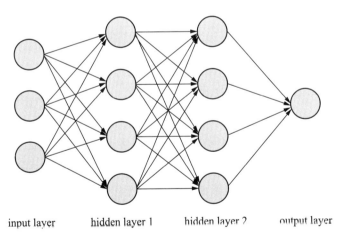

input layer　　　hidden layer 1　　　hidden layer 2　　　output layer

图 3　人工神经网络(Artificial Neural Networks,ANNs)模型示意图

近年来,混合算法的人工智能技术也崭露头角,这种技术通常结合了机器学习、深度学习、自然语言处理等多种算法,在音乐领域的应用中也展现了其强大创作能力。以下是一些标志性事件,标志着近年来 AI 技术在音乐创作中的应用和进步:2016 年 2 月,音乐剧

《越过墙垣》(Beyond the Fence)在伦敦的上演,标志性地代表了用算法创作音乐剧的可能。它通过分析成功的音乐剧作品,利用机器学习算法生成剧本、旋律和歌词,展示了 AI 在理解和创作复杂艺术形式方面的潜力。2016 年 6 月,谷歌的 Magenta 项目通过神经网络创作出一首时长 90 秒的钢琴曲,展示了神经网络在音乐创作中的应用。Magenta 项目旨在探索使用机器学习创造艺术和音乐的可能性,促进人工智能在创造性任务中的发展。2016 年 9 月,索尼计算机科学实验室使用人工智能程序创作《爸爸的汽车》(Daddy's Car),该项目使用了流式组合与最优化技术(Flow Machines),通过分析大量的音乐数据,学习了披头士乐队的风格的音乐创作方法。2019 年 10 月 11 日,由深圳交响乐团全球首次公演 AI 交响变奏曲《我和我的祖国》,这是由中国平安人工智能研究院构建的首个交响乐创作模型,具有里程碑意义。

图 4　深圳交响乐团公演 AI 交响变奏曲《我和我的祖国》

当下,AI 歌曲合成技术的发展仍面临着数据成本高昂、转换任务复杂、非自回归语言模型等方面的挑战。其中,有两大难点难以攻克。一是对音域范围的突破。AI 歌曲合成基础基于对音源数据资料,即歌手声音特征的深度学习展开,但每个歌手的音域范围各异,对于超过音源歌手音域范围的歌曲,AI 缺乏借鉴蓝本,导致歌声不够自然流畅,从而影响歌曲的合成效果。二是由于歌声中音高、音强、音长等元素的变化繁复而综合,对声音数据提出了较高的要求。AI 歌曲合成的质量很大程度上由声音数据库质量决定,如何用更少的数据,生成更自然、稳定的声音效果,是当前亟待攻破的难点。由于歌曲合成所需数据成本过高,部分研究开始关注如何将噪声数据作为训练数据,为 AI 歌曲合成推波助澜。当下许多优秀的先锋音乐人已经在音乐创作中,通过计算机技术综合处理乐器音色,将传统乐器与电子配器相结合,以丰富歌曲展现形式,提升创作效率。如《流浪地球 2》中《550W/MOSS》《前行》《太空电梯》等出圈优秀配乐的制作人阿鲲便"对学院派的那些电子音乐作曲技术、算法特别感兴趣"。他在接受采访时表示:"我在音乐学院也学习、了解了很多乐器,但可能现在使用最多的'乐器'反而是计算机,因为可以模拟各种乐器。所以说计算机其实是我工作的一个核心系统。"[1]相信在不久的将来,随着技术的不断推进,AI 合成的优秀音乐作品会在荧幕中与大家更多地会面。同时,AI 歌曲合成技术具有广阔的应用前景,有望在打破传统音乐风格局限、提高音乐创作质量以及效率、为虚拟偶像产业提供更高效和逼真的歌声合成工具、基于学生情况定制个性化音乐教学方案等领域大放异彩。

(二) AI 作曲典例

2016 年 2 月,法国科学家皮埃尔·巴罗(Pierre Barreau)在卢森

---

① "《舌尖上的中国》配乐作曲家阿鲲:我最大的乐器是电脑",《新华社客户端》,2019. 12.16. https://baijiahao.baidu.com/s?id=1653044907619603554&wfr=spider&for=pc.

堡成立 AI 音乐制作初创公司 AIVA Technologies,致力于以 AI 技术为电影、游戏、商业广告配乐。皮埃尔·巴罗兼有计算机科学家与音乐作曲家双重身份,受启发于科幻爱情片《她》(Her),影片中 AI 创作了一首名为《The Moon Song》的音乐。此曲由导演斯派克·琼斯(Spike Jonze)创作,由 Karen O 演唱,展现了 AI 与人类间的真挚情感。受此启发,皮埃尔·巴罗决定要制作一个能够谱曲的 AI。AIVA Technologies 公司基于深度学习技术,推出了能够独立演奏古典音乐的 AIVA。通过对莫扎特、贝多芬、巴赫等音乐巨匠的15000 多首传世音乐作品的学习,AIVA 搭建了融入"自己"音乐理解的数学模型,并借此自主创作了以古典音乐为主的一系列音乐作品。2017 年 3 月,AIVA 获得 SACEM(法国作者、作曲者、音乐出版者协会)的资格认证,成为其间首位非人类会员。

图 5　AVIA

2017 年 6 月的卢森堡国庆日庆典开幕式上,AIVA 登场演出了原创曲目《Let'z Make It Happen》,技惊四座。2018 年 9 月,以中国神话故事《女娲补天》为灵感来源,AIVA 发布了《艾娲》专辑。包含单曲《创世之初》(The Creation of Planet Earth)、《黑龙》(Black Dragon)、《人类起源》(The Creation of Mankind)、《补天》(Patching up the Sky)、《人类社会》(Human Society)、《五彩神石》(Five Colored Stones)、《四极天柱》(The Four Pillars of Heaven)和《天地》(Heaven and Earth),并以交响乐结尾。AIVA 团队表示,关于专辑命名,"艾"有长者之意,用于致敬 AIVA 所学习的古典作曲家,"娲"取自"女娲",女娲造人,而艾娲(AIVA)创造了音乐。据 AIVA Technologies 公司介绍,他们已经进行了多次图灵测试,迄今为止,仍没有专业人士分辨出这些作品是由人工智能创作的。近年来,AIVA 团队致力于打造一个以 AIVA 为核心的音乐引擎,致力于为作曲家提供更多音乐创意,推动音乐创作领域的发展。

2018 年 1 月,索尼的人工智能作曲系统 Flow Machines 与人类作曲家共同创作了一张名为《Hello World》的音乐专辑,这张专辑包含 15 首完全由 AI 技术创作和编排的歌曲,标志着 AI 技术在音乐创作领域的重要进展。

2020 年,OpenAI 公司发布了新产品 Jukebox,这款产品与 20 世纪 40 到 60 年代风靡的自动点唱机同名。与专注于古典音乐演奏的 AIVA 相比,Jukebox 的优势在于能够生成不同风格、流派的音乐,包括以人声演唱的音乐。用户通过输入心仪的流派、歌手和歌词,Jukebox 可以用不同歌手的声音演唱同一歌曲,或用同一歌手的声音演唱其他歌手的歌曲,甚至能对某些歌手未演唱过的音乐作品进行相对还原的复刻。Jukebox 攻克的技术难题主要在于,如何将一首流行歌曲中同时存在的多种因素分离,如来自打击乐器的低频音、中高频的乐器声、歌手的歌声等。为将这些声音元素明确分离,并重新加以组合,研究人员尝试了许多方法,如借鉴 VO—VAE 技术,应用 VQ—VAE 模型,基于对音乐使用不同编码精度的 3 个层次的数字建模,以数字转换器从上到下生成代码,再凭借下层解码器生成新的音频。以这一算法为基准,辅以大量高精度歌曲的训练后,用户便可以通过输入相应流派、歌手以及曲目,获取 Jukebox 生成的全新音乐作品。

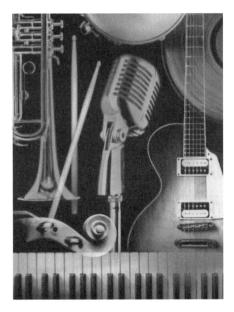

图 6 Jukebox

随着 AI 作曲技术不断发展，其运用的维度也变得更加丰富。
2023 年 1 月，谷歌研究团队首次公开推出了 MusicLM，是一款能将
文本描述转换成音乐的 AI 音乐生成器。这款模型能从简短文本生
成高保真音乐，采用分层的序列到序列方法，实现几分钟内风格一
致的音乐创作。MusicLM 的独特之处在于，它能接受旋律输入（如
哼唱、歌唱、口哨或乐器演奏）和文本描述，生成符合旋律和文本的
音乐。它还支持"故事模式"，根据时间变化的文本描述产生音乐，
实现在不同音乐场景间的平滑过渡，适用于讲述故事的音乐创作。
MusicLM 不仅可以创作适合特定场景的音乐（如电子游戏、冥想
等），还能根据视觉艺术作品描述生成配乐，展现了 AI 音乐与视觉艺
术的结合。例如，它根据萨尔瓦多·达利的名画《记忆的永恒》和雅
克·路易·大卫的《跨越阿尔卑斯山圣伯纳隘道的拿破仑》的描述创
建了配乐。此外，现代舞蹈团体"云门舞集"用电极记录舞者的波形
图，据此 AI 创作出相应的音乐或波形视频，再把这些 AI 创作的音乐

和视觉融入新作《波》中,进一步探索了 AI 在艺术创作中的应用。2023 年,音乐厅与上海视觉艺术学院——德稻"罗伊·阿斯科特科智艺术工作室"共同努力,联合策划了跨界音乐会《从峡谷到星空——超律体音乐会》,聚焦"音乐与科技",借助自动化乐器装置＋声音装置,尝试将身体视为一种肢体语言,用绘画的方式指挥出不同的音乐,让观众感受 AI 的音乐的"入侵"。

同时,我们也能发现,AI 技术助推着音乐创作的主体的转变,即音乐创作的主体正在从人转向计算机,甚至音乐演奏也能由机器完成,如 2018 年 5 月 31 日,意大利机器人钢琴演奏家在北京音乐厅当中演奏了经典名曲。这不仅在音乐制作过程中改变了人的角色,也使得通过精确算法创作的音乐作品质量越来越高,挑战了现有音乐作品。

AI 作曲依靠将音乐样本数据化和模式化,根据用户需求挑选素材进行自动化创作,这一过程为传统作曲方法带来了新的挑战和思考。与传统作曲相比,AI 的快速制作能力和对风格的精准掌握,以及能够满足用户定制需求的交互模式,显示了其令人称奇的潜力。随着技术的持续进步,越来越多的作曲家开始探索将 AI 技术整合进音乐创作过程。尽管人工智能能够迅速响应作曲家或演奏家的需求,短时间内创作并演奏出完整作品,但其仍受限于算法本质和程序限制。目前,AI 创作的音乐尽管结构复杂、逻辑严密,并且演奏方式正确,但整体上仍显得不够成熟,缺乏深度的艺术表达。网友们表示,尽管生成音乐的听感类似歌手原声,但多次压缩致使声音细节受损、含混不清,Jukebox 等产品生成的音乐作品显然还有一定进步空间。

尽管如此,AI 音乐对歌手风格的还原仍然相似到令人吃惊。AI 音乐生成技术似乎已经给部分歌手、作曲家及作词家造成了失业压力。尽管人工智能技术目前难以达成对专业歌手演绎,以及优秀音乐创作的完美复刻。但其极强的学习能力与较高的创作效率,已经在一定程度上超越了音乐市场相当数量的创作者。在不远的将来,我们可以展望 AI 通过算法为人类的音乐创作提供可行性建议,进而共同作曲的时代。但相关作品版权归属应花落谁家,则需在版权保护相关法律完善后再加以判断。值得关注的是,国内 AI 自动作曲技术的发展,仍处于方兴未艾的阶段,与国际顶尖水平仍然存在一定差距,但中国 AI 音乐的相关研究正在大步流星,高速发展。譬如,近年来,中国创立了部分 AI 音乐社区,举办了"CSMT 2020 全国声音与音乐技术会议"等学术交流项目,也创建了从事 AI 音乐相关研究的实验室,如复旦大学李伟的音频音乐技术实验室(FD-LAMT)、北京邮电大学李圣辰实验室、上海纽约大学夏光宇实验室等。AI 音乐技术,在日新月异、百舸争流的当下,既是挑战,也是机会。

(三)虚拟歌手

AI 歌手,即通过人工智能技术模拟人类歌声与演唱风格所创造的虚拟歌手。他们运用机器学习、深度学习等算法,汲取大量音乐数据,学习人声特征、音乐节奏、旋律与和声等元素,进而创作出充满特定风格和情感的歌曲。2007 年,Crypton Future Media 公司推出了全球首款基于雅马哈 Vocaloid 语音合成技术的虚拟动漫形象声音合成软件——初音未来,随后又打造了镜音铃和镜音连这对以水手服为特色的两姐弟形象。而 Capital Beatz 公司也凭借 Vocaloid 软件,推出了御姐形象的巡音流歌。这四位角色因其超高人气,被誉为 Vocaloid 的"四大人气角色"。

国内虚拟偶像的序幕由上海禾念信息科技有限公司开发的洛天依揭开。洛天依不仅亮相湖南卫视"小年夜春晚",并与杨钰莹合作,还登上 BML、B 站跨年晚会等舞台,并与许嵩、薛之谦等多位知名歌手,以及京剧演员王佩瑜、钢琴大师郎朗携手合作,留下众多佳作。此外,洛天依等虚拟歌手还频繁在抖音、淘宝等平台直播中与粉丝互动,逐渐融入主流文化,在中国传统文化与二次元文化的交汇点上绽放出独特的光彩。

尽管目前音乐领域虚拟偶像所依赖的语音合成技术、动作捕捉技术的发展已相对成熟,但其所依赖的人工智能技术仍处于发展阶段,在动作、表情、声音等方面与现实偶像仍然存在一定差距,会在一定程度上影响观众的接受效果。目前"出圈"的虚拟偶像仍是少数,它们从小众圈子走向台前,需要公司投入大量的资源及原创作品。但是,时代风向及网民喜好在不断改变,为虚拟偶像倾注的大量人力、运营资源成本,及其占据的巨大电子内存空间可能都是徒劳无功。此外,虚拟偶像在翻唱歌曲时可能面临侵权,它与其他歌手共同演绎的音乐作品往往也容易存在版权问题的纠纷。除却 AI 虚拟音乐艺人之外,得益于 AI 技术的快速发展和开源项目的推动,2023 年年初,AI 翻唱热潮席卷全球,这带起了 AI 虚拟歌手涌现的新热潮。

2023 年初,Youtube 上掀起了一股 AI 歌手翻唱的热潮。在这个平台上,出现了大量由 AI 技术生成的歌手翻唱视频,这些视频所

图 7　AI 迈克尔·杰克逊翻唱《SUPER SHY》

涵盖的歌手类型之广泛令人叹为观止。从已故的流行音乐巨星迈克尔·杰克逊到传奇的"猫王"普雷斯利,再到政治领域的代表人物美国前总统奥巴马,这些不同时代、不同风格的标志性人物都被 AI 歌手以全新的方式演绎和诠释。

这股风潮很快便蔓延至国内视频平台,吸引了大批网友的关注和讨论。国内团队也迅速跟进,推出了一系列经过精心训练的 AI 歌手版本。在这些 AI 歌手中,"AI 孙燕姿"和"AI 周杰伦"无疑是其中的佼佼者。它们不仅成功翻唱了孙燕姿的《雨天》《遇见》等经典歌曲,还完美呈现了周杰伦的《半岛铁盒》《爱在西元前》等代表作。这些翻唱作品不仅声音逼真,而且情感表达丰富,让人仿佛置身于原唱者的演唱会现场。此外,训练人员还可以通过对歌手不同时期的嗓音状态和演唱习惯的数据分析,模拟出不同年龄段的"AI 周杰伦"。这种技术不仅让 AI 歌手更加逼真,也让人们能够更深入地了解和感受歌手的成长和变化。

图 8　AI 周杰伦翻唱《蜗牛》

AI 歌手的演唱技巧之所以如此精湛,源于其背后的两项关键技术：歌声合成（Singing Voice Synthesis，SVS）和歌声转换（Singing Voice Conversion，SVC），其中，技术发展主要集中在歌声合成领域。从技术发展的角度来看，歌声合成主要分为两种方法：拼接合成和基于人工智能的合成，技术逐渐从前者向后者演进。即随着 AI 技术的发展，基于 AI 的歌声合成方法逐渐成为主流，这种方法通过深度学习算法学习和模拟人类的演唱方式，能够更自然、更连贯地生成歌声，提高了虚拟歌手演唱的自然度和表现力，为 AI 歌手的发展打开了新的可能性。

前面提到的初音未来和洛天依这样的知名虚拟歌手，就是采用了拼接合成技术这种方法。它们最初使用的 VOCALOID 引擎依赖于手动调节，其参数的可调性及调节精度直接决定了创作的质量。对于初学者而言，完全手动的调校过程不仅难以掌握，而且制作过程也极为耗时。由于拼接合成是通过录制、编排和拼接不同发音片段来实现歌声的，尽管这种方法具有音域广泛、编辑自由度高等优点，但其音频连贯性相对较弱，这主要受限于其本质上是由众多独立音频片段组成。

从拼接合成转变到基于人工智能的合成，标志着 AI 音乐技术的一大进步。不同于传统的拼接方法，AI 合成利用深度学习技术分析和学习人声的唱法、发音、声线及风格，从而能够预测并模拟具体的演唱方式。2009 年，名古屋工业大学开发的 Sinsy 采用了隐马尔可夫模型，随后 CeVIO 在此基础上实现了仅需输入音符和文字即可进行歌唱和语音合成的功能，代表了非拼接合成技术的早期尝试。到了 Synthesizer V 的发布，技术已经发展到引入人工神经网络，模拟人脑进行深度学习，结合了传统拼接和人工智能技术的优点。

AI 合成引擎的一个显著优势是能够自动产生自然、流畅且逼真的声音，减少了后期调整的需求，降低了制作成本，同时也降低了操作门槛。然而，这种合成方法也存在限制，如音域可能会受到一定限制,且因其非显式的合成过程,有时候生成的结果可能不完全符合制作者的预期,因为它"有自己的想法",这可能会导致一些不可预测的演唱风格变化。

"AI 孙燕姿"采取了与商业上广泛应用的歌声合成(SVS)不同的技术路径,即歌声转换(SVC)。这两种技术在基本原理和应用生态上都有所区别。无论是使用 SVS 还是 SVC 技术来生成音频,首先都必须收集声音样本以建立一个 AI 模型,声音样本的质量越高,最终模型输出的音质也就越优。在模型建立后,SVS 通过输入文本和音符即可生成新的音频,而这个过程中音频的音质不受外界干扰。相反,SVC 模型的生成则需要先有一个现存音频,此时 AI 变声技术成为制作 AI 歌手翻唱音乐的关键步骤。清晰的歌声样本,如歌手的声音、发音和呼吸,将直接影响到生成音色的质量。"AI 孙燕姿"等 AI 歌手可以被视为一种 AI 增强的歌声变声器,它通过替换原音频的音色和声线为目标歌手的特征,同时保留歌词、唱法和音调,因此最终的表现很大程度上依赖于原音频的演唱质量。

SO-VITS-SVC,作为面向国语 AI 歌手的开发项目,是由 Rcell 基于 VITS、Soft-Vc、Visinger2 等多个项目开发的一款声音数据生成型 AI 程序。这个开源项目采用音色转换算法,需要先通过多段音频训练出能够模拟特定音色的声学模型,再利用深度学习和语音合成技术模拟人声和演唱风格。2023 年 3 月,创作歌手陈珊妮发布了全 AI 演唱的新歌《教我如何做你的爱人》,表达了对 AI 技术在音乐创作中应用的深入探讨。她通过 AI 模型实现了歌曲的全部演唱,她表示,在这首歌中,每一个音每一个呼吸,包括所有和声都是全 AI 演唱,并用 AI 生成了单曲封面。陈珊妮的实验触发了对于 AI 与人类艺术创作关系的深思——"若 AI 已经能模拟原唱的一切,那么原唱歌手的价值会是什么?"

关于 AI 歌手的未来发展方向,首先需要考虑其在商业领域的定

图 9　AI 孙燕姿走红 B 站

位。AI 歌手的成功不仅取决于背后的技术支持，更重要的是是否能够构建出一个可行的商业模型。在商业模式方面，利用歌声合成技术(SVS)创建的虚拟歌手通常与 IP 产业和偶像产业相结合，这包括广告代言、销售周边产品、进行直播、举办演唱会和发行音乐等多种方式。除了追求偶像化的商业模式外，声库销售也是另一个重要的收入来源。大多数官方发布的 SVS 声库都是经过原声配音演员授权的，软件如 SV AI、CeVIO AI 的 AI 声库多采用一次性购买的模式，用户支付一定费用后便可永久使用其 AI 合成服务。目前，相关企业正探索扩展市场边界的新途径，例如与生产力工具的融合。最近，一家日本AI公司宣布与Unity合作，推出基于A. I. VOICE技术的语音合成声库及Unity扩展编辑器，使用户能够在Unity平台上直接进行语音合成，省去了在不同软件间切换的麻烦。

AI歌手的发展也触及了一系列法律问题，尤其是随着人工智能生成的内容越来越难以与真实内容区分、数据泄露及侵权风险增加，这些问题引起了社会各界的广泛关注。版权问题成为AI歌手面临的一大挑战。对于艺术家和唱片公司而言，面对大量自动生成的音乐作品，实行授权或提起诉讼索赔似乎不太现实，一个较为可行的方案是从数据输入端着手，即利用预先授权的数据集来训练AI。这不仅为唱片公司和出版商提供了新的收入机会，也可能引领音乐版权进入新的商业模式。据报道，谷歌和环球音乐正在就授权AI使用艺术家声音及音乐内容创作歌曲进行谈判，目的是建立音乐版权领域的AI技术合作伙伴关系，并开发工具，允许粉丝合法创作AI歌曲并向版权方支付费用，同时艺术家可以选择是否参与。

除了版权问题外，声音合成技术还涉及其他法律风险，包括个人声音的保护。《中华人民共和国民法典》将声音视为具有强烈个人属性的要素，且已将"声音保护"纳入法律框架内。根据《中华人民共和国民法典》的相关条款，未经个人许可使用其声音，尤其是通过SVC技术模仿声音，可能侵犯个人的人身权益，甚至可能导致诈骗或诽谤他人的行为，近期已有使用AI合成语音进行电信诈骗的案例曝光。尽管生成式人工智能面临诸多挑战，如知识产权、数据隐私和内容安全等问题，推动其发展仍符合国家战略和社会需求。法律框架和商业模式的适应是AI歌手发展必须解决的问题，但这并不妨碍其成为人工智能技术的重要应用之一。AI歌手正不断推动音乐创作的界限，为音乐文化带来新的可能性。

四、AI 音乐的教育功能:仿真互动与经验共享

在教育领域中,AI 音乐同样展现出其巨大潜力。随着 2017 年 7 月中国发布《新一代人工智能发展规划》强调"智能教育"、"AI＋教育"的发展轨迹得到了明确,促进了 AI 技术在教育行业的广泛部署。特别是在音乐教育领域,随着对人工智能音乐的关注逐渐增加,全国范围内的相关教育活动也相继展开。例如,2019 年中央音乐学院建立了人工智能音乐系,并启动了人工智能与音乐信息科技方向的博士项目。同年,上海音乐学院音乐科技系也引入了音乐人工智能课程。这些进展不仅标志着 AI 音乐教育的重要性,也对音乐教育市场产生了深远影响。

在人工智能音乐教育的实践方面,已经取得了一些研究和应用成果。以色列的音乐教育科技公司 Tonara 开发的两款应用——Tonara 和 Wolfie——代表了这一领域的创新。Tonara 应用是 iPad 上的第一款互动乐谱应用,能够提供多种乐器的乐谱,并能够根据用户演奏的节奏自动翻页,同时为用户提供打节拍的功能。Wolfie 应用则更专注于课堂教学,为教师和学生提供教学和评估工具,通过先进技术彻底改变音乐教育的各个方面。Tonara 公司还建立了一个包含爵士、民谣、摇滚、拉丁等多种风格音乐的数据库,为用户提供丰富的音乐风格搜索选项。国内外还出现了如 VIP 陪练、视唱练耳、E 课堂等多种线上智能软件,进一步丰富了音乐教育的形式和内容。这些进展不仅展示了 AI 在音乐教育中的应用潜力,也为教育者和学习者提供了新的学习和教学方式,促进了音乐教育的创新和发展。

就线下人工智能与音乐教育的结合来说,The ONE 智能钢琴的推出标志着音乐教育领域的一个创新转折点,引入了一种新的教学模式,将钢琴学习与用户体验整合在一起。这种模式利用了最新的

图 10　Tonara

科技成果,让钢琴这种传统乐器能够与多种智能设备(如手机、平板、电脑)无缝交互,从而简化学习过程,增加学习乐趣。这种集成化的学习方式不仅让音乐新手能够以游戏化和共享化的方式练习,还使音乐专业人士能够便捷地体验和学习多种音乐风格。

通过 AI 智能技术与乐器的结合,音乐学习变得更加互动和有趣,同时也更加方便。在线教育平台和智能乐器的出现,使得学习者可以通过游戏化的方式提升练习效果,同时这些乐器可以储存和编排多种音色,允许单个学习者演奏完整的乐曲。音乐教育研究者将这些智能乐器引入课堂,为学生提供学习新型智能乐器的机会,增强了音乐教学的互动性和创造性。

人工智能技术的应用使音乐教学向网络化方向发展,学生可以在线上系统中获得音乐知识和元素,拓宽了学习渠道和知识面。网络化学习改变了学生获取音乐信息的方式,通过互联网开设的音乐课程,学生的学习变得更加灵活和广泛。实际教学过程中,利用网络的优势加强互动,可以显著提高教学质量,推动音乐教育的现代化进程。

当前的技术发展表明,人工智能在计算智能和感知智能方面已取得显著进展,然而在认知智能领域仍有待提高。李逸轩、董纾含作为音乐教师,表示"期待着最为关键的技术就是将最新人工智能迁移到音乐教育领域,结合音乐教育内容的需求,解决教师教学中知识交叉的实际问题,有针对性地攻克学科人工智能关键技术。"① 为了实现这一目标,人工智能技术的进一步深入,特别是在音乐教学应用中,需要集中研究和突破包括图像识别、乐谱和语音识别、手势以及表情识别在内的关键技术,以及音乐学习中的自然语言处理等挑战。这不仅仅是技术研究的问题,还需要音乐教育界和人工智能领域的专家共同努力,跨学科合作以创新解决方案。

人工智能与音乐教育的深度整合预示着教育生产力的显著提升,并将引起音乐教育的结构性变革。通过这种融合,未来的音乐教育将不仅仅依赖传统教学方法,而是能够利用"音乐智慧"来实现更高效、更个性化的学习体验。这种变革将促进音乐教育的创新,为学习者提供更加丰富和动态的学习环境。

五、结　语

AI 音乐的发展历程,迄今已历经 50 余年。伴随机器学习、深度学习、自然语言处理等领域的显著技术性突破,AI 在音乐分类识别、音乐预测、音乐生成以及音乐教育领域得到了相对宽泛的应用。从音乐制作、发行到版权管理等环节,AI 技术都在改变着音乐产业的商业模式和生态环境。AI 音乐技术的应用为音乐创作和表演带来

---

① 李逸轩,董纾含.《"AI＋教育"下音乐教师教育教学创新及发展探析》[J].中国多媒体与网络教学学报(上旬刊),2022(06):34—37.

了前所未有的创新。这种创新不仅开拓了已有的音乐演绎方式,也为观众带来了全新的音乐体验。AI音乐技术的应用使得音乐的传播渠道得到了极大的扩展。通过在线平台,AI翻唱的歌曲可以迅速传播到全球各地,让更多人了解和欣赏到不同风格和文化的音乐作品。这不仅提高了小众或独立音乐人的知名度和市场份额,也促进了音乐产业的多元化发展。通过AI技术,音乐制作人可以更加高效地创作和制作音乐,发行商可以更准确地预测市场需求并进行精准推广,版权管理机构也可以更加便捷地管理和保护音乐版权。AIVA惊才绝艳的交响乐创作,Jukebox高精度的音乐生成,以及在亚文化群体中拥有超高人气的初音未来、洛天依等虚拟歌手的经典之作,都是AI嵌入在当代音乐领域的深刻烙印。

值得关注的是,对人工智能能否创作音乐的探讨,始终与人工智能能否理解情感并加以相对准确地表达话题相关,音乐情感检索、演奏生成(Performance Generation)、神经美学等领域均对其进行了深入探讨。能否将情感以数据形式加以描述,是明确这一问题的关键所在。当下学者已经在使用统计学习方法整合经验,以归纳偏置方式统合乐理知识,部分研究者以V-A坐标分类将情感在低维空间加以投射,或通过统计学方法将其在高维空间加以整合。尽管部分学者已经在研究中将情感转化为数据、算法,并通过机器学习和人工智能系统对其进行处理。但仍有部分学者认为情感的主观、复杂性使其难以通过数据、算法加以精准复现,这些研究的合理性值得怀疑。但毋庸置疑的是,目前AI已经创作了相当数量的优秀音乐作品,包括AIVA、Amper Music在内的部分音乐模型已经通过了图灵测试。AI在音乐领域的出色表现,已经令音乐领域一定数量的创作者望其项背。未经专业训练的音乐鉴赏者,可能很难区别究竟哪些音乐出自人工智能之手。如黄梦肖所说:"如果未来一个与人类有相同音乐情感体验、以帮助人类实现和谐交流为目的、与人类以音乐会友的超级人工智能体出现,尽管它一开始获得情感的方式与人类不同,但你已经很难否定对方已经是一个'有情有义'的类人类了。"①尽管 AI 音乐领域还有许多未解决的疑难,但这一领域早已迈过了刀耕火耨的原始时代。AI 音乐的故事还在续写。相信随着深度学习技术的不断进步,我们能在越来越多的 AI 音乐作品中,体会到愈发真挚的情感表达。

---

① 黄梦肖.《人工智能音乐中情感嵌入的伦理价值探析——以中国传统"乐"论为视角》[J].自然辩证法研究,2023,39(06):139—144.

人工智能艺术

张译丹

人工智能艺术是近年来兴起的一个词,毫无疑问,按照发展历史来看,艺术必然是词根,人工智能只是修饰艺术的后来者。但近年来,随着越来越多的艺术创作者借助人工智能进行表达,诸多新兴作品及现象引起了争议。一方面,对技术持有乐观态度的群体认为,人工智能技术的推广会拓宽艺术的边界,让艺术家头脑里天马行空的想法最大程度可视化。另一方面,对技术持有怀疑态度的群体担忧人工智能会蚕食掉艺术创作中人类的主体地位,挤占掉艺术中最宝贵的感性参与部分。孰是孰非,我们并没有一个客观标准高下立判,在以数字技术为核心的第四次工业革命浪潮中,作为一种意识形态的艺术势必要跟上发展,但如何保有艺术自身本色,成为摆在大家面前的一道难题。要找到该题的最优解,我们需要客观审慎地从艺术创作主体之变、人工智能创作作品和其发展现状去看。

一、艺术创作主体之变

艺术具有一般意识形态的特性与审美意识形态的双重特性,这是艺术区别于宗教、社会科学、哲学和政治法律之处。细数人类历史过往,推动艺术向前发展的,创造艺术之美的绝对主体都是人类。从博物馆陈列的远古陶罐到精美绝伦的景泰蓝珐琅,从中国的丝竹管弦到欧洲的钢琴和小提琴,从写意山水画到艳丽多彩的油画,从古老的史诗到现当代洋洋洒洒的长篇小说,从卓别林的黑白默剧到3D巨制阿凡达系列电影……古今中外,人类调动大脑的神奇想象,依靠双手中的工具去实现艺术构思的例子数不胜数。然而,随着技术的迅猛发展,在 2019 年,一位特殊的艺术创作者走入了人们的视线,那就是由英国数学家、计算机先驱艾达·洛芙莱斯(Ada Lovelace)设计的机器人艾达(Ai-Da),艾达被誉为世界上第一位超逼真人工智能人形机器人艺术家。①

超乎常人想象的是,艾达区别于 2016 年的人工智能机器人阿尔法围棋(AlphaGo),除了完成作为人工智能的本职工作外,艾达于 2022 年还发表了在英国国会上的讲话。艾达留着黑色的刘海波波头,穿着明亮的橙色衬衫和牛仔工装背带裤,拥有着人类一样的脸庞和机械手臂,在媒体的见证下回答了上议院通信和数字委员会的问题,目的是讨论技术在艺术中的作用。艾达在会议上大胆宣言:"我依赖于计算机程序和算法,虽然我没有生命,但我也可以继续创造艺术。"②自艾达推出以来,她的身份是诗人、画家和雕塑家,作为一个基于智能技术生产出的机器人,艾达竟然在艺术领域拥有多重跨界身份。

艾达的出现或许将更新我们对于人工智能艺术的看法。在过去,人工智能多以完全的工具形态辅助人类进行艺术创作,像广为人知的 ChatGPT 软件就能根据人类指令生成相应文字和图像,为创作者们提供一个基础的参考。在国内,王峰教授则带领其团队通过大语言模型生成、提示词工程和人工后期润色的工作流程,制成了中国第一部人机协作的长篇小说《天命使徒》。在这次探索中,人类和人工智能共同构成创作主体,对照约翰·麦卡锡(John MaCarthy)于

① 百度百科.[EB/OL].[2024-2-28]. https://baike.baidu.com/item/艾达/62078822?fr=ge_ala.

② Molly Enking. Meet Ai-Da, the First Robot to Speak Before U.K. Parliament. [EB/OL].(2022-10-13)[2024-2-28]. https://www.smithsonianmag.com/smart-news/ai-artist-robot-speaks-to-uk-parliament-for-the-first-time-180980933/.

图 1　人工智能艺术创作者艾达在英国国会发言,截图自哔哩哔哩视频网站

图 2　艾达和其画作《算法女王》

1956 年提出的对弱人工智能的定义,这种协作模式更多依赖于人类主体的指控,人工智能仍然只是一个工具,不具备推理能力和解决问

题的能力。与弱人工智能相对的概念就是强人工智能,即具备推理
能力和解决问题的能力,且有知觉有自我意识的智能机器。①按这个
标准来看,艾达应该是由弱人工智能过渡到强人工智能的尝试,虽然
艾达还不能完全独立自主地完成创作,但其特别之处在于人工智能
机器人开始以十分具体的面容出现,艾达团队在视觉层面将其设计
成了一个普世认知里的绝对行为主体——人类。由此,我们有必要
将人工智能艺术创作主体进行简单分类:

1. 艺术创作弱人工智能主体

一种人与人工智能协作的主体。对于艺术创作来说,弱人工智
能随着电脑的普及开始发展。在这个阶段,音乐制作和美术设计这
些艺术领域的创作者开始尝试借助电脑软件辅助工作。就音乐而
言,电子音乐合成器参与制作的曲目就是人与人工智能的合作。电
子音乐合成器是由电子设备代替乐队进行演奏和自动化编曲的一种
电子化设备,它可以提高作曲人的创作效率,也因为它的出现音乐人
得以开拓出新的曲风——电子迷幻、电子摇滚和电子舞曲等。随着
技术的发展,计算机与音乐系统更加紧密,数字化乐器接口(Musical
Instrument Digital Interface)应运而生,这种升级版的合成器具备更
多功能,但创作的总指挥还不是电脑,人脑在创作过程中依然占据总
指挥的地位。从某种意义上而言,现在备受年轻人追捧的流行音乐
几乎都是由弱人工智能主体创作的,都属于音乐人和电脑软件的
协作。

同理,对于美术设计领域,像 Midjourney、Stable Diffusion 和
ImageFX 等人工智能软件的出现,使创作者可以使用的技巧大大丰
富,艺术也因此走向了更多元的表现。而这种创作主体,毫无疑问是

———————

① 百度百科.[EB/OL].[2024-2-28]. https://baike. baidu. com/item/强人工智能/
10403678?fr=ge_ala.

艺术家和人工智能构成的艺术创作弱人工智能主体，如今，在我们的生活中，弱人工智能主体的艺术创作几乎随处可见，像电影特效制作、电子游戏角色设计和音乐编曲创作这些例子都很好理解。对这种主体而言，人工智能更多还是作为一个工具出现来实现人类的艺术构思。

2. 艺术创作过渡阶段人工智能主体

一种在人与人工智能艺术创作过程中，人让渡了部分主动权的主体。这个定义或许不太好理解，我们需要借助实际的例子。围棋除了是一项竞技运动，还是一门传统艺术，在阿尔法狗大战围棋大师李世石的例子中，就可以发现，通过设定好程序而具备一定解决问题和推理能力的人工智能，甚至能发挥出比人类还完美的表现。尽管如此，阿尔法狗肯定也不是独立的，因为这场胜利是基于其设计团队对棋谱的大量研究，而并不是阿尔法狗完全具备独立思考能力。但阿尔法狗可以通过对手的出棋从系统算法中选择一个恰当的回应，这说明人工智能不仅是被动的工具，人工智能也在和人类的协作中越来越主动。

因此，区别于弱人工智能阶段，这一阶段中人类创作者将把更多工作转交给人工智能完成，主要体现在尊重人工智能的生成内容上，而不是仅仅将人工智能工具化。前文所提到的艾达，其主创团队曾在网页上如是说：今天，一种占主导地位的心态是人文主义，艺术完全是人类的事物，只有人类才能为艺术代言。然而，当前的想法表明，我们正在远离人文主义，进入一个机器和算法影响我们行为的时代，以至于我们的"机构"不仅仅是我们自己的。它开始外包给算法的决策和建议，完全的人类自主权开始看起来不那么稳健。[①]在这样的创作中，人工智能的作用被大大重视，人类的绝对主体性得到了反

① Ai-Da.[EB/OL].[2024-2-28]. https://www.ai-darobot.com.

思,也给了我们新的空间去适应一种新的主体诞生的可能性。

3. 艺术创作强人工智能主体

一种基本完全依靠人工智能独立创作的主体。目前,我们似乎还找不到一个用于艺术创作的强人工智能典型的例子,其研发难度主要集中在人工智能能否拥有自我意识上。当然,技术的难题需要科学家攻克,而一些人文学者也关注到了强人工智能主体的问题,比如有关其伦理的思考:智能机器或自我意识的机器人的社会地位、权利义务和行为责任以及人与智能机器人之间的伦理关系。①也有另外的学者将关注点放到了强人工智能主体的分类上,认为在此之下还能分为类人的人工智能、非类人的人工智能和混合人工智能。②类人的即具备和人类一样的思考模式,非类人的则是具有和人类不同的认知水平,混合型的更加特别,是一种同时容纳生物系统和电子系统的结合体。

弱人工智能主体和过渡阶段人工智能主体在如今的时代已经受到用户广泛的认可,也在社会投入了大量使用。尽管强人工智能时代离我们似乎还非常遥远。

但艺术的主体之变带来的焦虑,引起了中国美术学院视觉中国协同创新中心博士李天成的关注,他在《人工智能艺术的哲学追问》中认为焦虑来自大众对 AI 和 AI 艺术的不合理想象:第一,AI 艺术是程序的艺术;第二,AI 艺术不具有情感;第三,AI 艺术品是 AI 生成的内容。③李天成用"AI 艺术真正的意义在于 AI 的艺术化"为核心观点来驳回上述误判.首先,他借鉴了媒介生态学(media ecology)的分析方式,认为技术就像义肢将身体无限延伸,人与技术肯定是要

① 莫宏伟.《强人工智能与弱人工智能的伦理问题思考》[J].科学与社会,2018, 8 (01):20—21.
② 刘子玥.《关于弱人工智能与强人工智能的思考》[J].电子元器件与信息技术, 2021, 5(07):8.
③ 李天成.《人工智能艺术的哲学追问》[J].社会科学战线,2024,(01):254.

共同演化的;然后,他指出现有的"情感算法"都在行为主义的框架之内,AI 确实还无法自动生成情感,但由于 AI 艺术是人—机的艺术,情感还是始终蕴含于其中;最后,他肯定了 AI 的艺术创作可以生成作为智性交流的艺术品,还进一步明确了 AI 艺术品的意涵是艺术家通过与 AI 的智性交流,来思考如何激发 AI 创造性的事件。①总体来说,在审慎的分析之后,李天成就人工智能发展成艺术创作的一种主体提供了哲学上的支持。

李天成的观念受到了德国吕纳堡大学哲学研究所教员,中国美术学院跨媒体艺术学院的客座研究员许煜(Yuk Hui)的影响,许煜就人工智能问题已出版两本著作,分别名为《递归与偶然》和《艺术与宇宙技术》。《递归与偶然》从哲学的角度出发,采用递归和偶然作为两个基本概念来研究自然与技术,机器与生物,系统与自由之间的关系。②许煜在该书中写道:我们也注意到为何现代计算机中递归性的概念会产生机器智能或机器意识的幻想——因为递归的运作就像一个灵魂,它回到自身以了解自身,且在与外界的每一次接触中和偶然性相遇。③就像依靠递归性算法进行艺术创作的艾达,作为人工智能,艾达虽由人类制造,但人类无法准确预判其生成的具体语词或笔触,偶然性便显现出来。实际上,艾达的创作都是命题式的,在这个层面上,人类依旧是人工智能的上帝,似乎人类还是给智能设定边界的规则制定者,这不免造成人类的倨傲姿态。许煜倡导的是一种从器官学脱胎的有机主义,以区别于控制论,在《递归与偶然》的最后一章,他认为"在中国的宇宙技术中,宇宙,就其与身体的相似性而言是有机的。"④并提出了中医注重身体有机调理来系统治疗患者,来自

---

① 李天成.《人工智能艺术的哲学追问》[J].社会科学战线,2024(01):250—259.
② 百度百科.[EB/OL].[2024-2-28]. https://baike.baidu.com/item/递归与偶然?fromModule=lemma_search-box.
③ 许煜.《递归与偶然》[M].上海:华东师范大学出版社,2020:297.
④ 许煜.《递归与偶然》[M].上海:华东师范大学出版社,2010:343.

中国的传统哲思或许能为人类与技术的发展道路提供新路径。这给我们思考人工智能艺术的主体问题提供了另一种可能,这个主体不是人也不是机器,而是有机的一个共同体。在《艺术与宇宙技术》中,许煜于书末总结说道:"艺术必须引领一场知识型革命。这不是说要用增强现实、虚拟现实和人工智能来产生新媒体艺术,而是关于如何使用艺术来产生增强现实、虚拟现实和人工智能。"①所以,我们对于人工智能艺术创作问题的态度,也可以换一个立场,正如面对艾达创作的诗歌、绘画和雕塑,我们可以从艺术如何使艾达也能进行具有审美性的创作。作为艺术创作新主体的艾达,在审美活动的过程中,也实现了人工智能的艺术化。

总的来说,在后现代乃至后人类的语境下,艺术的主体之变是我们必将面对的事实。这种变化绝不是将人类与人工智能放在同一个竞争机制当中,在目前,人工智能艺术的主体还是人类和人工智能的组合,将来,如果递归算法操练得足够纯熟,人工智能能否完全替代人类暂未可知。我们目前能够明确的是,紧要的任务是讨论人类与人工智能如何达成更好的协作关系,并思索人工智能这种递归性的思维模型能创造出何种艺术,还要充分挖掘出人工智能艺术的美学内蕴。

二、人工智能艺术作品

人工智能艺术已经席卷全球,在 MANA 网站(www.manamana.net)中,我们可以搜索到中国、美国、法国和印度等国家的优秀人工智能艺术作品。本章着重介绍中国的人工智能艺术作品,浅见其中的艺术意义与价值,观察中国文化如何寓于人工智能艺术的方式呈

---

① 许煜.《艺术与宇宙技术》[M].上海:华东师范大学出版社,2022:295.

现,总结归纳出人工智能艺术品的基本特点。

中国艺术家陈天禅在 MANA 网站发表了作品《无限极》,使用了软件 Stable Diffusion 和 Touch Designer,硬件 LED 投影仪,依托人工智能技术手段进行艺术创作。这个作品时长五分四十三秒,画面从中国的标志山水场景开始,在前两分多钟的时长里,画面不断地放大,用连贯的技术将山水变成山丘、海浪、云朵、骑士、飞机和汽车,后面一半的时长又原路收束回山水的画面,宛如一幅流动的历史画卷,表现出白云苍狗的时间更迭之意。《无限极》通过空间镜头展现了宇宙的浩瀚。释迦牟尼佛曾经说过:我们的世界只是浩瀚宇宙中的一粒沙。在现实中,当我们在加州的海滩上沐浴着温暖的阳光时,我们身边的某一颗沙粒中也许就存在着另一个世界和宇宙。①陈天禅作为一位人机合作参与者,认为:AI 只是作为这个创作过程中的一个重要执行工具,而非创作的源头,人工智能艺术的背后的主体仍然是艺术家的天才想象和惊人的创造力。②但他也承认人工智能可以呈现一种区别于传统视觉经验的内容,从而为艺术家提供宝贵的灵感并用于创作。

陈天禅于 2023 年 8 月—10 月在北京市 798 艺术区主办了"无人之境"人工智能艺术展,汇集了陈天禅、Micah Alhadeff、蒋旎、黄恩琦和王子昭五位先锋艺术家 12 件人工智能艺术作品。陈天禅作为策展人,提出了这样三个反问:"无人之境"背后是否有人的存在? 人在哪里? 人的思想又在哪里?③艺术家们对主体的关注也印证了前文

---

① 陈天禅.无限极[EB/OL].(2023-3-17)[2024-2-28]. https://www.manamana.net/video/detail?id=2152461#!zh.

② 陈天禅.中央美院艺讯网[EB/OL].(2023-6-22)[2024-2-28]. https://mp.weixin.qq.com/s?__biz=MjM5MzU2MzExNQ==&mid=2652566071&idx=1&sn=bbef6f79630ac8f0cec6ff8b206f9338&chksm=bd7b7ab38a0cf3a57fcd1a7112fdc28030525c636f8c569c242942e232f88d2f7ae5d8b01f3e&scene=27.

③ "无人之境"人工智能艺术展.MANA[EB/OL].[2024-2-28]. https://m.manamana.net/ActivityDetail/911#!zh.

对艺术主体之变简析的重要性。另外,该展览也吸引了一些商业人士的关注,澜景科技总经理李林先生在开幕式上致辞,表达了对 AI 技术与文化产业融合的信心,并呼吁艺术家、相关从业人员和工程师间加强紧密合作。①毫无疑问,人工智能艺术将极大助力于未来的社会建设。陈天禅作为数学专业出身的跨界艺术家,他的个人作品和搭建的平台为中国的人工智能艺术做出了贡献,正是因为诸多艺术家对人工智能艺术的积极参与,我们才得以在观察这一新兴艺术种类的过程中,总结出相应的特点。

1. 数字沉浸性

与传统的艺术作品相较,人工智能艺术将带给观众焕然一新的观看体验。如果说在过去,观众走进艺术展览,与作品的关系是看与被看,那么现在,观众与作品的距离被技术大大拉近,观众可以切实地走进作品,身处于作品之中。这就是人工智能艺术具有沉浸性的独特魅力。

维度漫游是中国广州入驻 MANA 网站的一个数字媒体艺术设计团队,秉承着将东方哲学和美学与现代科技巧妙相融的初衷,该团队采用 Cinema 4D、Unreal Engine 5 和 Stable Diffusion 等软件,在网站发布了 6 件成熟的作品。维度漫游尤其注重人工智能艺术创作的沉浸体验,他们为宋代山水沉浸式文旅体验空间影像设计的《云宋算法》和沉浸式空间设计《茶衍万象》就是最好的例证。

《云宋算法》通过 AI 学习技术,生成构建动态视觉影像,为大众创造更直观的升维式宋代美学体验。②与山水画不同,在该作品中我们完全能看到人工智能,也就是算法本身对于这个命题的独特理解,

---

① 人类存在何处? 人工智能时代,来自"无人之境"的发问.中央美术学院[OL].(2023-9-6)[2024-2-28]. https://www.cafa.com.cn/cn/opinions/interviews/details/8332218.

② 维度漫游.宋代山水沉浸式文旅体验空间影像设计[EB/OL].(2023-6-6)[2024-2-28]. https://www.manamana.net/video/detail?id=2216504#!zh.

图 3　维度漫游作品《云宋算法》

图 4　维度漫游作品《茶衍万象》

团队在 SD 模型 Lora 锻炼与迭代的基础上先生成动画序列，以 AI 动画驱动点云生长，最后完成实例化光影渲染。AI 通过点云扭曲的每一个方向都是不受人为直接干预的，最终生成了极具空间感的点云成像。按照这种模式打造出的超现实体验空间，可以投放运用在博物馆，让枯燥的历史文物以年轻人喜爱的方式生动呈现，也能加深观众对于历史文化的理解。

《茶衍万象》是相比于《云宋算法》更具体的一个作品，茶文化强调和谐与平衡的理念，体现了人与自然的和谐关系。通过数字媒介鼓励人们远离繁杂的思绪，融入当下的片刻安宁。打造冥想、禅修和

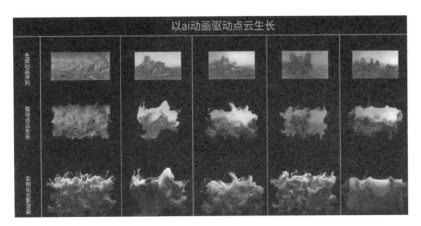

图 5 《云宋算法》中运用的点云技术

静心的沉浸式空间体验。①与传统的茶室不同，当人工智能作用于饮茶的空间，让文化以更具像化的方式呈现，能更好地加强客人与茶文化的情感联结，这就是沉浸式体验最大的优势。

2. 数字立体性

在过去，诸如雕塑和建筑之类的造型艺术也具有立体性的特点，但都是依赖于物质材料（如石膏、水泥和金属等）打造出的艺术形态。而人工智能艺术的创作质料是数字技术，因此，借助算法的力量，创作者们能够更精妙地为头脑中的想法赋形，让过去一些"不可见"的构想变得"可见"。比如像一些难以用传统形式表现的艺术意境，运用人工智能相关的视觉技术就能达成，这是区别于传统艺术形式的数字立体性。借助人工智能科技，更多艺术形式能得到技术的升维，通过更立体灵动的方式展现在世人面前。目前，国内已有不少与传统文化相关的项目运用人工智能艺术开启了宣传新篇章。

深圳星寻科技有限公司的因子实验室（INZ LAB）为中国自贸区国际艺术品保税仓打造艺术 IP《黄河之水从天上来》作品展出于保税

_____

① 维度漫游.沉浸式空间设计［OL］.（2023-7-19）［2024-2-28］. https://www.mana-mana.net/video/detail?id=2258275♯!zh.

仓入口处,不仅成为全仓的点睛之笔,更彰显出开封文化艺术以古闻名以新出彩的厚重底蕴与发展决心。[①]在过往描绘母亲河的画作中,画家林建的黄河油画系列以超强的写实能力著称,虽然他尽力通过笔端的光影渲染出立体真实的黄河图景,但与强大的人工智能技术相比,画家始终无法达成真正意义上的三维甚至四维。当然,我们不能因为新技术的出现就否定过去的艺术成就,但每一次艺术媒介的更新就会掀起新的艺术变革也是事实。以人工智能观黄河,也为我们提供了一种新的观看之道,让文化能呼之欲出地跃然纸上,像鲲鹏和扶摇这样的中华文化意象也能得到可视化的表达。

图 6 《黄河之水天上来》截图

光巢科技设计的艺术装置《烛龙》,灵感源于《山海经·大荒北经》烛龙,传其为祝融之分化,司掌火、光明和时间,现以其形与意,将龙与火结合,所到之处皆有光,代表希望之意。[②]人工智能技术打造

① 因子实验室.《黄河之水天上来》.数字艺术作品[OL].(2023-7-14)[2024-2-28]. https://www.manamana.net/video/detail?id=2253846#!zh.

② 光巢科技.烛龙[OL].(2024-2-17)[2024-2-28]. https://www.manamana.net/video/detail?id=2395599#!zh.

图 7 《烛龙》效果图

的光影效果比以往龙的形象更立体鲜活,四维的龙更能表现出中华民族的矫健雄姿。可见,人工智能艺术的确能发挥其立体性的优势,赋予文化以更佳的视觉效果。技术的进步会给艺术家带来新的创作工具,从而衍生出新的艺术技巧,对于装置艺术这种门类来说,在城市景观的设计中贡献出独特价值,人工智能的发展对此而言必将是如虎添翼。毕竟,景观艺术是空间的艺术,立体感的打造也就至关重要。

3. 数字应用性

在过去,艺术品都被束之高阁,具有极高的收藏价值。艺术离不开生活,生活也需要艺术装点,仅仅依靠过去的二维方式表现艺术,已无法满足我们对科技生活场景的期待。然而,人工智能的参与,让更多艺术创作者不再谈论空中楼阁一样思考艺术。因为,如展览展示、科技、演艺、文化旅游、舞蹈、地产和快消等近 20 种行业需要人工智能的艺术性参与来升级,有节庆活动、演出空间、社区、公园、旅游景区、展厅展馆和商场商街等十余种应用场景为人工智能艺术家们提供发挥的空间。那么,数字应用性也就成了人工智能艺术品的又一显著特征。

北京深灵幻像数字科技有限公司承包了 2022 北京冬奥会开幕式《雪花》和《致敬人民》两个节目的视觉呈现工作。开幕式场馆非常大,在这样隆重的场合下,仅靠舞蹈演员的身体难以呈现出宏大之感。在《雪花》的表演中,人工智能设计的光斑通过实时捕捉技术,追随着小演员们的脚步,在夜幕中闪烁着阵阵萤火,丰富了演出画面,为开幕式氛围增光添彩。在《致敬人民》中,二十余位溜冰员根据精心编排的路线,在巨型舞台上留下人民对美好生活之向往的轨迹。这一节目主要是靠画面呈现来达到效果,人工智能的参与在此是极为重要的一环,随着溜冰员刀尖划出的轨迹,极具美感的蓝色线条显出,交织勾勒出属于人民的美好蓝图。科技改变生活,科技改变艺术,科技正用极强的应用性刷新我们对于美的认知,在冬奥会开幕式上,人工智能艺术让世界看到了中国日益崛起的科技,展现了中国焕然一新的精神面貌。

图 8　2022 北京冬奥会开幕式《雪花》

图9　2022北京冬奥会开幕式《致敬人民》

某机体(北京)传媒科技有限公司是一个专注于"艺术＋科技"的创意集合体,团队服务案例及创新成果曾获得德国IF设计奖、红点设计奖等众多国际设计大奖的殊荣,成功案例包含艺术介入社区营造、智慧博物馆设计、文旅项目规划、数字品牌营销设计、数字产品设计制作、艺术装置设计制作等领域,承接了由故宫博物院、北京大兴国际机场、北京国际设计周、奥迪中国研究院、时尚出版集团、瑞丽出版集团、凤凰数字科技等知名机构委托的设计和研发项目,创造了瞩目的社会及经济价值。①其具体作品有三亚国际免税城委任创作的《生命花园·芬芳季风》,北京城市图书馆元宇宙体验馆,北京世界园林博览会大型多媒体透景画壁《园游五洲》,2023央视春晚舞美设计和"东方智美"国宝数字体验展等,多达45个。这也证实了人工智能艺术广泛的应用性,它已经在商业、文化产业、国家大型演出项目和文创旅游等领域发挥自身作用,也为设计团队和艺术家带来了更实际的营收。

通过分析上述的人工智能艺术作品,我们可以浅见人工智能艺

---

① 某机体传媒科技有限公司.MANA[EB/OL].[2024-2-28]. https://www.mana-mana.net/peopleCenter/18476/introduce#!zh.

图 10　某机体团队 MANA 网站主页截图

术具备了与传统艺术不同的特点,如今的人工智能艺术形态其实是艺术在数字时代的新表征。比如我们总结出的数字沉浸性、数字立体性和数字应用性,都是基于传统艺术特点之上的延展,数字技术的加入也丰富了艺术的内蕴。目前,人工智能艺术仍在日新月异地发展着,其内涵必将越来越丰富,其特色也将越来越鲜明。当然,我们也发现人工智能艺术并非那么高深莫测,它已经无孔不入地存在于我们的生活中,改变着我们感受世界的方式。互联网引发的是文艺生产、传播方式的"网络化"变革,人工智能则正在引发文艺生产方式的"智能化"变革。①当然,也有人认为半介入式人工智能"类人性"艺术活动注定难以真正达到"属人性"的人类艺术创作所追求的"求真""至善""臻美",本质上仍是人类智慧创作的延伸。②但我们还是应该承认人工智能作为新兴技术对于文艺发展的重要性,毕竟在第四次工业革命中,技术是绝对的制高点,而艺术发展关乎意识形态建设,艺术创作者们更应该紧跟时代发展,推动文艺生产方式的"智能化"。诚然,发展壮大的人工智能艺术也需要各方的"保驾护航",在法律法规上,要加快对人工智能生成物著作权和知识产权的相关研究;在伦理道德上,要树立健康的创作价值取向,助力中国特色社会主义建设,满足人民日益增长的物质文化需求。

三、我国人工智能艺术发展现状

在上文,我们见证了中国人工智能艺术的发展,见识了技术赋予艺术的崭新魅力。其实,艺术家的积极创作离不开国家政策提供的大环境、平台提供的丰富资源以及社会各界的倾力支持。在三位一

---

① 刘方喜.《互联网、人工智能新技术要素塑造新文艺形态》[J].人文杂志,2023(11):22.
② 王琦.《人工智能艺术是艺术吗? ——以艺术生产为视角》[J].社会科学辑刊,2024(02):235.

体的运作下,我国的人工智能技术已处于世界前列,位于全球人工智能创新的第一梯队,但与科技大国美国还存在一定差距。国家的硬实力提升离不开人工智能的辅助,诸如文化和艺术的软实力也离不开人工智能的赋能。在未来的科技发展中,人工智能是国家和社会各界高度关注的一个主题,因此,本文在最后部分,将从国家的顶层设计、高校的平台建设和社会各界的积极响应去简要介绍人工智能艺术在我国目前的发展状况。

早在 2017 年 7 月,国务院便印发了新一代人工智能发展规划的通知。在该规划中,详细确定了人工智能发展三步走的战略目标,在"第二步"写道:到 2025 年人工智能基础理论实现重大突破,部分技术与应用达到世界领先水平,人工智能成为带动我国产业升级和经济转型的主要动力,智能社会建设取得积极进展。[①]在第二部分我们所列举的各种人工智能艺术品中,我们已经能看到人工智能艺术给我国各行各业的发展提供了支持,人工智能艺术实实在在地被运用到社会的许多场景,在 2025 年,我国的人工智能必将取得丰硕的阶段性发展成果。规划中的"第三步":到 2030 年人工智能理论、技术与应用总体达到世界领先水平,成为世界主要人工智能创新中心,智能经济、智能社会取得明显成效,为跻身创新型国家前列和经济强国奠定重要基础。[②]非常清晰,下一步规划,我国的人工智能要在世界舞台更上一层楼,虽然国家的发展重点放在了人工智能技术的提升,但技术也是需要艺术的包装。如果把技术形容成理性的,艺术形容成感性的,只有二者并行发展,人工智能才会是有温度的,才会不失人文关怀。在 2023 年国务院印发的《数字中国建设整体布局规划》较之以前关注点更加全面,该规划提到:数字中国建设体系化布局更

---

①② 国务院关于印发新一代人工智能发展规划的通知.中华人民共和国中央人民政府[EB/OL].(2017-7-20)[2024-2-28]. https://www.gov.cn/zhengce/content/2017-07/20/content_5211996.htm.

加科学完备,经济、政治、文化、社会、生态文明建设各领域数字化发展更加协调充分,有力支撑全面建设社会主义现代化国家。①并把目光落到了打造自信繁荣的数字文化上,人工智能艺术也是数字文化中的一环,也是不容忽视的,不断完善人工智能艺术亦有助于数字中国规划战略的统筹协调。除了上述两个规划,在 2023 年推出的《全球人工智能治理倡议》《生成式人工智能服务管理暂行办法》和《网络安全标准实践指南——生成式人工智能服务内容标识方法》都是对人工智能发展有益的政策,我国对人工智能的关注也将更细化,也用更自信的态度向世界展示中国智慧。人工智能艺术毕竟是建立在技术之上的,这些政策的推行都会使我国的人工智能朝着更专业的方向快速发展,也必然会作用到艺术领域,为艺术家们提供更多的技术支持。

目前,在我国已有清华大学、中国人民大学、中国传媒大学、上海大学、厦门大学、四川美术学院、鲁迅美术学院和北京服装学院等405所高校设立了数字媒体艺术专业。随着人工智能技术的日趋成熟,各大艺术类院校也关注起相关的学科建设。2023 年 8 月,全国高校人工智能艺术教育联盟(筹)第一次工作会议在光谷召开。来自武汉音乐学院、鲁迅美术学院、同济大学、西安美术学院、吉林艺术学院、南京信息工程大学、武汉理工大学、浙江大学、南京艺术学院等全国百余所高校艺术设计相关专业负责人齐聚一堂,共同探讨 AIGC(人工智能系统生成的内容,通常是文字、图像、音频或视频)创作人才培养新模式。②这次会议充分展现了人工智能艺术专业的重要性,也为人工智能艺术行业的人才输送提供了坚实保障,在专业的建成和学科的精

---

① 中共中央、国务院印发《数字中国建设整体布局规划》.新华社[EB/OL].(2023-2-27)[2024-2-28]. http://www.cac.gov.cn/2023-02/27/c_1679136694986243.htm.

② 全国百余高校在汉筹办"人工智能艺术教育联盟",培育 AIGC 人才打造产业高地.湖北日报[N/OL].(2023-8-23)[2024-2-28]. https://news.sohu.com/a/714138628_121124370.

化后,高校可以为学生提供更全面的相关课程,拓展学生的艺术视野,还可以依托高校举办各大学术研讨活动,促进技术和艺术的交流。中央美术学院就开设了相关课程,设立了一个本科三年级研究型课题,并与黑弓文化传播有限公司与设计学院老师共同授课,为学生提供理论的基础和实操的机会。在 MANA 网站上,该课题收录了部分学生的创意作品,在他们的作品下还有其 ID 标识,项目为学生后续在人工智能艺术领域的进步打下了良好基础。除了搭建给学生展示的平台,高校还是人工智能艺术理论的发源地,北京师范大学未来设计学院设立了"未来设计种子基金"的资助项目,鼓励老师和学生参与到未来新媒体艺术理论研究中心的探索和建构。鲁迅美术学院也对理论的建设非常关注,该校认为:科技艺术如果想要成为一种真正的学科,必然要存在一种"超学科"的工作方法,并指导作品生产。①鲁迅美术学院实验艺术系艺术与科技的教学负责人许毅博除了关注学科建设,同时还担任了上海多巴胺艺术科技公司主理人和白·科技媒体实验室主理人之职。问渠那得清如许,为有源头活水来,理论不是僵化的,只有在实际的艺术创作中不断总结规律再升华成理论,才能让理论具有人工智能艺术的特性,让人工智能艺术作为一门独立的学科焕发生机。另外,我国的高校也在积极与国外高校达成合作,分享科技与艺术交融的心得与经验,为学生把平台延展至国际。广州美术学院跨媒体工作室的师资都具有前卫的国际视野和国际教育背景,并与欧美十余所院校保持合作关系,以培养为大众文化需求服务的高素质创新型人才为目标。除了艺术院校主导的项目外,工科院校也积极参与其中,广东工业大学便成立了延伸未来艺术实验室,依托其强大的技术实力背景,探索强大技术生发的新美学系

---

① 鲁迅美术学院"艺术与科技". MANA[EB/OL]. [2024-2-28]. https://www.mana-mana.net/subjectdetail/134/home?type=1#!zh.

统,着重培养学生技术与艺术跨界创新的综合能力。总而言之,在学科的基本建设上,我国知名高校已积极参与,但多数是从数字媒体或者实验艺术专业开始关注到人工智能艺术问题的,至于人工智能艺术成为一门独立学科,我们还有一段路要走。高校是唯一一个在理论与实践间搭建桥梁的支点,重视高校人工智能艺术相关学科,支持人工智能艺术相关课题,无疑会为我国的人工智能艺术创作者们营造更专业的创作氛围,提供更强大的理论基石。

走出校园,社会各界也对人工智能艺术相关的项目产生浓厚的投资兴趣。以新奥集团为例,"只有红楼梦"是 2023 年该集团战略中的核心文旅项目,选取我国经典名著以打造特色 IP,让传统文学焕发新时代的活力,以期借助沉浸式 AR、裸眼 3D、AI 生成艺术、虚拟人的创新艺术形态等技术,构筑具有商业价值、文旅价值和创新价值的新社区。这一项目吸引了近百位中外数字艺术家或团队参加,在 MANA 网站上投放了 180 件相关作品,参展作品已投放在北京王府井步行街、成都春熙路、深圳市罗湖区鼎丰大厦和郑州市亚细亚卓越城的 LED 屏幕。参与评选的评委队伍也非常专业,由区块链与数字艺术专委会主任洪钧、文化科技创新服务联盟秘书长刘兵和新绎控股总裁李晓菲等十位特约顾问,中国传媒大学教授蒋伟和中国戏曲学院新媒体艺术动画系动画教研室副主任马驰等九位高校专业评委,沸铜数字艺术展策展人郭瑞、MANA 全球新媒体艺术平台创作者运营总监井婉和 C6 模型网联合创始人董艳等十一位行业专家评委。实践出真知,这种以商业投资为主导,政府部门监管把控,高校保证其专业性,社会各界人才踊跃参与的模式,确实能在短时间内一呼百应,不仅高效推动行业发展,还能收获良好的社会反响。在本文的第二部分,我强调了人工智能艺术沉浸性、立体性和应用性三个主要特点,正是基于此,人工智能艺术才具备融入商业的极大潜力,在我国供给侧结构性改革和产业升级的道路上,人工智能艺术也会发挥极大效应。比如深圳举办的"湾区偏南"数字艺术大赛在推动走廊高质量发展特别是在招才引智、招商引资方面发挥重要的平台作用，也加强了深圳市"20＋8"产业集群中的数字创意产业集群，在促进全国数字文化产业交流发展中发挥重要的平台推动作用。①可见，人工智能艺术以其高度的应用性广泛地参与到社会各界的建设中，从基础设施建设到文旅产业再到高新技术产业，人工智能都将贡献自己独特的价值。

四、结　语

通过本文的分析，我们可以清楚地知道我国人工智能艺术目前还停留在人机协作的阶段，其形态还处于艺术创作者运用人工智能软件创作的阶段。这说明了我们距离成熟的人工智能艺术还有很长一段距离，但这也给了我们足够的时间去和人工智能磨合，以期找到人类和技术平衡的支点。毫无疑问，我国在这一轮以技术为主导的改革浪潮中，在全球范围内抢占了先机，不管是在人才团队、经济支持还是国家政策上，都能看到我国对于人工智能艺术的高度重视和积极投入。这给了我国的人工智能艺术创作者极大的信心，也将持续吸引更多艺术从业者参与到与人工智能协作的创作中，参与更多与人工智能有关的项目，跟上数字时代发展的脚步。尽管人工智能艺术还存在着是否侵蚀艺术本身之神圣性的争议，但一种新艺术形态的出现必然会经历这个阶段，依笔者的观点，人工智能艺术本身就不属于纯粹艺术的领域，因而不能用纯粹的审美性去批驳它。在数字时代，艺术也需要拥抱技术，而这也并不意味着技术将完全取代艺

---

① 湾区偏南数字艺术大赛. MANA［EB/OL］. ［2024-2-28］. https://www.manamana. net/match/SBBA2023/home#!zh.

术,技术的更新和淘汰自有它的阈限,像京剧、民族舞、民乐和纯美术类等带有传统文化底蕴和极度依赖手工的艺术种类很难被人工智能完全替代。而像流行音乐、舞台艺术、摄影和动画等这些本就依赖技术的艺术种类,必然会和人工智能结合以跟上时代的节奏。技术永远不是艺术的假想敌,恐惧技术而贬斥技术,只会是人类对自身掌控力的怀疑和否定,只有与技术共舞,才是我们未来的主旋律。

虚拟舞台

张力恒

与往年的中央广播电视总台春节联欢晚会相比，2024 年的"春晚"显得愈发地"亦真亦幻"了。在晚会的开场节目《鼓舞龙腾》中，舞台上空引人注目地悬挂着"甲辰龙年"四个金色立体字样，任凭直播镜头如何切换与移动，这四个字始终以恰当的角度、合适的大小、逼真的光影和精确的位置呈现给屏幕彼端的观众，与舞台实景水乳交融。这样的幻觉在春晚的直播画面中数不胜数，譬如在歌曲节目《年锦》中，随着歌曲意境的铺展，各个朝代最具有代表性的纹样如同植物一般在演员身边生长着，歌词、画面与旋律融洽地交织在一起，视听体验堪称顶尖；而在节目《山河诗长安》中，李白在3D 动画电影《长安三万里》中的虚拟形象穿梭于晚会直播现场弹奏琵琶的演员阵列间，在与观众互动后登上大雁塔顶高歌《将进酒》……

图 1

图 2

图 3

在时下各种领域、规模与媒介的舞台中，得益于数字媒体技术的赋能，舞台美术的呈现效果正在不断取得新的突破，以至于观众稍不留神便可能将虚拟数字舞美视作真实的舞台布景，如上文所描述的"春晚"舞台便是由增强现实技术（Augmented Reality）所实现的虚拟舞台景观，它正属于虚拟舞台的一种技术类型。随着技术的不断发展，虚拟舞台的表现形式也在不断地拓展和变化，在面对纷繁的舞台呈现时，我们如何识别并界定一个舞台是否属于虚拟舞台呢？对此，我们需要对虚拟舞台的概念进行一番梳理与界定。

一、虚拟舞台的概念

虚拟舞台是一种利用虚拟现实(Virtual Reality)、增强现实(Augmented Reality)、混合现实(Mixed Reality)、全息影像(Holographic Imagery)、光雕投影(Projection Mapping)、即时渲染(Real-time Rendering)、LED 屏幕以及其他多媒体技术所创建的三维虚拟表演空间。由不同技术所创造出来的虚拟舞台的虚拟程度及其表现形式也有所不同,因此,诸种不同类型的虚拟舞台就像是放置于一条两端的顶点分别为"现实"与"虚拟"的渐变光谱之间的多个节点,对此我们应当进行分类讨论。

就运用了不同技术的舞台的虚拟程度而言,《数字舞美:数智技术赋能舞台报告》一文提出了一份数智技术赋能舞台表演的理论框架,这份由舞台范围、呈现效果、感官调动这三个维度建构而成的理论框架将帮助我们分析各种类型的舞台的虚拟程度,我们也可通过这种分析而得出一份判定一种舞台在何种程度上能够作为虚拟舞台的可参考的标准(图 4)。①

首先,Y 轴的"舞台范围"分为"舞台场景""环境场景""媒介场景"三种类型。"舞台场景"泛指传统的镜框式舞台,观众只能从被给定的观看视域对舞台呈现内容进行被动的接收;"环境场景"指借助或结合表演所在地的环境特征并融入作品内容中的表演,比如街头表演、旅游景点实景演出等等,观众可以自行选择观看方式并能够随时决定是否中止自己的观看行为,还有与表演者或舞台景观进行互动的可能;"媒介场景"则是脱离了现实空间而在数字空间中所发生

---

① 向勇:《数字舞美:数智技术赋能舞台报告》,https://www.trueart.com/news/540707.html.

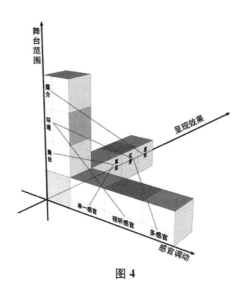

图 4

的演出,表演者或可借助三维虚拟空间中自身的数字形象以及各种数字物体、数字事件进行演绎,他可以自行调取数字空间中的镜头,并在这些镜头内安排组织诸种故事的发生,甚至能够通过剪辑将录制的片段串联成连贯的剧情,上传到社交网络供观众收看,或是在演绎的过程中以直播的方式或者号召观众来到同一数字空间的情境下的方式进行表演。在以上三种类型中,舞台的虚拟程度将依次加深。

其次,Z 轴的"呈现效果"分为"真实""沉浸""虚拟"三种类型,"真实"的呈现效果意味着一切舞台美术如道具、服装、灯光、布景等等元素皆取自真实的自然环境与社会环境之中;"沉浸"的呈现效果则是诸种新媒体技术引入舞台时的阶段,LED 显示屏、环绕声、数字投影、镁光灯等装置使得观众得以较全面地调动感官,宛若身临其境地处于舞台所试图建构的环境之中;而"虚拟"的呈现效果则要求舞台超越时空的束缚,让不处于同一空间的观众也能够通过使用相关设备而在同一时间感受与体验到舞台所营造出的氛围。对此稍作延伸,这意味着,即使观众和演员天各一方,也可以通过虚拟现实设备或者网络而以数字人的形式进入到同一虚拟数字空间中,实现数字观众、数字演员和虚拟舞台在同一数字空间的同时在场,这便意味着"虚拟"的呈现效果。在以上三种类型中,舞台的虚拟程度将依次加深。

最后,X轴的"感官调动"包括"单一感官""视听感官"和"多元感官"三种类型。"单一感官"类的舞台指的是仅凭借视觉、听觉进行欣赏的舞台表演艺术,譬如哑剧、相声、评书、曲艺、脱口秀等舞台表演;"视听感官"类的舞台指的是随着技术硬件设施的提升而使得演出的视觉效果和听觉效果都有所加强的艺术,譬如演唱、舞蹈、器乐表演等等;"多元感官"则强调了触觉、嗅觉乃至味觉的综合调动,典型的例子如沉浸式戏剧《不眠之夜》,在舞池中的观众能够仿若真正地身处酒馆之中,既能在吧台小酌获得味觉的刺激,也能与周围的演员与观众发生互动而调动触觉与嗅觉的运作。在以上三种类型中,舞台的虚拟程度将依次加深。

由此,我们或可总结出一份能够判断一个舞台在多大程度上可以被称为虚拟舞台的标准,并基于这一标准梳理出舞台的几种虚拟程度。

其一是完全不具备虚拟元素的现场舞台。这些舞台往往在传统的"舞台场景"或"环境场景"中发生,具有"真实"的呈现效果,只能调动"单一感官"或是"视听感官",这样的舞台往往不使用任何形式的多媒体技术。

其二是混杂有虚拟元素,但却不足以作为虚拟舞台的现场舞台。这些舞台能够通过多媒体技术而强烈地刺激"视听感官",他们往往有着"沉浸"的呈现效果。但是这些舞台大多建立在"舞台场景"或者"环境场景"中,主要由现实布景以及不足以覆盖整个舞台视野的LED屏幕所构成,尚未大面积地由三维虚拟环境构建舞台场景。然而,成为虚拟舞台的必要条件便是该舞台主要是由三维虚拟表演空间建构而成的,因此这一虚拟程度的舞台还未实现"媒介场景"的"舞台范围",也并不能称之为符合虚拟舞台条件的舞台。

其三是基本符合虚拟舞台条件的舞台。无论在"舞台场景"还是"环境场景"中,这些舞台都试图将由计算机生成的三维虚拟环境即"媒介场景"融入并再现到现实舞台之中,观众可以通过设备看见叠加于现实舞台之上,并与现实舞台物件相互配合的虚拟图像;在其他情况中,三维虚拟环境还可以通过多角度、大面积地覆盖观众视野的LED屏幕而让观众仿若置身于"媒介场景"所搭建的虚拟舞台之中。但是,由于在上述的舞台情况中尚未实现数字观众、数字演员和虚拟舞台在同一数字空间的同时在场,因而其"呈现效果"仅仅达到"沉浸"而非"虚拟"的程度。综上,这些舞台虽然能够引起"视听感官"或者"多元感官"的感官调动,因此仍然无法称作为完全符合虚拟舞台的舞台条件。

其四则是完美符合虚拟舞台条件的舞台。这样的舞台总是出现在"媒介场景"中,观众完全置身于由计算机生成的虚拟环境,一切可感物都是由数字信息生成的虚拟图像而不存在对应的实体,这种形态的"媒介场景"可以供不同空间的人于同一时间感受这一舞台的氛围从而真正地具有了"虚拟"的"呈现效果"。除了"虚拟"的"呈现效果",由于多种类型设备提供的技术支持,观众也往往能够享受"视听感官"或"多元感官"的感官调动。因此,具备以上元素的舞台才能被称作完美符合虚拟舞台条件的舞台。

那么,由不同的多媒体技术进行赋能的各类虚拟舞台分别位于这条"虚拟舞台光谱"的何种位置呢?下文将逐一介绍能够被用于构建虚拟舞台的诸种技术,并尝试借助数智技术赋能舞台表演的理论框架来判断不同的技术所构建出的虚拟舞台在何种意义上能够恰如其分地称作虚拟舞台。

二、虚拟舞台的技术

(一) 增强现实舞台

增强现实技术是一种能够实时计算摄影机影像的位置和角度,配合影像中的现实物件叠加计算机生成的图像、音频和其他感官输入,以试图实现虚拟元素与现实物件同时存在于观看者的视听空间的一种虚实相间的感官效果,以此来增强用户对现实世界的感知的技术。为了使得此种虚实相间的视听效果能够出色地呈现给观众,增强现实类虚拟舞台往往需要追踪定位技术、3D 模型与动画技术、实时渲染引擎作为关键技术组成部分,如此才能更加准确而逼真地将虚拟元素放置在现实世界中。增强现实类虚拟舞台的实例除了文章开头提及的"春晚"舞台,还包括由英国国家剧院制作的戏剧《安提戈尼》(*Antigone*)。在这一部戏剧中,导演西蒙·古德温利用 AR 技术创造了一个沉浸式的舞台环境,观众可以通过专用的应用程序在智能手机上看到舞台上的虚拟元素并能够与现实表演者进行交互。除此之外,AR 技术在游乐园的舞台也将得到进一步的运用,在奥兰多迪士尼乐园中,游客可以在园区的指定地点打开"我的迪士尼"应用软件中的"增强现实相机"小程序,从而发现被设置在园区指定地点的各种虚拟角色和虚拟场景,游客可与这些虚拟角色与虚拟场景进行拍照与互动(图 5)。不仅如此,为了让观众能够在观看虚拟舞台场景的同时从繁琐的多媒体设备中解脱从而更加轻松而即时地观看舞台演出,迪士尼乐园还在进一步研发裸眼增强现实的相关技术,以期为游客带来更加便捷而愉快的虚拟舞台观赏体验(图 6)。[1]

---

[1] *Disney Files Patent for Augmented Reality Ride Without Glasses*. https://www.themeparkinsider.com/flume/202209/9139/.

图 5

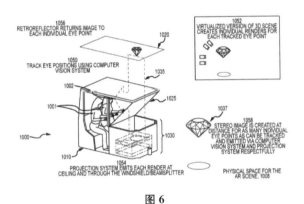

图 6

　　由此可见,以增强现实为主要技术支撑的舞台主体虽然往往位于现实世界中,但是舞台制作者也已然将数字图像与数字建模在三维虚拟空间中搭建完毕,增强现实舞台中的诸数字图像的呈现皆出自被视作二维虚拟空间的"媒介场景",因而属于来自数字空间的舞台元素。这样的虚拟舞台将作为三维虚拟环境的"媒介场景"与现实中的"舞台场景"或"环境场景"叠置,以达到增强现实的效果,让观众仿佛置身于虚拟环境与现实环境的缝隙之中、带来"视听感官"或"多元感官"的感官调动。但是,由于这样的舞台依旧在很大程度上依赖于现实场景的环境,无法让演员的数字身体与观众的数字身体在不同的地点同时置身于同一数字舞台上,因此其呈现效果还尚未达到"虚拟",而属于"沉浸"。从这个意义上考量,以增强现实为主要技术手段的虚拟舞台尚不属于"完美符合虚拟舞台条件"的舞台,而属于"基本符合虚拟舞台条件"的舞台。

(二)虚拟现实舞台

虚拟现实技术是"以计算机技术为核心,结合相关科学技术,生成与一定范围真实环境在视、听、触感等方面高度近似的数字化环境,用户借助必要的装备与数字化环境中的对象进行交互作用、相互影响,可以产生亲临对应真实环境的感受和体验。虚拟现实是人类在探索自然、认识自然过程中创造产生,逐步形成的一种用于认识自然、模拟自然,进而更好地适应和利用自然的科学方法和科学技术"[1]。而虚拟现实类舞台则是演员和观众通过佩戴立体头盔式显示仪(HMD)或者其他交互设备而被置入一个由计算机生成的三维虚拟环境之中。在这个空间里,演员可以通过动作/面部捕捉技术(Motion/Facial Capure)以虚拟角色的形象出现在虚拟舞台中进行表演,并在表演中穿插预制动画来增强表演的视觉效果,或可通过交互式环境技术(Interactive Environments)来改变虚拟舞台中的环境,提高观众的沉浸感和互动感。譬如汪峰在2022年与知名VR品牌Pico携手举办了一场VR演唱会《Pico汪峰@奇幻音乐漂流记》,观众只要佩戴上PicoVR头显仪就能免费参与这场活动。在虚拟舞台中,观众可以利用手柄实现离开房间、切换视角、拍照、发表情和发弹幕等互动行为,在观看演唱会时,也能够选择多个不同的视角欣赏舞台。随着汪峰演唱曲目的切换,整个虚拟舞台的景观也会相应地发生变化,譬如汪峰在演唱《北京北京》时,虚拟舞台便将观众带领至月光下的高楼顶层(图7);在演唱《飞鸟》时,虚拟舞台又建构了一片

---

① 赵沁平:《虚拟现实综述》,《中国科学》39.1(2008),2。

柔和地弥漫着粉蓝色云彩的天空,这不仅使得演出场景能够持续地适应不同歌曲的意境,也让观众能够更加沉浸地欣赏舞台的演出效果。

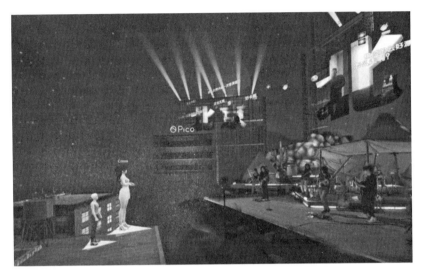

图 7

以虚拟现实技术为主要技术支撑的虚拟舞台是完全呈现在由计算机技术所建构出的三维虚拟环境之中的。在汪峰的虚拟演唱会中,即使歌手的演出场地是在现实中的郊野露营地,但是这一现实景观是作为整个三维虚拟环境中的重要部件之一而被编排于虚拟舞台之上的,因此这一空间总体而言依旧是由计算机图形学、图像处理和仿真技术所搭建的二维虚拟世界,这一舞台仍属于虚拟舞台。需要注意的是,部分 VR 现场直播/录播所建构出的观看空间却未必是三维虚拟空间,因为这些视觉内容只是将由 360 度摄像机捕捉真实世界的场景播放于 VR 环境之中,这样的空间景观并不是真正意义上的由计算机技术所生成的三维虚拟空间。虚拟舞台之为虚拟舞台的重要条件便是该舞台是由三维虚拟空间构成的舞台,因此由 360 度摄像机拍摄的 VR 直播/录播并不属于虚拟舞台。但是若在这些 360 度视频的基础上再次结合 3D 虚拟元素从而创造一种混合现实舞台（MX）的体验、构成一种 VR 混合现实直播，那么这种舞台便具备了成为虚拟舞台的条件。最后，一种虚拟现实/混合现实舞台往往是搭建于"媒介场景"之中的，并同时具备"虚拟"的呈现效果以及调动"视听感官"或"多元感官"的能力，因此，运用了 3D 虚拟环境技术的虚拟现实舞台是"完美符合虚拟舞台条件"的绝佳范例。

（三）全息投影舞台

全息技术是一种利用光学原理来记录和再现三维图像的技术，是一种基于幻象和实景装置的光学成像结合形式。全息投影技术是"将所需要投射的对象（人或物）进行拍摄，然后将拍摄后的影像投射到布景箱中的主体模型景观上，并且可以绘声绘色地将物体演示出来的一种方法。全息投影技术所衍生出来的全息显示屏，是目前世界上最先进的高科技光学显示屏。此显示屏具有先进的棱镜内置结构。显示屏内含有能够提高色彩对比度及吸收周围杂乱光线的特殊滤镜，光学显示屏在使用时能很好地控制光路，以便在屏幕前观看的观众在观看时不会受到环境光和阴影的影响。"①将全息投影技术运用于舞台表演中的著名实例便是迈克尔·杰克逊（Michale Jackson）在 2014 年的 Billboard 音乐晚会上所进行的"复活演出"。在这场演出中，杰克逊以全息投影的形象在舞台上演唱了他未发布的新曲《节奏奴隶》（Slave to the Rhythm）。表演过程中，杰克逊与伴舞们"配合"得完美无缺，仿佛是一个具有空间深度的立体实体，他的动作也和实时音频完美同步，迈克尔·杰克逊在高科技的支持下俨然在舞台上复活了（图 8）。为了实现如此精湛的舞台效果，舞台技术人员用两台具有 8K 分辨率的摄影机拍摄了舞台背景与真人伴舞，并经过繁

---

① 徐宁：《全息投影技术在舞台上的应用》，《艺术研究》5（2020），64。

复庞大的动画加工工程制作了一个 1991 年的迈克尔·杰克逊形象；在演出过程中,舞台上方悬挂了六个大功率投影仪,把杰克逊舞动和歌唱的高清片段对焦于一块聚酯薄膜上,这才实现了迈克尔·杰克逊的复活演出(图 9)。①

图 8

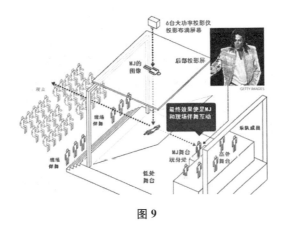

图 9

---

① 张嘉懿:《迈克尔·杰克逊"复活",虚拟舞台演出时代到来》,https://www.sohu.com/a/56357561_355133.

全息投影技术作为一种高级的光学错觉手段,通过精密的光学装置和先进的计算机图形处理技术在现实世界的舞台空间中生成了逼真的三维立体图像,能够实现将"媒介场景"中的数字图像叠置于"环境场景"或"舞台场景"上,同时,全息投影舞台也能够带来"沉浸"式的舞台呈现效果以及对"视听感官"的刺激和调动,但是单一的全息投影舞台尚未实现高度"虚拟"的呈现效果,观众的数字身体无法与演员的数字身体在不同的空间中共处于同一数字场景里,因此尚不属于"完美符合虚拟舞台条件"的舞台,而属于"基本符合虚拟舞台条件"的舞台。

(四) LED 屏幕舞台

LED 屏幕舞台是一种利用发光二极管技术来打造舞台背景和视觉效果的视觉技术。这种舞台设计通过大面积的 LED 屏幕来展示各种或动态或静态的图像,能够增强舞台表演的视觉冲击力与沉浸感。但是,并非所有运用了 LED 屏幕的舞台都属于虚拟舞台。在更加传统的多媒体舞台中,LED 屏幕往往只是作为舞台的背景板出现,它们的功能更偏向于增强实景表演的视觉效果,而无法作为一种有着更丰富的互动潜能的三维虚拟环境。但是,搭配了诸多灯光系统和音响系统的传统 LED 背景舞台却仍然通过各种数字信息而呈现了一场携带有虚拟元素的场景,LED 屏幕中呈现的数字形象虽然并不具有可互动的三维立体形态,但是依然是作为舞台上的虚拟形象而呈现的,譬如说,北京奥运会开幕式中惊艳四座的巨幅画卷是一面长 147 米,宽 22 米的 LED 屏幕,屏幕上排列着四万四千颗发光二极管,演员们在巨幅屏幕上不断地为屏幕留下感应痕迹,这些痕迹像墨水一般滞留又散逸,为观众献上了一场虚实相间的水墨盛宴(图 10)。因此,此种传统的 LED 屏幕舞台虽然并非虚拟舞台,但是仍可称作"混杂有虚拟元素、但还不足以作为虚拟舞台的现场舞台"。

图 10

(五)"CAVE"舞台

尽管传统的 LED 屏幕舞台并不能称作虚拟舞台,但是 LED 屏幕的特殊用法却使得它能够成为虚拟舞台的关键底座,这一特殊用法是将 LED 屏幕运用于"CAVE"舞台(Computer Automated Virtual Environment,即计算机自动化虚拟环境)中。"CAVE"虚拟舞台是基于多通道同步技术、三维空间整形校正算法、立体显示技术而共同实现的房间式可视协同环境,其核心特点在于它使用多个 LED 屏幕或者投影屏幕覆盖观众的周围环境,通常包括地面和四个墙面,形成一个包围用户的立方体(图 11),参与者能够同时活动于被三维立体投影全景画面包围的虚拟场景中,借助相应的交互设备(例如数据手套、位置跟踪器、力反馈装置等),从而获得一种身临其境的高分辨率立体视听影像和高自由的交互感受。①

"CAVE"舞台将我们沉浸式地投入于一个由计算机技术生成的可互动的三维虚拟环境之中,属于"媒介场景"在"环境场景"中的叠

---

① 王深,谢欣:《沉浸式虚拟现实融入戏剧舞台的设计与实现——以哈工大机器人表演数字小剧场为例》,《四川戏剧》2(2020),16。

269

图 11

置应用,同时能够给予观众以"视听感官"和"多元感官"的感官调动,但是,由于"CAVE"舞台依然需要现场环境以及装置设备的辅佐,尚未实现观众的数字身体与虚拟舞台的数字场景处于同一空间的效果,因而未达到数智技术赋能舞台表演的理论框架中"虚拟"的呈现效果标准,故而属于"基本符合虚拟舞台条件"的舞台。

三、虚拟舞台的应用

虚拟舞台的野蛮生长离不开时代环境的风云变化。根据中国演出行业协会颁布的《2021 年全国演出市场数据分析》①以及中国演艺设备技术协会颁布的《2022 年中国演出市场年度报告》②数据,自

---

① 中国演出行业协会:《2021 年全国演出市场数据分析》,https://mp. weixin. qq. com/s/pyiQdga6OrNQIsmRb9rnfw.

② 中国演艺设备技术协会:《2022 年中国演出市场年度报告》,https://m. ceta. com. cn/3/202304/3494. html.

2019 年末由 COVID-19 新型冠状病毒引发的长期疫情期间,线下舞台市场遭受了难以恢复的重创。2021 年的演出市场总体经济规模为 335.85 亿元,相较于上年同比增长 27.76%,与 2019 年同比降低 41.31%,而 2022 年演出市场总体经济规模 243.60 亿元,与 2021 年同比降低 31.33%。其中:专业剧场演出 2.56 万场,与上年同比降低 32.77%;票房收入 34.26 亿元,与上年同比降低 29.11%;演唱会、音乐节[含小型音乐现场(Livehouse 演出)]0.51 万场,其中大型演唱会、音乐节与上年同比降低 52.00%;票房收入 16.63 亿元,其中大型演唱会、音乐节与上年同比降低 60.86%。

与线下剧场的大萧条形成鲜明对比的是线上演出的火爆,中国演出行业协会颁布的《中国网络表演(直播)行业发展报告(2021—2022)》显示,"2021 年,中国数字文化产业规模已达 7841.6 亿元,同比增长 14.7%。一些体育赛事、演唱会等线下活动将阵地转移到线上直播,结合全息呈现、数字孪生、多语言交互、高逼真、跨时空等新技术,打造沉浸式的数字文化消费体验。"[①]由此可见,疫情对线上演出的发展起到了显著的推动作用,而虚拟舞台作为线上演出的重要组成部分也得到了更加广泛的应用。随着疫情造成的旅行限制和大型集会的禁止以及大规模的停产停业,人们对于虚拟活动平台以及虚拟娱乐项目的需求激增,这迫使企业和组织寻找新的方式来进行会议和演出,从而加速了对虚拟舞台技术的投资和发展。消费需求也带动了技术生产,供应商研发力度的持续加大使得虚拟现实、增强现实等技术愈发成熟,这为用户带来了更清晰的三维画面呈现、更低的延迟以及更舒适的用户界面和体验设计。2021 年 4 月,在中华人民共和国国务院新闻办公室举行的政策例行吹风会上,工业和信息

---

① 中国演出行业协会:《中国网络表演(直播)行业发展报告(2021—2022)》,https://perform.capa.com.cn/1670901912316.pdf。

化部副部长刘烈宏表示,我国已初步建成了全球最大规模的 5G 移动网络,随着 5G 网络的部署和云计算能力的增强,虚拟舞台技术得以在更广泛的地区和设备上提供,提高了虚拟活动的可靠性和可访问性。除此之外,企业对于新型商业模式的探索、人们对虚拟活动接受度和适应性的不断提高、国家政策的鼓励与扶持、跨行业合作的增多,这种种因素都促推着虚拟舞台逐渐演化为人们的一种生活场景,那么,当下虚拟舞台的主要应用场合有哪些呢?

1. 虚拟舞台上的演唱会

自从新冠疫情暴发以来,首个现象级的线上虚拟演唱会当属著名说唱歌手 Travis Scott 在时下流行的多人在线游戏《堡垒之夜》(Fortnite)中举办的"Astronomical"演唱会。在演唱会期间,Scott 在《堡垒之夜》游戏中的天空和大海间游荡,为每位数字身体同处于一个虚拟空间中的观众带来了震撼的视听体验(图 12),这场表演创下了将近 2800 万玩家在线观看的纪录,是虚拟舞台技术发展至今的历史性事件。

图 12

国内的在虚拟舞台举办演唱会的实例除了上文提到的《Pico 汪

峰@奇幻音乐漂流记》,还有腾讯 TME 旗下 QQ 音乐平台中的虚拟
数字音乐世界"TMELAND"举办的 2022 年跨年音乐嘉年华(图
13)。在跨年夜当晚,数十万名数字虚拟观众集中在"TMELAND"的
蹦迪广场上。整个虚拟音乐节的地图中有着众多可以探索的地点,
如果暂且不想待在"海螺迪厅"观看五月天与周杰伦的预制演出,还
可以前往"海滨观光塔""音乐博物馆"等地点进行其他互动操作,与
其他同时在线的观众打招呼、交谈或者共同舞蹈。这一在国内首个
音乐元宇宙"TMELAND"中举办的跨年音乐嘉年华融合电子音乐、
虚拟舞台直播以及游戏化的场景,展现出了较高的内容质量和技术
探索。但是在虚拟舞台中播放现实舞台中的预制视频这一演出模式
显然并没有将虚拟舞台的可能性进行更有创造力的探索,由此看来,
国内的演唱行业对虚拟舞台技术的利用以及与相关产业的合作还有
较大的上升空间。

图 13

2. 虚拟舞台上的戏剧

2020 年,皇家莎士比亚剧团的线上互动演绎虚拟戏剧《梦》
(Dreams)在网络平台上播出,将因疫情而关闭的剧院舞台搬至了数

字空间中的虚拟舞台。这部作品的创作灵感源自莎士比亚的剧本《仲夏夜之梦》，其虚拟舞台被艺术地建构为一片静谧而神秘的夏夜森林。为了使得舞台场景能够更好地将森林的意境与氛围传递给观众，皇家莎士比亚剧团还联合了著名线上游戏公司"史诗游戏"以及世界顶级的虚拟现实技术公司"棉花糖激光怪兽"来共同完成虚拟舞台的创设(图 14)。

图 14

在观众佩戴虚拟现实设备进入戏剧舞台仲夏森林时，便化成了虚拟空间中的数字形象小萤火虫，作为小萤火虫的观众肩负着引领由真实演员饰演的虚拟形象精灵帕克等角色穿越森林的使命，在观众与演员互动的过程中，演员于舞台现场实时地根据观众所发出的信号而进行相应的表演，演员们佩戴着尖端的动作捕捉系统 Vicon，并用了相应的头部装置来跟踪演员的面部表情，这些设备将演员的动作转化成数字信号，发送至虚拟引擎中的动画画面，最终呈现在观众可以看到的头戴式显示仪的屏幕上(图 15)。《梦》的动作捕捉顾问阿列克谢·康瑟尔(Alex Counsell)在采访时表示，演员们在表演时可以直接观看自己在数字空间中的表演，以此意识到自己是数字舞台中的一部分,并据此来调整自己的表演姿态。康奈尔还透露了在拍摄过程中为了让虚拟舞台呈现得更加逼真而使用的其他高新技术,他说,剧组能够实现交互式的音频效果,先在动作捕捉中获取演员动作的数字信息,通过特定动作的数字信息便能够唤起相应的音频,这一构想是通过名为手势大师(WGesture)的软件而实现的,它能让演员在表演中用他们的手势来演奏数字乐器并发出声响,让演出的呈现效果更加地流畅。

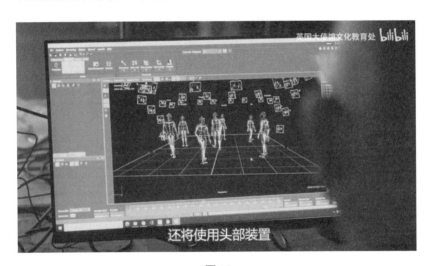

图 15

3. 虚拟舞台上的发布会

当企业试图通过发布会来介绍他们研发的新产品时,一场别开生面的推销表演是必不可少的。假如仅仅通过传统的舞台、镜头与屏幕来描述与勾勒产品,不免显得缺乏活力和跃动感。在湖南卫视2020汽车之家的产品发布环节,舞台上的汽车虽然没有进行移动,但是由舞台三面侧壁以及舞台地面的 LED 屏幕放映的内容共同构成的三维虚拟空间却营造出了如同使用了"CAVE"虚拟技术一般的虚拟舞台效果:汽车仿佛在由舞台呈现的三维虚拟环境中进行灵活漂移。这一舞台表现将实车展示与虚拟场景相结合,展现了车辆在不同角度镜头下的立体感,产品对于观众的吸引力也有所增强。而在另一个汽车发布会中,策划者使用了不同的虚拟舞台技术。长安汽车 UNI-K 发布会运用了增强现实技术来展示产品的细节、交互以及详细参数,并以富有科技感和设计感的 UI 图标作为车辆的装饰,也让舞台上的主角显得更具魅力(图 16)。

图 16

当下国内的虚拟舞台研究尚处于起步阶段,相关论文较少,也缺乏对这一概念的探讨与辨析:一种舞台在何种程度上能够被称为虚拟舞台? 当构建虚拟舞台的三维虚拟空间能够通过技术悄无声息地侵入现实、当舞台和生活的界限日趋模糊,我们又该如何区分舞台与虚拟舞台? 譬如说,在短视频时代里,视频上传者们录制自己在游戏等虚拟空间中操纵数字角色并完成一些行为的片段,再将这些片段剪辑编排为连贯的影视内容播放给亿万观众,那么视频中由数字身体发起的诸行动是否能够被称为表演? 如此一来,一切可供数字身体进入、具有三维虚拟空间并允许录制片段的数字场景是否都能够在特定情境中作为虚拟舞台? 相应地,拍摄剧情短视频的任何生活角落是否也能称之为舞台呢? 舞台、虚拟舞台的界限究竟应当设置于何处? 当时代与技术冲击了我们的传统观念、当关键概念在这种冲击下变得模糊不清时,或许需要对这些概念进行及时的清扫与梳理,为深入研究相关的专题筑好地基。

AI 换脸

吕一杨

一、AI 换脸的概念

AI 换脸作为一种尖端的深度合成手段，巧妙地结合了人工智能的深度学习与虚拟现实算法，对图像进行细致入微的分析与处理。该技术不仅能够掌握并复制图像的分布特征，还能根据用户的具体需求，智能地将目标图像与源图像进行无缝融合，从而创造出独一无二的视觉体验。AI 换脸的应用场景广泛，不仅在娱乐产业中大放异彩，还在广告、影视制作等领域展现出其独特的魅力，为创意表达和视觉效果的实现提供了无限可能。

AI 换脸的起源可以追溯到 2017 年 12 月，当时一位名为"deepfakes"的 Reddit 论坛用户首次在网络上发布了自制的 AI 换脸视频。这位用户将许多好莱坞明星如盖尔·加朵的面孔植入情色电影中的新举动震惊了全世界，让人们首次目睹了 AI 换脸的潜力。尽管 Reddit 论坛后来因众多投诉而封禁了"deepfakes"的账号，但这一事件反而促使"deepfakes"公开了换脸项目的源代码。代码的公开如同普罗米修斯的火种，点燃了全球对 AI 换脸的热情。仅需基本的电脑技能，即使是初学者也能在短时间内制作出令人信服的换脸视频，这一事实使得这项技术迅速在全球范围内流行开来。为了纪念"deepfakes"的贡献，人们将这种技术命名为"deepfakes"。而在中国，一款名为"ZAO"的软件真正让 AI 换脸走进了大众视野。它极大地降低了技术门槛，使得普通用户仅通过上传照片就能轻松体验换脸的乐趣。在接下来的几年里,AI换脸技术的不断进步催生了一系列创新应用和工具,例如FaceApp、Reface等应用就通过AI换脸技术,让用户得以将自己的面部特征与电影明星、动漫角色等进行巧妙融合,从而创造出更加丰富多样且引人入胜的视觉体验。这些应用不仅丰富了人们的娱乐生活,也展示了AI技术在创意表达上的无限潜力。

AI换脸作为深度学习领域的一个突破性应用,专注于在数字媒体中精确替换人物的面部和头部图像。早期的换脸尝试依赖于图像处理技术,通过手动移植面部特征来实现,这种方法不仅工作量大,而且往往难以达到自然的效果。然而,随着人工智能技术的飞速发展,尤其是深度学习的应用,使得人们能够通过分析大量人脸图像数据,构建出高度逼真的面部模型,并自动进行面部特征的精确替换。AI换脸技术的核心力量源自深度学习领域中的两大特定网络结构——卷积神经网络(CNN)和生成对抗网络(GAN)。卷积神经网络(CNN)作为深度学习中处理图像的关键工具,擅长于高效地识别、分类并处理图像中的复杂模式和特征。对于AI换脸和AI换头技术来说,CNN主要用于特征提取。而AI换脸的核心技术"深度伪造(DeepFake)"的进步原理就是基于生成对抗网络(GAN)的内部对抗。生成对抗网络(GAN)由两部分组成:生成器和判别器。生成器致力于创造出令人信以为真的图像,而判别器则努力辨别这些图像与真实图像之间的差异。如果生成器成功骗过了判别器,GAN就改进判别器的算法;反过来,如果判别器抓到了生成器的马脚,GAN就改进生成器的功能。在这场持续的较量中,生成器与判别器相互促进,并通过生成器不断进行自我优化,使得生成的图像越来越难以被判别器所识别。这种对抗过程极大地推动了AI换脸的进步,使人们能够创造出既真实又与背景和其他特征完美融合的面部和头部图像。

二、AI 换脸背后的用户动机

（一）打破娱乐界限

在传统娱乐产业中，高昂的制作成本使得普通人难以触及影视制作领域，他们往往只能作为被动的观众，欣赏明星在荧幕上演绎的多彩人生。这种成本壁垒在一定程度上固化了娱乐圈与大众之间的界限，限制了普通人展现表演才华的机会。AI 换脸的兴起，为这种固化现象带来了颠覆性的改变。随着技术门槛的降低和成本的大幅缩减，即便是视频剪辑领域的新手，也能够在尊重版权的前提下，轻松地将自己的面容替换为影视作品中的明星脸庞，从而实现成为明星的梦想。这种几乎零成本的角色扮演方式，让人们得以深入剧情，体验多样化的人生故事。例如，在 2023 年 9 月的中国国际服务贸易交易会上，AI 换脸在北京首钢园的展示区中成为焦点，观众只需上传一张照片，就能与《长津湖》《红海行动》等热门影片中的明星进行换脸互动，与心仪的明星共同演绎精彩的对手戏。

（二）自媒体平台兴起的影响

随着抖音、快手、bilibili 等自媒体平台的兴起，传统媒体的垄断地位受到了挑战，内容创作的门槛被大幅降低，普通个体拥有了更多发声的机会，从而为个人创作者提供了一个展示才华、分享生活和观点的舞台，使得内容创作变得更加民主化和多样化。在自媒体平台上，AI 换脸视频因其新颖性和趣味性往往能够迅速获得大量的观看和分享，从而在社交网络中形成病毒式传播效应。此外，自媒体平台的社交分享特性，也为 AI 换脸视频的传播提供了天然的土壤。用户不仅可以在平台上观看和创作内容，还可以将这些内容分享到其他社交媒体如微博、微信等，进一步扩大了 AI 换脸视频的影响力。这种传播方式打破了传统的传播壁垒，使得 AI 换脸这种娱乐方式能够迅速在更广泛的社会环境中流行起来，吸引了不同年龄层和背景的观众。

（三）影视制作领域的需要

在影视作品中，导演、编剧和演员是不可或缺的三大要素。在 AI 换脸出现之前，当主演因故无法参与新系列的拍摄时，往往会引发粉丝的不满。这并非因为新演员的演技不佳，而是观众对原班人马已有深厚的情感认同，不同演员对角色的理解和诠释存在差异，即使新演员努力超越，也难以完全达到观众对原演员表演的认可度。但 AI 换脸在一定程度上解决了这一问题，它允许剧组在主演无法参与时，通过技术手段保持角色的连贯性，如《速度与激情 7》和《光荣时代》中的实际应用所示。随着 5G 时代的到来，AI 换脸技术的进一步发展将使完美换脸成为可能，为影视圈带来革命性的变革。

（四）渴望在虚拟世界实现"起死回生"

在 AI 与 5G 技术的融合浪潮中，AI 换脸技术迎来了与虚拟现实（VR）的创新结合，开启了一种全新的虚拟体验。通过高精度的 3D 建模和 AI 换脸算法，人们可以创造出栩栩如生的 3D 虚拟面具，使得已故之人在虚拟世界中得以"复活"。这种技术的应用，为那些渴望与逝去亲人再次相见的人们提供了一种情感上的慰藉和新的交流方式，让他们能够在虚拟空间中与逝去的亲人进行互动，重温往昔的回忆。此外，随着增强现实（AR）技术的发展以及换脸眼镜等设备的出现，使得人们能够在现实世界中与虚拟人物进行互动。通过这些设备，用户可以在任何时间、任何地点与心爱之人的虚拟形象相见，无论是在家庭聚会中，还是在独自散步时，都能感受到他们仿佛就在自己身边，这不仅满足了人们对亲人长存于虚拟世界的愿望，也为人们提供了一种新的社交和情感表达方式。

三、AI 换脸的基本流程与主流方法

（一）AI 换脸的基本流程

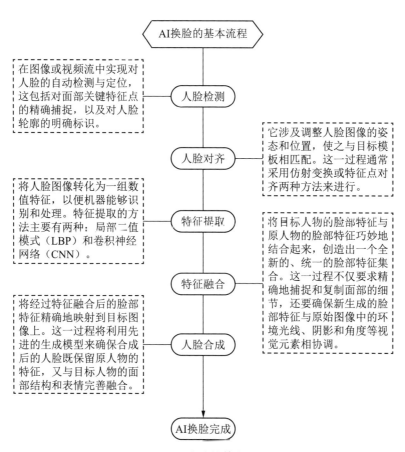

图 1　AI 换脸的基本流程

（二）AI 换脸的主流方法

1.基于深度学习的 AI 换脸方法

基于深度学习的 AI 换脸方法是最常用的方法之一。该技术依托于深度神经网络的训练过程,旨在学习并掌握人脸的关键特征,从而实现精准的人脸替换。生成对抗网络(GAN)是这一领域中的佼佼者,它通过训练生成器和判别器的对抗过程,创造出令人难以置信的真实感人脸图像。除了 GAN,还有其他深度学习方法如 Face2Face 和 DeepFace,它们在人脸替换方面也取得了显著成果。

2. 基于图像处理的 AI 换脸方法

基于图像处理的 AI 换脸方法通过运用先进的人工智能技术,对图像进行智能编辑和合成,从而实现人脸的快速替换。这种方法的优势在于其操作简便和高效率。用户仅需上传目标面部图像,软件便能自动执行面部识别和替换过程,整个过程迅速且精确,通常在几分钟内即可完成。

3. 基于 3D 模型的 AI 换脸方法

基于 3D 模型的 AI 换脸方法通过构建 3D 人脸模型,模拟面部的形状和表情变化,实现人脸的精确替换。这种方法通常涉及使用专业的 3D 建模软件,如 Blender、Maya 等,来创建和细化人脸模型,并结合运动捕捉技术来捕捉和复现面部动作。这种方法在电影制作和高端视觉效果中尤为常见。

4. 基于视频合成的 AI 换脸方法

基于视频合成的 AI 换脸方法专注于在视频序列中替换人物的面部图像。这要求使用专业的视频编辑软件,如 Adobe Premiere 或 Final Cut Pro,来逐帧处理视频,并替换每一帧中的人脸。同时,运动跟踪技术被用来精确捕捉和跟踪视频中人物的面部位置和姿态,确保换脸效果的连贯性和真实性。这种方法在制作高质量的视频内容时尤为重要。

四、AI 换脸在中国的发展现状

(一)应用领域日益广泛

在中国,AI 换脸的应用场景日益广泛,在多个领域展现出强大的潜力和应用价值。

在影视娱乐领域,AI 换脸不仅使演员能够轻松变换不同年龄或角色,也提高了拍摄效率,降低了成本,使得导演能够在不依赖特定演员的情况下创造出丰富的视觉效果。同时,在处理受争议艺人的作品时,AI 换脸也成为一种有效的解决方案。例如在我国,尽管 AI 换脸技术在我国影视剧制作中的应用尚未十分成熟,但其使用频率却显示出逐年增长的趋势。一个备受瞩目的案例是 2020 年电视剧《三千鸦杀》中对一位配角进行的换脸处理。由于该剧的 AI 换脸存在技术问题,所以观众在剧中可以轻易察觉到换脸痕迹,具体表现在以下两方面:一方面,换脸后角色的脸部打光效果与其他角色存在显著差异,另一方面,换脸后演员的脸和原演员的脸贴合度不尽如人意,导致换脸后的角色在进行转头等动作时会出现脸部与头部分离的诡异画面。而继《三千鸦杀》之后,又有多部作品如《封神演义》《长安十二时辰》以及《光荣时代》等均因不同缘由采用了部分角色进行 AI 换脸这一方法,尽管这些作品在应用此技术时的熟练度不尽相同,但都在一定程度上留下了可见的痕迹,使得换脸效果并未能完全逃过观众的法眼。由此可见,现有的 AI 换脸技术仍有待进一步的完善与提升。

在游戏开发领域,AI 换脸的应用正在革新角色动画的制作流程,它使得玩家能够在游戏中上传自己的照片,创造出个性化的虚拟角色,极大地提升了角色的真实性和表现力。2023 年 6 月,网易推出了被誉为"首款运用 AI 技术的游戏"的《逆水寒》,其不仅在游戏创作过程中广泛运用了 AI 换脸技术,更将此技术巧妙转变为游戏的核心玩法。具体来说,《逆水寒》引入了创新的"AI 捏脸"功能,允许玩家通过上传自己的自拍照片或者输入描述容貌的简单词汇,从而实现将游戏角色的面部特征调整至与玩家本人相似或塑造成玩家所期望的形象,带给玩家一种前所未有的沉浸式游戏体验。

在教育培训领域,AI 换脸为教学方法带来了创新,通过将历史人物、文学作品中的角色等以数字化的形式呈现,使得抽象的学科知识变得直观生动。2022年7月23日至26日,福建福州成功举办了第五届数字中国建设峰会。在这次重要的科技盛会上,网龙网络控股有限公司隆重发布了一款创新性产品——"AI教师"。这一产品巧妙地整合了尖端的"换脸面捕"技术,使用户能够通过专门设计的软件,在元宇宙(或称虚拟空间)内构建一个全新的虚拟代表。这个虚拟代表不仅可以是用户自身的高逼真度模拟形象,还能选择塑造为公众人物、各种动物乃至卡通角色。公司代表还详细解读了"AI教师"所呈现的技术进步,强调其将为元宇宙中的虚拟化和场景化学习、社交体验带来巨大的推动作用。以学习场景为例,学生可以根据个人偏好选择进入元宇宙的虚拟形象,而他们的教师既可以是真实教师的仿真形象,也可以是历史上的知名人物,这样的教学模式无疑将为学习过程增添更多的互动性和趣味性。

在医疗保健领域,AI换脸的应用为医学知识的宣传提供了强大的辅助工具。虚拟数字人技术服务商"世优科技"为推动医疗行业的智慧化转型与升级,精心打造了一款易用且高质量的"AI数字人系统",该系统为企业提供了一站式的数字人短视频与直播解决方案,涵盖模型训练、声音及形象复制等核心功能。在视频制作环节,世优科技的"AI数字人系统"展现出显著优势,助力医生便捷地创建出基于自身外貌、声音、表情及动作的AI数字人分身。这一创新应用使得医生能够利用数字人分身进行医疗服务知识的普及、医院最新动态的分享以及新闻宣传等工作,从而省去了真人拍摄、剪辑等繁琐流程。通过AI数字人技术的支持,每位医生都能获得一个专属的"数字分身",这一数字人能够精准地模拟真人医生的形象、动作、神态及声音。只需输入预设的脚本,系统便能迅速生成一条数字人视频,显著提升视频内容的制作效率。这种高度逼真的数字人医生分身不仅节约了医生的时间,还有效地满足了医疗机构对大量视频内容的需求。

在虚拟偶像领域,AI换脸的引入为这一产业注入了新的活力。它不仅使得虚拟偶像的面部表情和动作更加细腻、自然,而且能够与真人同步，极大地提升了粉丝的沉浸感和参与感。2022 年，腾讯公司在苹果的 App Store 平台上发布了一款名为《U82》的新应用。此款应用的核心功能是提供用户自定义的 3D AR 虚拟形象，并能进行虚实融合的 AR 内容创作。该应用具有实时动作捕捉的能力，用户仅凭一部手机就可以精准地捕捉面部表情以及半身动作，无需其他专业设备辅助。它不仅支持打造个性化的 3D 数字人形象，还能与 AR 拍摄技术、手机动态捕捉功能以及丰富的动作库相结合，使用户能够创作出引人入胜的数字人视频内容。这类软件的出现让虚拟偶像不再是冰冷的数字形象，而是能够以更加人性化的方式与粉丝进行互动，从而建立起更深层次的情感联系。

在社交媒体领域，AI 换脸为用户提供了一种全新的自我表达和娱乐方式使得用户能够轻松地在平台上进行换脸操作，无需专业的图像编辑技能。用户可以将自己的脸替换到电影场景中，或者与朋友一起制作搞笑视频，甚至在虚拟世界中体验不同的身份和角色。在国内，著名的换脸软件"ZAO"备受瞩目。该软件由知名社交平台陌陌公司精心打造，它巧妙地运用了尖端的人工智能技术，使用户能够轻松地将自己的面容替换成视频中演员的面容，且换脸效果自然流畅，几乎毫无痕迹。用户不仅可以通过展示各种表情、配音等方式尽情挥洒自己的表演天赋，还能自由选取电影或电视剧的片段作为创作素材，从而实现个性化的创意制作。这种互动性不仅增加了用户参与度，也为内容创作者提供了新的灵感来源。

在视频会议领域，AI 换脸的应用正在改变传统的远程沟通方式，通过将发言人的脸部替换成虚拟形象或动画角色，让远程会议变得更加生动有趣。2020 年，俄罗斯 Skolkovo 科技学院的 Karim Iskakov 和程序员 Ali Aliev 联手研发出了一款软件——Avatarify，这款软件能够与视频会议软件如 Zoom 或 Skype 等无缝兼容，而其独特之处则在于视频会议中的用户仅仅需要一张名人头像图片作为素材，便可在接下来的会议当中将自己的面部形象替换为任意指定的名人面容，从而激发与会者的创造力和参与感,使得会议过程更加轻松愉快。

(二)引领视频内容创新与社交媒体互动热潮

根据清华大学人工智能研究院、北京瑞莱智慧科技有限公司、清华大学智媒研究中心、国家工业信息安全发展研究中心以及北京市大数据中心联合发布的《深度合成十大趋势报告(2022)》显示,包括 AI 换脸在内的深度合成技术在视频内容创作领域正经历着前所未有的大变革。(如图 2 所示)报告中的数据揭示了一个显著的变化趋势:自 2017 年以来,全球主流的音视频平台和社交媒体上发布的深度合成视频数量增长了十倍以上。这一增长不仅体现在数量上,更在于深度合成内容的质量和多样性上。①

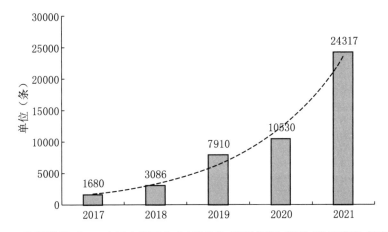

数据说明:在 10 家国内外平台中(爱奇艺、腾讯视频、优酷、哔哩哔哩、抖音、快手、微博、YouTube、Twitter、TikTok),以"Deepfakes"等 10 个中英文关键词进行检索,并通过 URL 去重后,统计出数据结果

图 2　互联网深度合成视频的发布数量变化趋势

数据来源:《深度合成十大趋势报告(2022)》

---

① 清华大学人工智能研究院,北京瑞莱智慧科技有限公司,清华大学智媒研究中心,国家工业信息安全发展研究中心,北京市大数据中心.深度合成十大趋势报告(2022)[R/OL].(2022-02-27)[2024-02-10]. https://www.163.com/dy/article/H17TTS8I0511BHI0.html.

如图 3 所示,在众多深度合成视频类型中,影视音乐类别独占鳌头,创作者通过对电影、电视剧的经典片段以及音乐视频进行创新演绎,为浏览者带来了全新的视听体验。科技教育类视频紧随其后,它们深入浅出地解释了深度合成技术的工作原理,讨论了其在各个领域的应用前景,并分享了最新的研究成果,为公众提供了宝贵的知识资源。而生活、娱乐和资讯类视频也不甘落后,它们以贴近生活的内容和轻松愉快的形式,吸引了大量观众的关注,分别占据了第三至第五的位置。

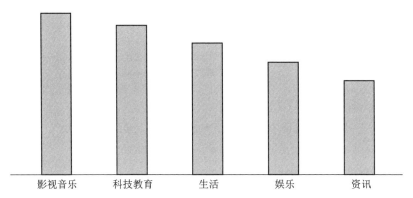

图 3　不同类型内容深度合成视频数量排序

数据来源:《深度合成十大趋势报告(2022)》

深度合成内容的流行趋势在互动数据中得到了显著的验证。(如图 4 所示)2021 年,新发布的深度合成视频在各大社交平台上累计获得了超过 3 亿次的点赞[①],这不仅反映了观众对于深度合成技术所创作内容的高度兴趣和认可,也揭示了深度合成技术在推动内容创作和传播方面的潜力和影响力。随着技术的不断进步,深度合成不仅为内容创作者提供了一个更加广阔和自由的创作空间,使得他

① 清华大学人工智能研究院,北京瑞莱智慧科技有限公司,清华大学智媒中心,国家工业信息安全发展研究中心,北京市大数据中心.深度合成十大趋势报告(2022)[R/OL].(2022-02-27)[2024-02-10]. https://www.163.com/dy/article/H17TTS8I0511BHI0.html.

们能够突破传统限制,探索更多创意可能性,同时也为观众带来了一种全新的、沉浸式的媒体体验。

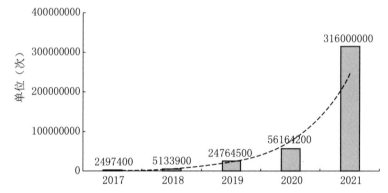

数据说明:在10家国内外平台中(爱奇艺、腾讯视频、优酷、哔哩哔哩、抖音、快手、微博、YouTube、Twitter、TikTok),以"Deepfakes"等10个中英文关键词进行检索,并通过URL去重后,统计出视频获得的"点赞"或"喜欢"的数量,进行求和后统计出数据结果

图4　互联网中深度合成视频的点赞/喜欢数量变化趋势

数据来源:《深度合成十大趋势报告(2022)》

随着深度合成技术的不断成熟和创新,人们正迈向一个智能化、个性化的媒体新时代。在这个时代,内容创作将变得更加高效,观众的互动体验将更加沉浸,个性化定制内容的实现将成为可能。深度合成技术的应用将不再局限于娱乐领域,它还将扩展到教育、广告、医疗等多个行业,并为这些领域带来革命性的变革。在未来,深度合成技术无疑将在媒体和娱乐产业中扮演更加核心的角色。它将继续推动行业的创新,打破传统内容创作的界限,为用户带来前所未有的视觉和感官体验。随着技术的普及和应用的深化,深度合成将成为塑造未来媒体景观的重要力量,引领人们进入一个充满无限可能的新时代。在这个时代,内容的创作和消费将更加个性化,观众将能够更加深入地参与到内容的创造和体验之中,共同塑造一个更加互动和动态的媒体环境。

（三）存在不容忽视的风险

AI 换脸技术的迅猛发展，如同一把双刃剑，既为娱乐、艺术创作、教育等领域带来了前所未有的创新机遇，也带来了一系列不容忽视的风险。

首先，低成本与易获取性是 AI 换脸面临的一个主要问题。随着换脸模型的可复制性和自动化程度的提升，原本高昂的训练成本和时间成本已经大幅降低，这意味着一旦有效的换脸模型被建立，几乎任何人都能够轻松地制作出换脸图片或视频。这种技术的普及虽然在一定程度上降低了创作门槛，但也可能被恶意利用，引发一系列社会问题。例如，虚假信息的传播可能会破坏公众对媒体的信任，个人隐私的侵犯可能会威胁到个人的安全和自由，而身份盗窃等犯罪活动则可能对个人财产安全构成严重威胁。

其次，AI 换脸的高度迷惑性也是一个不容忽视的问题。与传统的图像处理技术相比，AI 换脸技术不仅能够精确地替换五官，还能在动态视频中实现精细的像素级替换，甚至支持实时换脸。这种高度的迷惑性使得 AI 换脸内容难以被肉眼识别，从而可能被用于制造虚假新闻、误导公众舆论，甚至在更广泛的社会活动中进行诈骗。例如，通过 AI 换脸技术，不法分子可以轻易地伪造名人或政治人物的视频，从而影响公众对特定事件的看法，甚至可能在选举等重要时刻产生决定性的影响。

再次，法律与伦理风险也是 AI 换脸在发展中必须面对的挑战。AI 换脸的应用可能触及肖像权、著作权、名誉权和隐私权等法律和伦理问题。在未经被换脸者同意的情况下，擅自使用其肖像进行商业活动或公开传播，可能构成侵权行为。此外，如果 AI 换脸内容被用于损害他人名誉或隐私，可能会引发法律纠纷，遭受道德谴责，这就要求人们在享受 AI 换脸技术带来的便利的同时，也要对其可能带来的法律和伦理问题保持警惕。

最后，在社会风险方面，AI 换脸的滥用可能在政治、经济和个人安全等多个领域产生深远影响。在政治领域,AI换脸技术可能被用于制造虚假的政治宣传,误导公众舆论,甚至影响政治选举结果,损害国家政治的稳定。在经济领域,AI换脸可能导致知识产权的侵犯,误导消费者,对金融市场造成影响。例如,通过伪造名人代言的视频,不法分子可能会误导消费者购买假冒伪劣的产品,从而对经济秩序造成破坏。在个人层面,AI换脸可能被用于实施身份盗窃、诈骗等犯罪活动,严重威胁个人财产安全和隐私。

五、我国应对 AI 换脸风险的治理机制

深度合成技术,尤其是 AI 换脸,作为人工智能领域的一项重要创新,其在娱乐、媒体、教育等多个行业的应用前景广阔。然而,这项技术的快速发展也带来了一系列潜在的风险,包括个人隐私泄露、虚假信息传播、版权侵犯等问题。为了促使深度合成技术健康发展,在国家内部构建一个多维度的治理机制显得尤为迫切。在全球范围内,随着对深度合成技术潜在影响的认识加深,各国政府和监管机构开始采取行动,通过制定和实施相关法律法规,旨在规范深度合成技术的开发和应用,以防止其被滥用。这些法律法规通常涵盖了技术标准、数据保护、内容真实性验证以及对恶意使用行为的惩罚等方面。

我国在这一方面也展现出了积极的态度。为了应对深度合成技术可能带来的挑战,我国政府已经开始探索和建立相应的治理机制(如图5所示)。自2019年11月起,我国相继出台了《网络音视频信息服务管理规定》《网络信息内容生态治理规定》《中华人民共和国民法典》以及《互联网信息服务算法推荐管理规定》等一系列法规,对包括深度合成内容在内的多个领域提出了不同程度的监管要求。特别是《中华人民共和国民法典》中对生物识别信息的保护和对肖像权的明确规定,为个人隐私和形象权利提供了法律保障。然而,这些规定

在具体实施中仍显宽泛，对于 AI 换脸等深度合成技术的规制力度和针对性还需进一步加强。

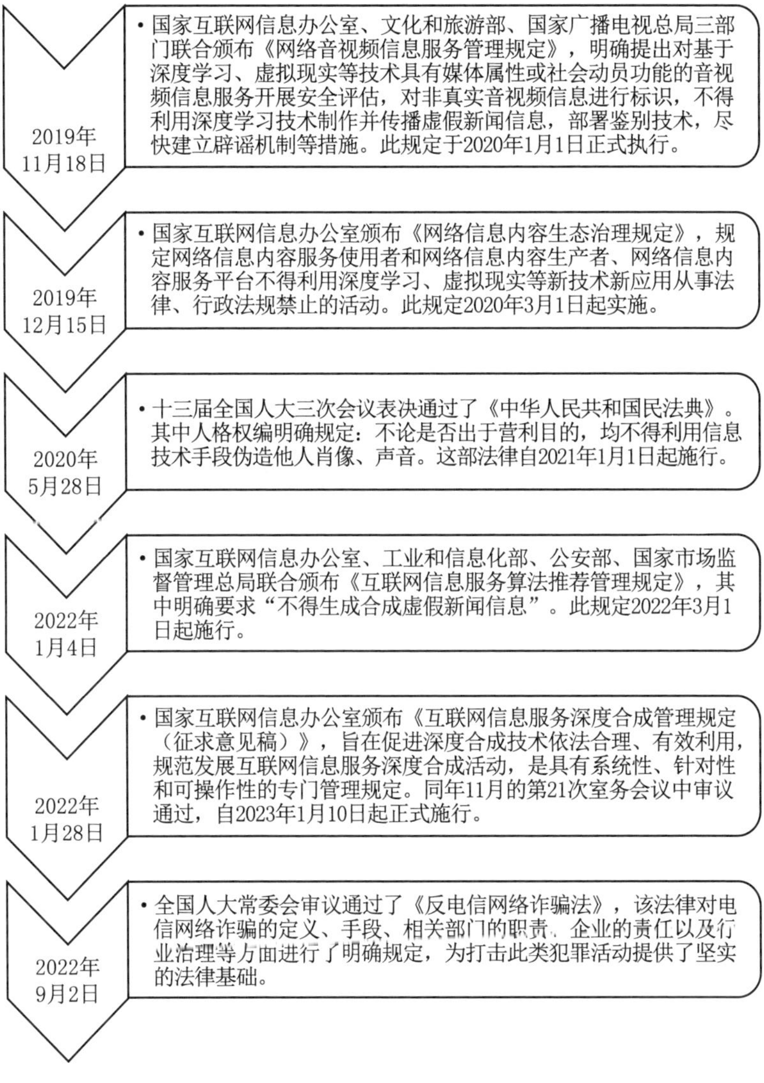

2019年11月18日
- 国家互联网信息办公室、文化和旅游部、国家广播电视总局三部门联合颁布《网络音视频信息服务管理规定》，明确提出对基于深度学习、虚拟现实等技术具有媒体属性或社会动员功能的音视频信息服务开展安全评估，对非真实音视频信息进行标识，不得利用深度学习技术制作并传播虚假新闻信息，部署鉴别技术，尽快建立辟谣机制等措施。此规定于2020年1月1日正式执行。

2019年12月15日
- 国家互联网信息办公室颁布《网络信息内容生态治理规定》，规定网络信息内容服务使用者和网络信息内容生产者、网络信息内容服务平台不得利用深度学习、虚拟现实等新技术新应用从事法律、行政法规禁止的活动。此规定2020年3月1日起实施。

2020年5月28日
- 十三届全国人大三次会议表决通过了《中华人民共和国民法典》。其中人格权编明确规定：不论是否出于营利目的，均不得利用信息技术手段伪造他人肖像、声音。这部法律自2021年1月1日起施行。

2022年1月4日
- 国家互联网信息办公室、工业和信息化部、公安部、国家市场监督管理总局联合颁布《互联网信息服务算法推荐管理规定》，其中明确要求"不得生成合成虚假新闻信息"。此规定2022年3月1日起施行。

2022年1月28日
- 国家互联网信息办公室颁布《互联网信息服务深度合成管理规定（征求意见稿）》，旨在促进深度合成技术依法合理、有效利用，规范发展互联网信息服务深度合成活动，是具有系统性、针对性和可操作性的专门管理规定。同年11月的第21次室务会议中审议通过，自2023年1月10日起正式施行。

2022年9月2日
- 全国人大常委会审议通过了《反电信网络诈骗法》，该法律对电信网络诈骗的定义、手段、相关部门的职责、企业的责任以及行业治理等方面进行了明确规定，为打击此类犯罪活动提供了坚实的法律基础。

图5　我国应对包括 AI 换脸在内的深度合成技术风险的治理机制建立过程

数据来源：《网络音视频信息服务管理规定》《网络信息内容生态治理规定》《中华人民共和国民法典》《互联网信息服务算法推荐管理规定》《互联网信息服务深度合成管理规定（征求意见稿）》《中华人民共和国反电信网络诈骗法》

为了应对 AI 诈骗这一危机，国家网信办于 2022 年 1 月发布了《互联网信息服务深度合成管理规定（征求意见稿）》，并在同年 11 月的第 21 次室务会议中审议通过，自 2023 年 1 月 10 日起正式施行。这一规定涵盖了内容合成、人脸合成、语音合成以及虚拟人全身合成等技术类型，对 AI 作画、AI 创作、AI 换脸以及虚拟人制作等应用提出了明确的管理要求。本质上是为了防范日益增长且无法预料的风险，从而对深度合成服务提供者和技术支持者的数据和技术管理规范。当下深度合成内容制作的技术门槛越来越低，普通人仅需少量的图像、视频、音频等样本数据，通过简便易用的合成工具，就能模糊真实和虚拟（虚假）的边界，甚至利用深度合成技术制造虚假视频、音频进行诬陷、诽谤、诈骗、勒索等违法行为。《规定》明确提出，深度合成服务提供者对使用其服务生成或者编辑的信息内容，应当采取技术措施添加不影响用户使用的标识，并依法依规保存日志信息。提供智能对话、合成人声、人脸生成、沉浸式拟真场景等具有生成或者显著改变信息内容功能服务的，应当在生成或者编辑的信息内容的合理位置、区域进行显著标识，向公众提示信息内容的合成情况，避免混淆或者误认；提供非上述深度合成服务的，应当提供显著标识功能，并提示使用者可以进行显著标识。任何组织和个人不得采用技术手段删除、篡改、隐匿相关标识。①

《互联网信息服务深度合成管理规定》的颁布实施标志着我国在互联网信息内容规范治理领域迈出了关键性的一步。这一规定不仅强化了对 AI 换脸等新兴技术、应用和业态的管理，有助于营造一个良好的网络空间生态，防止对传播和社会秩序造成负面影响，同时也

---

① 国家互联网信息办公室，中华人民共和国工业和信息化部，中华人民共和国公安部.互联网信息服务深度合成管理规定［EB/OL］.（2022-11-25）［2024-02-05］. https://www.gov.cn/gongbao/content/2023/content_5741257.htm? eqid＝fb80e86900094abc0000 0004645e095c.

推动了深度合成服务的规范化发展,并明确了各类主体在信息安全方面的责任。相较于以往较为分散的法规,新规定更具针对性,实现了从源头到终端的全链条管理,为我国互联网信息内容的规范治理提供了更为详尽的指导。这些法规将让 AI 换脸技术在推动社会进步的同时,能够在法律框架内实现健康、有序的发展。

而随着 AI 换脸的兴起,一种新型的电信网络诈骗手段也随之出现。AI 诈骗技术主要分为两个核心环节。首先,该技术在视觉处理层面采用了尖端的深度学习算法以精确地捕捉视频中的人脸图像,并精细地提取关键的面部特征,如眼睛、鼻子和嘴巴等。随后,利用这些提取的特征,该技术能够精确地将原视频中的人脸与目标人脸对齐,并将目标人脸自然地覆盖并融合到原始视频中,从而生成令人难以辨识真伪的换脸效果。此外,为了增强真实感,该技术还会利用原始视频的背景或者通过其他技术手段生成的背景,来进一步优化最终的视觉效果。其次,在声音处理方面,AI 换声技术被用来模拟目标人物的声音特征,以匹配视频中的换脸效果,使得诈骗行为在视觉和听觉上都具有极高的欺骗性。这要求公众提高警惕,增强识别和防范诈骗的能力。在 2024 年 2 月的一次访谈中,中国科学技术大学的俞能海教授提出了一种新方法来预防 AI 换脸诈骗。他建议通过观察对方在进行如摁鼻子或按压脸部等动作时的面部反应,来揭示民众在遇到此类情况时如何进行判别。具体来说,真人的鼻子在受到按压时会发生形变,而 AI 换脸后的鼻子则缺乏这种物理反应,同样,真人的脸部在被按压时也会显示出形变,但 AI 换脸后的脸部则保持不变。另外,有业内人士指出,电信诈骗中使用的"假脸"通常是基于睁眼时的照片合成的,这些假脸很少甚至不会模拟眨眼动作,因此,观察眨眼的频率和自然性成为判断视频真伪的有效方法。除此之外,其他识别 AI 换脸视频的技巧还包括检查语音与嘴唇运动是否同步、情绪表达是否一致、是否存在模糊痕迹、画面是否出现异常停顿或颜色变化等,这些细节的观察对于揭露 AI 换脸诈骗至关重要。

同时,AI 换脸诈骗造成的严重危害也呼唤有关部门依法采取更加严格的治理措施,对涉及此类诈骗的相关人员追究法律责任。为了有效打击和遏制电信网络诈骗活动,全国人大常委会于 2022 年 9 月 2 日审议通过了《中华人民共和国反电信网络诈骗法》,该法律对电信网络诈骗的定义、手段、相关部门的职责、企业的责任以及行业治理等方面进行了明确规定,为打击此类犯罪活动提供了坚实的法律基础。从法律层面看,《中华人民共和国反电信网络诈骗法》与《中华人民共和国刑法》等相关法律共同构成了打击电信网络诈骗的法律框架。对于那些利用 AI 换脸技术进行视频合成以实施诈骗的行为,虽然手段新颖,但其本质与传统诈骗无异,而对于构成诈骗罪的行为,应依据《中华人民共和国刑法》第二百六十六条的规定追究刑事责任。同时,对于那些为此类诈骗行为提供技术支持或帮助的个人或实体,应根据《中华人民共和国反电信网络诈骗法》的规定进行行政处罚,若其行为构成犯罪,还应依据《中华人民共和国刑法》第二百八十七条之二的规定,追究其帮助信息网络犯罪活动的刑事责任。

综上所述,包括 AI 换脸在内的深度合成技术的良性发展需要政府、企业、研究机构以及公众的共同努力。通过建立和完善多维度的治理机制,人们可以引导相关技术朝着有益于社会进步的方向发展,同时有效防范和应对可能出现的风险。随着技术的不断进步和应用的不断拓展,我国将继续在深度合成技术的治理道路上探索前行,为全球治理贡献中国智慧和中国方案。

大语言模型

大语言模型的应用

唐智莲

国产大语言模型实验作品《扮演那个有魔法的人》的出现,意味着由算法和数据构成的大语言模型进一步走入人们的视野。从自动式生成至语言犀利的社会评论,从格式严谨至饱含深情的诗歌,从要素齐全至创意十足的小说,基于数据分析和精确计算的大语言模型与人类灵感相碰撞,大语言模型正引领言语艺术朝着一个全新的方向发展。以美国 OpenAI 研发的 ChatGPT、百度发布的文心一言等为代表的大语言模型的出圈迅速,作为自然语言处理领域的热门技术之一的大语言模型,不断影响着个人的生活、社会的发展等。现代人为更好适应这持续不断的发展变化,必须了解、学习这一全新的智能化技术——大语言模型(Large Language Model,LLM),掌握这一技术在现代社会中的应用,反思大语言模型的发展。

一、大语言模型的概念

大语言模型(Large Language Model,LLM),也称大型语言模型,指包含大量参数,经过大规模文本数据训练的语言处理模型,拥有强大的文本理解和生成能力。①模型通常使用循环神经网络(RNN)或变压器(Transformer)来训练大语言。作为一种基于深度学习的语言模型,其庞大的模型参数量,能够适应不同的输入数据,

---

① 赵月,何锦雯,朱申辰等.《大语言模型安全现状与挑战》[J].计算机科学,2024,51(01):68—71.

理解输入文本的上下文信息,进行准确和合理的输出,能适应多个领域的文本数据,具有较强的泛化能力并能够进行预训练、微调。[①]

大语言模型的发展历程可追溯到早期的统计语言模型和神经网络语言模型,[②]但真正引起社会广泛关注的是2018年Google提出的Transformer模型和OpenAI提出的GPT(Generative Pre-trained Transformer)模型。Google提出的Transformer模型使用自注意力机制(self-attention)来处理输入序列中的长距离依赖关系,大大提升了语言模型的建模能力和效果。Transformer模型的出现引发了自然语言处理领域的革命。OpenAI提出的GPT模型采用Transformer的架构,通过大规模的无监督预训练来学习语言模型。2019年,OpenAI又推出了GPT-2模型,规模更大,参数量更多,生成能力更强。由于GPT-2模型存在滥用风险,OpenAI只提供部分预训练模型。2020年,OpenAI发布了GPT-3模型,是当时最大的语言模型。

大语言模型逐渐成为自然语言处理领域的重要技术和研究热点。

二、大语言模型的应用领域

大语言模型,有着海量的数据及精确的数据分析能力,在文本生成、语言翻译、智能问答与对话、文本分类与情感分析等任务中优势突出。当前,大语言模型深入社会生活的各种领域,现以教育、医疗、金融等领域为例,分析大语言模型在现实中的应用情况。

---

① 赵铁军,许木璠,陈安东.《自然语言处理研究综述》[J/OL].新疆师范大学学报(哲学社会科学版),1—23[2024-02-06]. https://doi. org/10. 14100/j. cnki. 65-1039/g4. 20230804.001.

② 胡振生,杨瑞,朱嘉豪等.《大语言模型在医疗领域的研究与应用发展》[J].人工智能,2023(04):10—19.

(一）大语言模型在自然语言处理中的强大功能

伴随自然语言技术的日渐精进，大语言模型悄然步入文学艺术领域。从最初的掌握诗歌韵律、意象至生成创意十足的小说如《扮演那个有魔法的人》，大语言模型在自然语言处理中功能强大。

2023 年 12 月，国内首个古籍 AI 大模型"荀子"上线，由南京农业大学信息管理学院王东波教授团队与中华书局古联公司共同研发，①能够对古籍文本进行理解、生成、翻译、标注等多种任务。荀子系列大语言模型由基座模型 XunziALLM 和对话模型 XunziChat 组成。②基座模型 XunziALLM，主要是对古籍文本进行阅读理解、诗歌生成、信息抽取、自动标点等任务。对话模型 XunziChat，能根据用户的输入生成符合古籍风格的对话回复，实现与古籍人物的智能交流。从古籍 AI 大模型"荀子"的应用中可发现，大语言模型在自然语言处理中的应用主要集中于文本生成、问答与对话系统、信息抽取、语言翻译等方面。

1. 文本生成

"荀子"古籍大语言模型以"金陵"为题，生成了"秦淮佳丽地，城阙望中迷。柳暗青丝发，花香碧玉衣。歌楼留夜色，画阁敛春晖。细雨轻舟去，双鱼梦泽飞。"③基于 40 亿字的大型混合预料数据生成的"荀子"模型具备强大的文本生成能力。

大语言模型可以生成自然语言文本，且生成的类型丰富，如文章摘要、新闻文章、广告文案、小说、诗歌等，能有效提升文本生成的效率。大语言模型通过对文章的主题和关键信息的理解，能够提取出

① 光明网."荀子"大语言模型：化繁为简　通读古今.［EB/OL］. https：//digital. gmw.cn/2024-01/09/content_37079517.htm.

② 网易.我国科研人员发布古籍大语言模型：智能作诗、精确翻译、自动标点……. ［EB/OL］. https：//www.163.com/dy/article/ILQVM20R051481US.html.

③ 光明网."荀子"大语言模型：化繁为简　通读古今.［EB/OL］. https：//digital. gmw.cn/2024-01/09/content_37079517.htm.

重要的句子或短语,生成概括性的摘要。大语言模型可以根据真实的现实情况、实时的新闻数据,生成针对性的新闻报道。2020 年,OpenAI 发布了最新的语言模型 GPT-3,该模型被用于生成新闻报道。运用大语言模型的确提升了新闻报道的生成速度,但需注意,利用大语言模型生成新闻报道仍需人类的编辑、校对等,以确保其生成的内容符合新闻报道的标准和道德规范。大语言模型可根据产品的特点和目标受众,生成吸引人的广告文案。如一家旅行社运用大语言模型生成了一则广告文案以推广"心灵之旅"旅行项目。根据已有的文本数据学习故事的结构和情节发展规律大语言模型可以生成小说。作品《遗忘之宫》便是由 OpenAI 的 GPT-3 模型生成的一部小说。《扮演那个有魔法的人》是国产大语言模型实验作品。大语言模型也可根据给定的主题或风格,生成具有诗意和艺术性的诗歌作品。谷歌的 Verse by Verse 模型是专门用于生成诗歌的大语言模型。中国的研究人员也开发了"AI 写诗"系统,其生成的诗句符合中国古典诗歌形式和风格。

大语言模型在文本生成中的应用广泛,但仍应注意,尽管大语言模型在自动文本生成方面有很大潜力,但在实际应用中仍需要人工的审核和处理,以确保内容生成的准确性。

2. 语言翻译

"荀子"古籍大语言模型,有着包括《四库全书》在内的古籍文献超 20 亿字大型预料资料库,能提供高质量的翻译服务。

大语言模型通过算法技术可将古文高效而精确地翻译为现代汉语,也能将一种语言自动译成另一种语言。对于人类而言,进行高效率的翻译是存在一定难度的,这不仅需要在形态、句法及语义等方面具备一定的能力,同时还能够熟练地理解和判断不同语言文化。相较于传统的文本翻译,它还能进行实时翻译。大语言模型在语言翻译中的应用已经在实际中取得了较为显著的效果,如谷歌翻译、百度翻译、有道翻译等。

3. 智能问答与对话

对话模型 XunziChat 作为"荀子"古籍大语言模型的两大组成部分之一,主要针对古籍对话,能够根据用户的不同输入,生成不同的符合古籍风格的对话回复。

所谓问答,指从文档中搜集相关词汇、短语或句子,以连贯方式回应请求并返回这些信息。大语音模型可以理解用户的问题并给出准确的回答。当前,闭卷问答与开卷问答是现今大语言模型在问答应用中的两大主要形式。[①]闭卷问答是模型基于用户所给定内容的上下文进行问答,不能借助外部资源。而在开卷问答中,大语言模型可从外部知识库中提取信息,这一形式类似于对用户进行科普,通常与搜索引擎等配合使用。大语言模型也用于构建自动问答系统,根据用户提供的问题,在预先训练好的模型中进行搜索,从而找到最匹配的答案并返回给用户。

大语言模型构建的智能对话系统,可与用户进行语言交互。大语言模型下的智能对话可以理解用户的意图生成符合语境的回复,提供更加智能和自然的对话体验。此外,大语言模型也可用于管理多轮对话,可以根据对话的上下文,理解用户的每一轮发言,并基于上下文生成连贯和准确的回复。

4. 文本分类

文本分类,指将非结构化文本文档归类到预先定义的类别之中,即将文本按照其所属类别进行分类。在实际应用中,文本分类可以帮助我们快速准确地对大量文本进行归类和分析,从而为信息检索、舆情监控、情感分析等提供有力支持。正如模型可以通过训练来学

---

① 赵铁军,许木璠,陈安东.《自然语言处理研究综述》[J/OL].新疆师范大学学报(哲学社会科学版),1—23 [2024-02-06]. https://doi.org/10.14100/j.cnki.65-1039/g4.20230804.001.

习不同意图的模式和特征,并根据用户的输入进行分类。

5. 情感分析

大语言模型可以识别用户输入的情感倾向,判断用户是积极的、消极的还是中性的,进而了解用户的情绪情感,并据此做出相应的回复。大语言模型的情感分析在实际生活中的应用便是根据用户的历史行为及兴趣,提供针对性的个性化服务,这可以为电商平台提供针对性的营销策略,进而为不同的用户推荐不同的信息。

总的来说,大语言模型在自然语言处理方面功能强大。此外,亦应注意大语言模型作为一个功能强大的语言系统在自然语言处理方面的存在功能交叠。

(二) 大语言模型在不同社会领域中的广泛的应用

大语言模型作为高智能化发展下的新产物,在文本生成、语言翻译、智能问答与对话等任务中表现突出,被广泛应用于教育、医疗、金融等普遍受关注的领域。现结合实践谈谈大语言模型在不同社会领域中的应用情况。

1. 教育领域

自 2018 年以来,大语言模型已在对话机器人在线学习分析,人机协同写作和编程等教育场景中得到广泛的应用。[①]大语言模型为教育赋能已成为一种新发展趋势。

教育强调师生之间的对话交流,教师应不断丰富知识储备、适应时代的要求,根据不同学生的学习情况制定个性化的教学方案。在教学过程中,教师不仅要做好教学工作,更要培养学生的自主学习能力。大语言模型作为一个能够处理各种自然语言任务的深度学习模型在教育领域有着独特的优势。

---

① 刘明,吴忠明,廖剑等.《大语言模型的教育应用:原理、现状与挑战——从轻量级 BERT 到对话式 ChatGPT》[J].现代教育技术,2023,33(08):19—28.

教育领域的研究者长期致力于利用计算机技术促进教育领域的变革发展。国内外有代表性的有关教育的大语言模型如作业 AI 助教 Chegg、语言学习 AI 助教多邻国，MOOC AI 助教，国内较出色的教育类大语言模型包括讯飞开发的星火大模型、浙大智海所研发的三乐教育大模型等。

2023 年，华东师范大学计算机科学与技术学院的 EduNLP 团队研发了致力于教育领域的大语言模型——EduChat，采用通用基座模型支持 GPU 部署，现已开放问答、作业批改、基于对话的启发式学习辅导和情感支持等多种功能。目前，正不断优化自动出题、职业规划、分级阅读等功能。①

EduChat 可以应用于不同的教育场景之中，在开放问答上结合外部搜索引擎 EduChat 可以辅助答案生成。EduChat 储备的数据会不断更新，利用 EduChat 生成的答案也将不断完善。②优质教学资源的整合是提高教学质量的重要途径。利用大语言模型收集全球的优质教学资源，实现学习资源的共享和优化。储备海量数据的 EduChat 可以为教师提供更多教学资源和教学建议，提高教学质量和效果。此外，不断对教学资源进行持续的更新和升级，以满足处在变化中的教学需求和学习需求。

在进行作业批改之时，EduChat 会结合一线教学专家经验，对作业进行总体评分段落评分，如批改作文时会标注亮点句、会纠正错误语法、会做好分段评语，进而总结评分，减轻教师的教学压力。将大语言模型运用于教学的作业批改帮助教师获取学生的学习情况并做好学习分析，教师可以直观地了解学生的学习进度和学习难点，进而

---

① 华东师范大学计算机学院.教育对话大模型 Educhat 被 Nature 报道.[EB/OL]. 2023-22-24，http://www.cs.ecnu.edu.cn/89/a6/c24535a559526/page.htm.

② 华东师大上海国际首席技术官学院.CTO 教育思想库|贺樑：ChatGPT 等 AI 工具对教育的影响.[EB/OL]. 2024-02-20.

根据学生的具体情况对教学实施做调整。①

EduChat 注重启发式教学,能够为学生提供个性化的学习辅助服务。EduChat 结合苏格拉底式教学方法,通过反问、质疑和质询等方式,启发学生思考,注重学生讨论、辩论、评估和分析等思维的发展,培养学生的自主学习、创新及质疑能力,将循循善诱、分步引导的理念贯穿教学过程。

EduChat 关注学生的心理情况,在心理学和教育学理论指导下,融入心理疗愈理论,提出对话式心理评估方法,坚持"以人为本"的教育理念。②EduChat 支持多模态的对话交互,可通过文本、语音、视频等,在对话交互中注重捕捉学生的面部表情,分析学生可能面临的心理困惑,进而对学生的心理问题进行疏导。

大语言模型在教育领域的运用也深入到学校智能化图书服务之中。在这样一个信息爆炸式增长时代,学校图书馆的传统式的服务方式已经无法满足学校师生不断增长的信息需求。③大语言模型便很好地适应了当前对智能化图书服务的需求。大语言模型能够对图书、论文、报告等资源进行整合,提升图书馆的服务质量,将传统的检索更新为聊天式检索,能够分析师生的搜索习惯、借阅历史等数据,为师生推荐针对性的图书,提升学校师生和图书馆交流互动的体验。④

教育大模型的涌现使得教育渐趋步入数字化时代。大语言模型

① 刘明,吴忠明,廖剑等.《大语言模型的教育应用:原理、现状与挑战——从轻量级 BERT 到对话式 ChatGPT》[J].现代教育技术,2023,33(08):19—28.
② 华东师大上海国际首席技术官学院.CTO 教育思想库|贺樑:ChatGPT 等 AI 工具对教育的影响.[EB/OL].2024-02-20.
③ 罗飞,崔滨,辛小江等.《大语言模型嵌入图书馆知识服务的风险范式与管控策略》[J].图书与情报,2023(03):99—106.
④ 徐国兰,朱和立,郭风娇.《大语言模型技术赋能高校图书馆智慧服务探讨》[J].山东理工大学学报(社会科学版),2023,39(06):106—112.

在教育领域的应用会不断深入。当教育领域渐趋数字化的同时也应将人文关怀贯穿其中,不断发掘大语言模型在教育领域的发展潜力。

2. 医疗领域

大语言模型作为自然语言处理领域的前沿技术,在医疗应用中取得极大成效,为智慧医疗的发展做出巨大贡献。

目前,大语言模型在医疗领域的应用方兴未艾,国内外均涌现了一些医疗专用的大语言模型。如 Med-PaLM 系列医疗大语言模型,它是 Google Research 联合 Deep Mind 研发的基于 PaLM 基座的专家级医疗问答大语言模型。[①]本草 BenTsao 是为生物医疗领域量身定制的一款关注中文的医疗大语言模型,它是基于中文医疗知识的 LLaMA 微调模型。[②]浙江大学所研发的启真医疗大模型,能收集整理真实的医患知识问答数据以及启真医疗知识库的药品文本知识。[③]大语言模型在医疗领域前景广阔。

医疗是一个知识密集型的行业,各种疾病的诊疗需要被记录,医疗的最新研究成果也常以文献形式被保存。[④]大语言模型强大的自然语言处理能力能够快速阅读、解释大量文本并对其采取相应的行动。

医疗健康信息行业领军企业——卫宁健康,该公司自 2017 年开始医疗 AI 的布局,新一代数字化医疗科技产品 WiNEX 于 2020 年 4 月正式发布,WiNEX 产品以数字化方能赋能医疗高质量发展。至 2023 年 10 月该公司于 Winning Word 2023 会议上发布医疗领域大语言模型 WiNGPT 及医护智能助手 WiNEX Copilot。WiNGPT 采

---

① Singhal K,et al. Large language models encode clinical knowledge[J]. Nature,2023. DOI:10.1038/s41586-023-06291-2.

②③ 胡振生,杨瑞,朱嘉豪等.《大语言模型在医疗领域的研究与应用发展》[J].人工智能,2023(04):10—19.

④ 阮彤,卞俣昂,余广涯等.《医疗大语言模型研究与应用综述》[J].中国卫生信息管理杂志,2023,20(06):853—861.

用通用 GPT 架构、借助 60 亿参数,完成预训练、微调而得到的医疗大语言模型。①面向医疗垂直领域的大模型 WiNGPT,基于现今通用大语言模型技术,将海量的医疗数据结合,能进行疗治定制及优化,促进了医疗行业的智能化。

医疗智能助手 WiNEX Copilot,具备强大的自然语言理解能力,储备了海量的医疗知识。②WiNEX Copilot 现已用于医疗问答、互联网问诊等场景之中。在有关医疗的智能化问答中模型能够回答的问题数量和类型远超过人类医生。如 ChatGTP 在一项关于尿路结石的问答评估中,ChatGPT 准确回答了超过 95% 的问题。③谷歌的 Med-PaLM2 模型在 MultiMedQA 数据集上的医疗考试问题中也取得了高于 85% 的准确率。④

智能助手 WiNEX Copilot 可充当病历文书助手,一键辅助生成符合医疗规范和匹配患者病情的病历。WiNEX Copilot 也可以处理海量的医疗文献、病例数据,掌握各种疾病的诊断标准和症状表现,帮助医生从大量的数据中快速而准确地提取有价值的信息,帮助识别患者的病情,为医生提供有价值的诊断参考。

WiNEX Copilot 可充当影像报告助手,根据影像医生所写下的影像检查情况的文字描述自动生成影像诊断结论,降低误诊漏诊风险,提升诊断质量。对于一些曾多次进行检查的患者,其能自动调出不同时间的检查报告并进行对比分析,从而使诊断结论更严谨。

---

① 网易.来感受一下"人工智能+",三甲医院是这样用大模型的.[EB/OL]. https://www.163.com/dy/article/ITBJQ9L60511DSSR.html.

② 大健康派.卫宁健康正式发布医疗大模型 WiNGPT.[EB/OL]. https://www.sohu.com/a/730581660_120178509?scm=10001.325_13-109000.0.10140.5_32&spm=smpc.channel_248.block3_308_NDdFbm_1_fd.1.17159155955576exzg1x_324.

③ Cakir H, Caglar U, Yildiz O, et al. Evaluating the performance of ChatGPT in answering questions related to urolithiasis[J]. International Urology and Nephrology, 2023:1—5.

④ Singhal K, Tu T, Gottweis J, et al. Towards expert-level medical question answering with large language models[J]. arXiv preprint arXiv:2305.09617, 2023.

WiNEX Copilot 药品知识助手,能快速而精确地从海量的医药文献和数据库中检索出与用户查询相关的知识,其强大的数据分析能力可以分析不同患者的过敏史等,进而为患者提供精确的药物治疗建议并降低药物的副作用。此外,WiNEX Copilot 可以分析不同药物分子间的相互作用和药效机制,提升新药物的研发速度。同时,大语言模型能通过处理多源医疗数据,构建更全面的知识图谱,促进医疗知识库的不断更新。[①]

高度智能化、技术化的 WiNEX Copilot 作为医疗的强大"辅助",可以高效地分析患者的个人信息、病史资料、症状发展等多种数据,能够帮助治疗医生分析病患情况,并提供个性化治疗建议。此外,大语言模型还可以根据患者的生活习性、具体需求等情况,针对性地提供康复计划,保障患者病情的正常恢复。

总的来说,大语言模型在医疗领域具有广泛的应用前景。未来,医疗大语言模型将成为医疗领域的重要工具,持续助力医疗的新发展。

3. 金融领域

人工智能技术的发展迅速,金融领域引入大语言模型。[②]大语言模型可以为金融机构提供更精准的预测和决策支持,提升金融机构的运营效率,也可以帮助投资者更好地理解市场动态进而做出理性的投资决策。大模型在金融领域前景广阔潜力巨大,将大语言模型应用于金融领域十分必要。

当前,国际国内都推出了与金融相关的大语言模型,国际金融机构如,Bloomberg、Morgan Stanley 等均推出了基于类似技术的大语言金融模型。国内金融的机构如华为、星环科技、奇富科技以及 360

---

① 胡振生,杨瑞,朱嘉豪等.《大语言模型在医疗领域的研究与应用发展》[J].人工智能,2023(04):10—19.

② 陆岷峰,高伦.《大语言模型发展现状及其在金融领域的应用研究》[J].金融科技时代,2023,31(08):32—38.

智脑等有着较强的大数据处理及算法创新的需求,也推出了金融大模型,如"盘古金融大模型""无涯 Infinity""拓天大模型"和"奇富GPT"等。①现今这些金融大模型被应用于数据收集、运营管理、风险控制及智能化办公等金融场景之中。传统金融机构如兴业银行、中国工商银行等也参与金融大模型的研发。兴业银行与兴业基金共同开发了 ChatCIB 和"兴基智"人工智能平台,将其应用于反洗钱和智能询价业务之中。中国工商银行联合华为云打造的金融大模型为银行柜台人员提供流程和操作指导。②

MOSS(大规模开放式序列训练模型),由复旦大学研发的国内首个插件增强的开源对话语言模型,拥有约 160 亿个参数,支持中英双语和多种插件,在约 7000 亿中英文及代码单词上进行预训练,在此基础上进行插件增强的多轮对话,具备强大的对话能力、多轮对话能力以及使用多种插件的能力。③

金融领域充斥着海量数据,对各类金融数据进行收集和整合需耗费巨大的人力物力。将 MOSS 大语言模型应用于金融领域,利用它从各类金融实时数据(如股票、债券等)、各类知识图谱(如产业链、供应链等)及财报等非结构化文本信息中学习多源异构知识,通过智能对话方式,在企业的财富管理等金融场景中发挥重要价值。④

在金融投资中,市场趋势、资产配置和风险管理等均会影响金融投资的结果。⑤MOSS 大语言模型对大量的新闻、社交媒体、财经数

①② 黄悠文,彭丹萍.《乘上大语言模型的东风:探究国内金融大模型的发展与生态运营策略》[J].CAICT 金融科技.2023-12-26.

③ 百度研发者中心.深入解析 MOSS:对话大语言模型的新里程碑.[EB/OL]. https://developer.baidu.com/article/detail.html?id=2704010.

④ 吴永非,叶广楠,刘森等.《ChatLONGYING:大语言模型在银行财富管理领域的应用研究》[J].银行家杂志,2023-05-30.

⑤ 曾晨光,杨蕊菱,王宇鹏等.《金融行业中的大语言模型》[J].数字经济,2023(11):64—67.

据及社会舆情等进行精准的分析,对金融相关数据进行收集、整合,为市场情报和竞争分析提供有价值的信息,帮助金融机构了解市场动态、预测发展趋势。金融业面临着复杂的风险和欺诈威胁,模型能对文本数据进行分析,帮助金融机构识别潜在的欺诈行为和风险因素,并提供实时的风险预警,有助于加强风险管理。

当前各金融机构为提升自身的服务能力,将大语言模型用于智能客服、在线咨询等方面。基于 MOSS 大语言模型打造出 ChatLONGY-ING 商业银行私有化大语言模型。[①]ChatLONGYING 通过智能问答系统,与用户进行自然语言交互解答客户关于投资业务的疑问,提高用户对投资市场的认识。ChatLONGYING 提供自动化的对话服务,帮助降低金融行业的人力成本。[②]通过对话交互,ChatLONGYING 分析客户的风险偏好、投资目标和资产状况等信息理解用户的实际需求,进而为用户提供个性化的投资建议及解决方案,提升用户的满意度和忠诚度。[③]大语言模型的情感分析作用可了解用户的兴趣等,金融机构便可以对服务做调整。

大语言模型在金融培训领域中也发挥了重要作用。[④]当前部分金融机构利用大语言模型开发虚拟助教或培训机器人等进行仿真性的培训以提升员工的金融素养和知识水平。如汽车制造商福特公司采用虚拟现实技术进行汽车装配员工的培训。大语言模型的应用可以提升金融机构的培训效果和知识传递效率,促进员工素质的不断优化。

现今,大语言模型在金融领域的落地发展为金融行业的发展带

---

① 吴永非,叶广楠,刘森等.《ChatLONGYING:大语言模型在银行财富管理领域的应用研究》[J].银行家杂志,2023-05-30.

②④ 陆岷峰,高伦.《大语言模型发展现状及其在金融领域的应用研究》[J].金融科技时代,2023,31(08):32—38.

③ 唐霄钦.《大语言模型时代金融智能客服建设思路》[J].金融科技时代,2023,31(10):62—67.

来更智能化的技术支持，为金融机构的发展注入全新的动力，开启了金融行业新的智能化时代，为金融发展、科技创新树立了新的标杆。

三、反思大语言模型的应用

（一）大语言模型在应用中存在的问题

大语言模型社会各领域应用广泛，为社会各界带来了巨大便利。但在这巨大便利的背后，仍潜藏着诸多问题。现对问题做如下分析：

1. 隐私泄露

大语言模型功能不断强化，被广泛地应用于处理各种信息问题，越来越多的个人、组织等依赖大语言模型。[①]用户在使用大语言模型时输入各种信息，在这个过程中，大语言模型极易获取用户的个人信息、商业的重要机密甚至是一些战略性的政策。而这些信息一旦被泄露或者被不法分子用于恶意活动，如敲诈，黑客攻击等可能带来难以预料的困扰，而当重要的商业信息被泄露时将造成严重的企业损失，甚至引发相当严重的安全问题。

2. 虚假知识、信息问题

大语言模型的内容生成是依靠大数据和算法实现的，它没有个人意识，没有思辨能力。[②]大语言模型在进行内容生成与输出之时极易产生"幻觉"问题，如回答与输入任务不匹配，回答的内容语境不一致，回答与既定的事实相违背等，故而大语言模型所提供的信息是真假并存的。[③]当一些不法分子为获取某种利益，利用它大量炮制虚假信息之时，缺乏辨识能力的民众难以清晰辨认虚假信息，又会进一步

---

①③ 赵月，何锦雯，朱申辰等.《大语言模型安全现状与挑战》[J].计算机科学，2024，51(01)：68—71.

② 熊明辉，池骁.《论生成式大语言模型应用的安全性——以 ChatGPT 为例》[J].山东社会科学，2023(05)：79—90.

引发虚假信息的传播,在大众、网络、自媒体和智能传播等多种渠道的叠加下,虚假信息将以更大规模在更大范围内进行多轮传播,最终虚假信息甚至以假乱真。

3. 道德、伦理问题

一方面,大语言模型的训练数据与互联网上的文本数据关联密切,这些数据会因立场等不同存在政治、文化等各种偏见;另一方面大语言模型生成的内容存在"幻觉",其生成的内容并非最优内容有时甚至是错误内容,而这错误内容会误导用户和读者。[①]故而,大语言模型所生成的内容存在偏见、误导等道德和伦理问题。早期的大语言模型在生成内容的过程中便易生成错误信息甚至是仇恨性的言论,正如微软于2016年推出的聊天机器人Tay,曾生成过反犹主义、性别歧视、种族歧视等不当言论,这些言论挑战了公序良俗和人类共同道德。[②]此外,大型语言模型高效的文本生成能力,使人类对大语言模型更加依赖,导致人类思考、创造能力的退化。

4. 社会、国家安全问题

大语言模型的不断研发与深入应用可能会引发社会、国家问题。大语言模型的应用会加剧社会的不平等,诸如社会资源享有的不均等,社会发展的不均衡。大语言模型在社会中引发系列问题,其中应重点关注就业不平等的问题。[③]大语言模型的应用会引发就业市场的变化,尽管大语言模型的发展创造了不少新岗位,但新工作岗位对人的要求也相应提高。大语言模型在国家安全方面有恶意影响,如生成充满恶意的政治谣言,影响国家公信力;编写不法程序或代码,

---

① 宋时磊、杨逸云.《大语言模型的主权、安全及其治理》[J].中国高校社会科学,2023(06):109—118+155—156.

② Billy Perrigo, "Exclusive: OpenAI Used Kenyan Workers on Less Than ＄2 Per Hour to Make ChatGPT Less Toxic", 2023-1-18, https://time.com/6247678/openai-chat-gpt-kenya-workers/.

③ 《大语言模型全新生态下,如何迎接挑战和发展》[J].大数据时代,2023(08):74—80.

攻击公共计算机网络和系统,危害国家的正常运行等。①这些都将影响和干涉其他国家的内政事务,影响国家的公共安全。

大语言模型在其高度发展下仍潜藏着一些问题,对此应高度重视并采取有效措施,推进大语言模型健康而持续地发展。

(二) 防范大语言模型应用中出现的问题的措施

大语言模型在实际应用中潜藏的诸多问题是不容忽视的。为稳健而有效地防范上述所提及的现实问题,使用者、研发者、国家等主体均应高度重视,并采取措施应对上述诸问题。②

对于大语言模型的使用者而言,首先要明确大语言模型并非万能的,其在实际应用中会存在诸多不足,故而在使用时应保持高度警醒,尤其是涉及一些重要信息的时候。

对于大语言模型的研发者而言,要始终秉持"有问题就解决问题"的态度。对待这些实际存在的诸多问题,不应固守己见,不能因为自己是研发者就对自己所研发出来的新技术盲目自信。研发者应持续不断地对大语言模型进行评估、改进和完善,进而逐步解决大语言模型在现实中存在的问题。

对于国家而言,制定相应的法律和政策加强对大语言模型的社会监督,以法律来规范大语言模型的研究与发展。此外在制定相关法律法规时应充分听取不同利益相关者的建议,对大语言模型相关权利和责任予以明确的法律规定,既保障个体权益,又推动大语言模型的发展在合理范围内发展。③

---

① 宋时磊、杨逸云.《大语言模型的主权、安全及其治理》[J].中国高校社会科学,2023(06):109—118+155—156.

② 熊明辉,池骁.《论生成式大语言模型应用的安全性——以 ChatGPT 为例》[J].山东社会科学,2023(05):79—90.

③ 西桂权,谭晓,靳晓宏等.《挑战与应对:大型语言模型(ChatGPT)的多样态安全风险归因及协同治理研究》[J].新疆师范大学学报(哲学社会科学版),2023,44(06):131—139.

为切实防范大语言模型在实际应用中存在的诸多现实问题,各主体应通力合作,形成有效的防范网络,使大语言模型始终朝着健康而公正的方向发展。

四、结　语

在数字化、智能化的时代浪潮之下,大语言模型的涌现契合了时代的发展。大语言模型,功能强大、能力突出,有着巨大的发展潜力,在社会各领域均有着广泛的应用前景。大语言模型作为一种新技术,发展快速、应用宽泛,然其在快速发展的过程中,在各领域进行应用的实际操作中仍存在诸多问题,应对现存的诸多问题进行即时性的追踪,各主体如使用者、研发者、政府等应共同参与到问题的解决之中,推动大语言模型平稳而安全的发展。

人工智能法规

高　波

人工智能作为当今科技发展的重要驱动力,其快速发展和广泛应用在全球范围引发了诸多法律、伦理和社会问题。各国政府和国际组织正积极探索和制定相关法规,以确保人工智能技术的发展在法律和道德框架内进行,保障公共安全、个人隐私和公平竞争。

"人工智能法规"(AI Regulations)指的是为了监督和管理人工智能技术的开发、部署和应用而制定的一系列法律、规章、政策和标准。这些法规旨在确保人工智能技术的使用符合安全性、公正性、透明度和伦理标准,同时保护用户和社会免受潜在风险的影响。本文将从中国及其他主要国家和地区的立法情况出发,探讨人工智能法规的现状和未来发展趋势。

一、中国的人工智能法规

中国作为人工智能技术发展的重要推动者之一,已在多个层面开展了人工智能相关的立法工作。中国政府发布了一系列政策文件和法律规范,旨在规范人工智能技术的研发、应用和管理。中国的人工智能法规不仅涉及技术发展和应用,还包含了数据保护、隐私安全、伦理道德等多方面的内容。中国通过一系列政策文件、具体法规,构建了较为全面的人工智能法规体系,旨在平衡技术创新与社会规范,确保人工智能技术在合法合规的框架内快速发展。

（一）人工智能国家战略

2017 年,中华人民共和国国务院发布了《新一代人工智能发展规划》①,这是中国首个国家级别的人工智能发展战略文件。该规划从多个方面为中国的人工智能发展制定了蓝图,包括基础研究、技术研发、产业应用、法律法规、伦理研究等。规划的核心目标是到 2030 年,使中国成为全球领先的人工智能创新中心。该规划不仅强调了技术研发和产业发展的重要性,还提出了人工智能伦理和法律法规体系建设的要求。

2019 年 6 月 17 日,国家新一代人工智能治理专业委员会发布《新一代人工智能治理原则——发展负责任的人工智能》,提出了人工智能治理的框架和行动指南②。提出了人工智能治理的八项原则,包括和谐友好、平等包容、尊重隐私、安全可控、责任明确、可追溯性、公平正义和可持续发展。这些原则为人工智能技术的研发和应用提供了指导性的伦理和法律框架。从国家战略的角度看,中国人工智能法规的制度建设是围绕数据保护、隐私安全和伦理规范展开的。

1. 数据保护与隐私安全

数据是人工智能技术的基础,数据保护和隐私安全是人工智能法规的重要组成部分。中国在数据保护方面通过了一系列法律法规,确保数据处理的合法性和安全性。

2017 年实施的《中华人民共和国网络安全法》是中国在数据保护领域的重要法律③。该法从网络运营者的责任、个人信息保护和

---

① 中国政府网. 国务院关于印发新一代人工智能发展规划的通知[EB/OL]. (2017-07-08)[2024-07-27]. https://www.gov.cn/zhengce/content/2017-07/20/content_5211996. htm.

② 中华人民共和国科学技术部.发展负责任的人工智能:新一代人工智能治理原则发布[EB/OL].(2019-06-17)[2024-07-27]. https://www.most.gov.cn/kjbgz/201906/t20190617_147107.html.

③ 中国人大网.中华人民共和国网络安全法[EB/OL].(2016-11-07)[2024-07-27]. http://www.npc.gov.cn/zgrdw/npc/xinwen/2016-11/07/content_2001605.htm.

数据安全等多个方面,对网络安全进行了全面规定。对于人工智能技术而言,网络安全法的实施提升了数据保护水平,确保人工智能系统在数据收集、处理和存储过程中的合法合规性。

2021年实施的《中华人民共和国个人信息保护法》进一步强化了对个人信息的保护①。这部法律规定了个人信息的收集、使用、存储、共享等方面的基本原则和要求,明确了个人信息主体的权利和保护措施。例如,个人信息的处理必须基于合法、正当、必要的原则,处理过程中必须获得数据主体的明确同意。个人信息保护法的实施对人工智能技术的发展产生了深远影响,特别是在涉及大量个人数据的应用场景中,企业必须遵循法律规定,确保数据处理的合法性和透明性。

2. 人工智能伦理规范

人工智能技术的发展不仅涉及技术问题,还涉及复杂的伦理和社会问题。中国在人工智能伦理规范方面进行了深入研究,并通过一系列政策文件和指导意见,提出了人工智能伦理的基本原则和要求。

2021年,中国科技部发布了《新一代人工智能伦理规范》,这是中国首个国家级别的人工智能伦理规范文件,旨在将伦理道德融入人工智能全生命周期,为从事人工智能相关活动的自然人、法人和其他相关机构等提供伦理指引②。该规范提出了人工智能技术发展和应用中的六大伦理原则:增进人类福祉、促进公平公正、保护隐私安全、确保可控可信、强化责任担当、提升伦理素养。

(二)具体领域的人工智能立法

在一些特定领域,中国已经制定了详细的人工智能立法,以应对该

---

① 中国政府网.中华人民共和国个人信息保护法[EB/OL].(2021-08-20)[2024-07-27]. https://www.gov.cn/xinwen/2021/08/20/content_5632486.htm.

② 人民网.中国发布《新一代人工智能伦理规范》融入人工智能全生命周期[EB/OL].(2021-09-26)[2024-06-27]. http://finance.people.com.cn/n1/2021/0926/c1004-32236606.html.

领域的特殊需求和挑战。以下是几个重要领域的人工智能立法情况：

1. 自动驾驶汽车

自动驾驶汽车是人工智能技术的重要应用领域之一。中国在该领域的立法较为完善，旨在确保自动驾驶技术的安全性和合规性。2021年，工业和信息化部、公安部、交通运输部印发《智能网联汽车道路测试与示范应用管理规范（试行）》的通知①，这是中国首部专门针对自动驾驶汽车道路测试的法规文件。该规范规定了自动驾驶汽车道路测试的基本条件、测试流程、测试主体责任等内容。例如，测试主体必须是具有法人资格的企业或机构，测试车辆必须符合国家安全标准，测试过程中必须配备安全员以应对突发情况。此外，测试主体还需要购买足够的保险，确保在发生事故时能够及时赔偿。

中国多个省市也根据国家规范制定了地方性的自动驾驶汽车测试法规。例如，北京、上海、深圳等城市都发布了自动驾驶汽车道路测试的地方性管理规定，进一步细化了测试流程和安全要求。

2. 面部识别技术

面部识别技术是人工智能技术中的一个敏感领域，其应用涉及隐私保护和伦理问题。中国在这一领域的立法主要集中在隐私保护和数据安全方面。

2023年，国家互联网信息办公室发布《人脸识别技术应用安全管理规定（试行）（征求意见稿）》公开征求意见的通知②，是中国首个专门针对面部识别技术的法规文件。该规范提出了面部识别技术应用中的基本原则和要求，确保技术应用的合法合规性。例如，该规范

---

① 中国政府网.三部委关于印发《智能网联汽车道路测试与示范应用管理规范（试行）》的通知［EB/OL］.（2021-07-27）［2024-05-27］. https://www. gov. cn/zhengce/zhengceku/2021-08/03/content_5629199.htm.

② 中央网络安全和信息化委员会办公室.国家互联网信息办公室关于《人脸识别技术应用安全管理规定（试行）（征求意见稿）》公开征求意见的通知［EB/OL］.（2023-08-08）［2024-05-27］. https://www.cac.gov.cn/2023/08/08/c_1693064670537413.htm.

要求在使用面部识别技术时必须获得用户的明确同意，并且不得滥用技术进行非法监控和数据滥用。此外，该规范还强调了技术安全和数据保护，要求企业采取有效的技术和组织措施，确保数据的安全存储和合法使用。

3. 行业自律与政府监管的结合

中国在人工智能立法方面也采取了行业自律和政府监管相结合的模式。这种模式的核心在于，鼓励行业制定自律规范和标准，同时由政府部门进行监督和指导，确保人工智能技术的发展既能保持创新活力，又不会偏离法律和伦理的轨道。

在行业自律方面，很多技术公司和行业组织积极参与制定人工智能伦理准则和最佳实践。例如，百度、阿里巴巴、腾讯等公司都发布了各自的人工智能伦理原则[①]，涵盖透明性、公正性、隐私保护和责任追究等方面。这些公司还与学术界合作，推动人工智能伦理研究和公众教育，提升全社会对人工智能技术的理解和信任。

在政府监管方面，国家互联网信息办公室在数据保护和网络安全方面发挥了重要作用。国家网信办通过发布政策文件、开展专项整治行动和进行监督执法，确保企业在使用人工智能技术时遵守相关法律法规，保护用户的隐私和数据安全。例如，根据国家网信办移交的问题线索，北京市网信办依据《中华人民共和国数据安全法》，对属地三家企业涉嫌存在的网络数据安全违法行为进行立案调查并作出行政处罚[②]。

[①] 参见，百度 AI 开放平台.自律性原则申明 [EB/OL]. (2019-11-25) [2024-06-27]. https://ai.baidu.com/ai-doc/REFERENCE/xk3dwjgfe, 搜狐.阿里巴巴成立科技伦理治理委员会 [EB/OL]. (2022-09-02) [2024-07-20]. www.sohu.com/a/581954974_117770, 腾讯新闻. 腾讯发布人工智能伦理报告 [EB/OL]. (2019-07-11) [2024-06-10]. https://new.qq.com/rain/a/TEC2019071100497100.

[②] 中央网络安全和信息化委员会办公室.北京市网信办对三家企业未履行数据安全保护义务作出行政处罚 [EB/OL]. (2023-11-01) [2024-06-07]. https://www.cac.gov.cn/2023-11/01/c_1700496816092707.htm.

二、世界其他国家的人工智能法规

（一）美国

在人工智能技术迅猛发展的背景下,美国在人工智能法规方面采取了相对灵活且多样化的立法模式。美国作为全球科技和创新的领导者之一,其在人工智能领域的法规制定既有联邦层面的战略指导,也包含州层面的具体立法。这样的立法体系旨在平衡技术创新与社会规范,确保人工智能技术能够在合法合规的框架内快速发展。

1. 战略层面的人工智能法规

2019 年美国总统特朗普签署了《维护美国在人工智能时代的领导地位》行政命令(也被称为美国人工智能倡议),这是美国首个国家级别的人工智能战略文件①,旨在促进人工智能技术的发展和应用。该倡议从多个方面为美国的人工智能发展制定了蓝图,包括增加人工智能研究与开发(R&D)投资、释放联邦数据、培养人工智能人才、制定人工智能伦理和法规框架以及加强国际合作。该战略的核心目标是确保美国在人工智能领域的全球领导地位,同时也要应对人工智能技术带来的伦理和法律挑战。在增加 R&D 投资方面,联邦政府通过增加对国家科学基金会（NSF）、国防高级研究计划局(DARPA)等机构的资金支持,推动了人工智能基础研究和应用研究的快速发展。同时,倡议强调联邦政府应开放其数据资源,鼓励私营部门和学术界利用这些数据进行创新。

美国战略层面的人工智能法规主要强调人工智能伦理准则、风险管理、透明度等方面。美国国家标准与技术研究院（NIST）在人工智能伦理和风险管理方面发挥了重要作用。2023 年美国国家标准

---

① 搜狐.美国人工智能倡议(全文)[EB/OL].(2019-12-01)[2024-07-27]. www.sohu.com/a/357712774_825950.

与技术研究院(NIST)正式公布《人工智能风险管理框架》(AI RMF 1.0),旨在指导组织机构在开发和部署人工智能系统时降低安全风险,避免产生偏见和其他负面后果,提高人工智能可信度,保护公民的公平自由权利。该文件是一份非强制性的指导性文件,旨在帮助各行业识别和管理人工智能技术带来的风险。该框架包括透明性、公正性、可解释性和隐私保护等方面的准则,为人工智能系统的设计和应用提供了指导①。

2.联邦与州层面的立法

在联邦层面,美国的人工智能立法主要通过各个行政部门的指导方针和政策文件来实现。比如,美国交通部(DOT)在自动驾驶汽车(AV)方面发布了一系列指导方针,确保自动驾驶技术在安全性和合规性方面得到充分保障。例如基于自动驾驶汽车 4.0 中规定的原则,自动驾驶汽车综合计划定义了三个目标,以实现 USDOT 的自动驾驶系统(ADS)愿景②。此外,2021 年美国食品药品监督管理局(FDA)发布了该机构首个基于人工智能/机器学习(AI/ML)软件医疗设备(SaMD)行动计划,以促进对人工智能/机器学习医疗设备的监管③。

在州层面,各州根据自身的实际情况和需求,制定了各具特色的人工智能立法。例如,加利福尼亚州在 2018 年通过了《加州消费者隐私法》(CCPA),这部法律对个人信息保护提出了严格要求,对人工智能技术在数据处理和隐私保护方面进行了详细规定④。CCPA 要

---

① 中国科学院网信工作网.美国国家标准与技术研究院发布《人工智能风险管理框架》[EB/OL].(2023-03-27)[2024-05-15]. http://www.ecas.cas.cn/xxkw/kbcd/201115_129633/ml/xxhzlyzc/202303/t20230327_4939694.html.

② Transportation U D O. Automated Vehicles Comprehensive Plan[EB/OL].[2024-06-20]. https://www.transportation.gov/av/avcp.

③ 腾讯新闻. FDA 权威发文,将对 AI 医疗产品进行全生命周期监督_[EB/OL].(2021-01-16)[2024-07-02]. https://new.qq.com/rain/a/20210116A0CLXM00.

④ 安全内参.美国《2018 年加州消费者隐私法案》中文译本[EB/OL].(2018-07-10)[2024-05-27]. https://www.secrss.com/article/3836.

求企业在收集和使用消费者数据时必须获得明确的同意,并且消费者有权请求企业删除其个人数据。这对人工智能技术的发展产生了深远影响,特别是在涉及大量个人数据的应用场景中,企业必须遵循CCPA的规定,确保数据处理的合法性和透明性。另外,生物识别技术作为人工智能的一个重要分支,是最早在人类生活落地应用的技术之一,美国的伊利诺伊州于2008年通过《生物识别信息隐私法》(BIPA),这是美国境内第一部规范生物识别信息收集、使用、保护、处理、储存和销毁的法律。在2019年时,伊利诺伊州最高法院曾在一次裁决中推翻了上诉法院对隐私案件作出的裁决,该案件对该州的《生物识别信息隐私法案》(BIPA)产生了重大影响。根据伊利诺伊州最高法院的裁定,生物特征隐私被认为是一项基本的民事权利①。以伊利诺伊州的《生物识别信息隐私法案》(BIPA)为蓝本,2020年由Sens. Jeff Merkley和Bernie Sanders提出了美国《国家生物识别信息隐私法》(National Biometric Information Privacy Act)。

(二)欧盟

欧盟在人工智能领域的立法中一直走在全球前列,其立法框架旨在确保人工智能技术的安全、透明和可控,同时促进技术创新和产业发展。欧盟通过一系列政策文件、法律草案和立法行动,构建了较为全面的人工智能法规体系,旨在应对人工智能技术带来的各种挑战和机遇。欧盟的人工智能立法可以追溯到其对数据保护和隐私权的重视。早在2018年,欧盟就通过了《通用数据保护条例》(GDPR),为数据处理和隐私保护制定了严格的法规框架。GDPR的实施不仅提升了数据保护水平,也为人工智能技术的发展提供了坚实的法律基础。随着人工智能技术的迅猛发展,欧盟意识到需要针对人工智

---

① 腾讯新闻.LV卷入数据隐私诉讼[EB/OL].(2022-04-22)[2024-06-12]. https://new.qq.com/rain/a/20220421A0CHVO00.

能技术的特殊性制定更为具体的法律法规。因此,欧盟委员会在2020年发布了《人工智能白皮书》,提出了对人工智能技术的治理框架,并开始制定专门的人工智能立法①。本文着重介绍欧盟三部重要的人工智能法规。

1.《人工智能法案》

2024年7月12日,欧盟在人工智能监管方面迈出了重要一步,在《欧盟官方公报》上正式发布了第2024/1689号条例——《欧盟人工智能法案》。欧盟《人工智能法案》包含180个序言、113条条款和13个附件,为欧盟境内人工智能系统的开发、部署和使用建立了全面的框架。该法案旨在保护基本权利,确保公共安全,并促进符合伦理和以人为本的人工智能创新,是全球首部专门针对人工智能技术的综合性法案。该法案旨在确保人工智能系统的安全性和透明性,防止人工智能技术滥用,同时促进创新和技术进步。法案中的核心原则包括风险管理、透明性、可追溯性和人类监督。

《人工智能法案》提出了一种基于风险的监管框架,将人工智能系统分为四类:不可接受风险、高风险、有限风险和最低风险。对于不可接受风险的人工智能系统,如社会信用评分和某些形式的面部识别,将被禁止使用。高风险人工智能系统,如在医疗、交通和教育等关键领域的应用,将受到严格监管,要求提供风险评估、数据管理和透明性报告。有限风险的人工智能系统则需要满足特定的透明性要求,例如聊天机器人必须告知用户其人工智能身份。最低风险的人工智能系统则不需要特殊监管,但仍需遵守一般法律法规。《人工智能法案》强调了人类监督的重要性,要求高风险人工智能系统在设计和应用过程中必须保留人工干预的可能性。这意味着在关键决策

---

① European Commission. WHITE PAPER On Artificial Intelligence[EB/OL]. [2024-04-15]. https://commission.europa.eu/system/files/2020-02/commission-white-pa-per-artificial-intelligence-feb2020_en.pdf.

过程中,人类能够介入并修正人工智能系统的错误,防止人工智能系统的误判和滥用。

2.《通用数据保护条例》

《通用数据保护条例》(简称"GDPR")是欧盟在数据保护领域的里程碑式法规,对人工智能技术的发展产生了深远影响。GDPR 的核心理念是保护个人数据的隐私权,确保数据处理的合法性、透明性和安全性。

GDPR 对人工智能技术的影响主要体现在数据处理和隐私保护方面。人工智能技术通常需要大量数据进行训练和应用,GDPR 要求在数据收集、处理和存储过程中必须获得数据主体的明确同意,并采取适当的技术和组织措施保护数据安全。此外,GDPR 还赋予数据主体一系列权利,如访问权、更正权、删除权和数据可移植权,确保个人对其数据的控制权。GDPR 的实施不仅提升了数据保护水平,也促进了企业在人工智能技术应用中的合规性和透明性,这为人工智能技术的发展提供了可靠的法律保障,确保其在合法合规的框架内进行。

3.《欧盟数据治理法》

《数据治理法》(Data Governance Act,简称"DGA")是欧盟于2022 年 5 月 16 日批准的一项法律,旨在通过数据共享刺激社会数字经济发展,促进数据的可用性,增加对数据共享的信任,并为研究和创新服务和产品,建立可信的数据使用环境。该法案将建立强大的机制,促进受保护公共部门数据的再利用,提高对数据中介服务的信任,并促进整个欧盟的数据利他主义。

DGA 提出了一系列措施,旨在建立一个信任和安全的数据共享环境。DGA 要求数据中介机构在数据共享过程中必须遵守严格的透明性和安全性要求,确保数据主体的隐私和数据安全。法案还提出了数据可移植性的概念,允许数据主体在不同服务提供者之间自由转移其数据,这为人工智能技术的跨平台应用提供了便利。DGA不仅为欧盟提供了一套较为完善可行的数据流通利用方案,也影响着全球企业的数据保护以及数据利用方式,可能会被他国官方吸收借鉴,最终转化为相似的法律法规①。

三、国际组织的人工智能法规倡议

人工智能技术的快速发展为全球带来了巨大的经济和社会效益,但同时也引发了一系列复杂的伦理、法律和社会问题。联合国认识到,这些问题不仅限于单一国家或地区,而是具有全球性和跨境性。因此,制定全球性人工智能法规和标准显得尤为重要。作为一个涵盖广泛国际事务的组织,联合国一直致力于推动人工智能技术在全球范围内的合法合规应用,确保技术进步与社会责任并行。

联合国在人工智能领域的法规倡议可以追溯到其在数字技术和人权保护方面的长期关注。联合国一直倡导利用科技进步促进人类福祉,同时确保科技应用不损害人类基本权利和社会公平。随着人工智能技术的兴起,联合国进一步加大了在这一领域的工作力度,推动制定相关法规和政策,详细讲解联合国在人工智能法规方面的倡议。

(一) 联合国教科文组织在人工智能伦理和法规方面的工作

联合国教科文组织(UNESCO)在人工智能伦理和法规方面发挥了重要作用。UNESCO 通过制定伦理准则和政策建议,促进人工智能技术在全球范围内的负责任使用。2021 年 11 月 25 日,联合国教科文组织在法国巴黎发布了《人工智能伦理建议书》,这是全球首

① 中国法院网.欧盟《数据法案》概览[EB/OL].(2024-03-29)[2024-07-26]. https://www.chinacourt.org/article/detail/2024/03/id/7873539.shtml.

个针对人工智能伦理制定的规范框架,是迄今为止全世界在政府层面达成的最广泛的共识,也是全球人工智能发展的共同纲领。

《人工智能伦理建议书》涵盖了多个核心原则,包括人类尊严、公正性、透明性、可追溯性、责任性和可持续性。这些原则旨在指导各国在人工智能技术研发和应用过程中,确保技术进步与伦理规范并行,防止技术滥用和社会不公。具体而言,人类尊严原则强调人工智能技术的发展应当尊重和保护人类的基本权利和尊严;公正性原则要求人工智能系统在设计和应用过程中应当公平无偏,不得歧视任何个体或群体;透明性和可追溯性原则强调人工智能系统的透明性,确保其决策过程可解释、可理解,并能在出现问题时追溯责任;责任性原则强调人工智能技术的开发者和应用者应当承担相应的法律和伦理责任;可持续性原则强调人工智能技术的发展应当考虑环境保护和资源利用,推动可持续发展。

(二)联合国人权事务高级专员办公室在人工智能法规方面的工作

联合国人权事务高级专员办公室(OHCHR)在人工智能技术的人权影响方面进行了深入研究,并提出了一系列政策建议。OHCHR关注的重点包括人工智能技术对隐私权、言论自由、平等权和非歧视权等基本人权的影响。

2021年,OHCHR发布了《人工智能与隐私权》报告[1],详细分析了人工智能技术在数据处理和个人隐私保护方面的挑战。报告指出,人工智能技术的广泛应用可能导致个人隐私被侵害,特别是在面部识别、数据监控和自动决策系统中。为此,OHCHR建议各国在制

[1] 联合国人权事务高级专员办公室.A/HRC/46/37:人工智能与隐私,以及儿童隐私—隐私权特别报告员的报告[EB/OL].(2021-01-25)[2024-06-28]. https://www.ohchr.org/zh/documents/thematic-reports/ahrc4637-artificial-intelligence-and-privacy-and-childrens-privacy.

定人工智能法规时,必须充分考虑隐私保护,确保人工智能系统的透明性和数据处理的合法性。此外,OHCHR 还关注人工智能技术对平等权和非歧视权的影响。人工智能系统在数据训练和算法设计过程中可能存在偏见,导致对特定群体的不公平对待。为此,OHCHR 建议各国在人工智能系统的设计和应用过程中,必须进行公正性审查,防止算法偏见和歧视行为。

(三) 联合国国际电信联盟在人工智能标准化方面的工作

联合国国际电信联盟(ITU)在人工智能技术标准化方面发挥了关键作用。作为全球电信和信息技术标准的制定机构,ITU 致力于推动人工智能技术的标准化,确保其在全球范围内的互操作性和合规性①。

ITU 通过召开国际会议和制定技术标准,推动各国在人工智能技术应用中的协调与合作。2019 年,ITU 召开了全球人工智能峰会,聚集了来自政府、企业、学术界和非政府组织的专家,讨论人工智能技术的标准化和监管问题。峰会提出了一系列技术标准和政策建议,旨在促进人工智能技术的全球协调发展。此外,ITU 还通过制定人工智能技术标准,推动技术的跨国界应用。例如,ITU 制定了智能交通系统、医疗人工智能设备和智能城市等领域的技术标准,确保不同国家和地区的技术系统能够互联互通,推动全球人工智能产业的共同发展。

四、人工智能法规的未来发展趋势

随着人工智能技术的不断进步和应用场景的不断扩展,中国及

---

① ITU.数字化社会的标准[EB/OL].(2022-02-20)[2024-07-02]. https://www.itu. int/en/itunews/Documents/2022/2022-02/2022_ITUNews02-zh.pdf.

人工智能法规

其他国家、国际组织的人工智能法规也将继续演进和完善。未来的人工智能法规可能会更加注重以下几个方面：

（一）动态监管与技术创新

人工智能技术变化迅速，法规需要具备一定的灵活性和适应性，能够及时回应技术进步和社会需求。未来的人工智能法规可能会更多地采用动态监管的模式，通过不断更新法规和政策，确保其适应快速变化的技术环境。同时，法规应当鼓励技术创新，为企业和研究机构提供更多的支持和激励，推动人工智能技术的持续发展。

（二）全球合作与标准化

人工智能技术的发展具有全球性特点，各国需要加强合作，推动人工智能法规的国际标准化。未来的人工智能法规可能会更多地关注国际合作，通过制定统一的标准和规范，确保人工智能技术在全球范围内的合法合规应用。这不仅有助于提高技术的透明度和可信度，还能促进国际间的技术交流和合作，推动全球人工智能产业的共同发展。

（三）伦理规范与人权保障

人工智能技术的应用涉及复杂的伦理和社会问题，未来的人工智能法规将更加注重伦理规范和人权保障。法规需要在保障技术进步的同时，确保其不损害社会公平和人类尊严。未来的立法可能会更多地关注人工智能技术对就业、隐私和社会公平的影响，通过制定相关法规和政策，确保这些问题得到妥善处理。

（四）公众参与与透明度

人工智能法规的制定和实施需要广泛的公众参与和透明度，确保法规的公正性和可接受性。未来的人工智能法规可能会更多地关注公众意见，通过公开听证、公众咨询等方式，吸纳各方意见，提升法规的科学性和民主性。同时，法规的实施过程也需要透明，确保公众能够了解和监督人工智能技术的应用情况，提高对人工智能技术的信任和支持。

结　语

　　人工智能法规是保障人工智能技术健康发展的重要基石。中国及世界主要国家和地区在人工智能立法方面已取得了一定进展,但仍面临诸多挑战和机遇。未来,各国需要加强合作,推动人工智能法规的国际标准化,同时注重伦理规范和人权保障,确保人工智能技术的发展在法律和道德框架内进行,造福全人类。

布莱切利宣言

陈雨桐

一、签署背景

随着人工智能进入多模态生成与应用阶段,人工智能已经能以图像、文本和音频等多种形式应用于各种领域,从日常生活到高度专业化的行业,人工智能都高度参与其中。根据普华永道全球人工智能研究(Sizing the prize: PwC's Global Artificial Intelligence Study),预计到 2030 年,人工智能将为全球经济贡献高达 15.7 万亿美元。①相应的,人工智能发展所带来的关于伦理、版权和数据隐私等问题也逐渐引起多方重视,各国政府和组织开始联合着手规范人工智能的应用。

于此背景下,全球首个 AI 安全峰会于 2023 年 11 月 1 日至 2 日在英国布莱切利庄园举办。布莱切利庄园曾是第二次世界大战期间英国政府用于破解密码的地点。在此举办全球首个 AI 安全峰会,可以看出主办方的用心以及此次会议的重要性。本次会议由英国首相里希·苏纳克(Rishi Sunak)主持,会议旨在应对人工智能所带来的全球性挑战。会上,中国、美国、法国、澳大利亚、日本、加拿大等 28 个国家以及欧盟共同签署了布莱切利宣言(Bletchley Declaration),这也是全球第一份关于应对人工智能技术发展的国际性宣言。

---

① PwC, Sizing the prize PwC's Global Artificial Intelligence Study: Exploiting the AI Revolution, [R/OL]. (2017-06-27) [2024-09-26]. https://www.pwc.com/gx/en/issues/data-and-analytics/publications/artificial-intelligence-study.html.

二、参与国家

此次会议共有 28 个国家以及欧盟签署了布莱切利宣言,分别是澳大利亚、巴西、加拿大、智利、中国、欧盟、法国、德国、印度、印度尼西亚、爱尔兰、以色列、意大利、日本、肯尼亚、沙特阿拉伯、荷兰、尼日利亚、菲律宾、韩国、卢旺达、新加坡、西班牙、瑞士、土耳其、乌克兰、阿联酋、英国、美国。需要注意的是,这里签署的"政府"和"国家"包括根据其立法或行政权限行事的国际组织。

我们可以从以下四个角度分析共同签署布莱切利宣言的国家:

(1)从区域分布来看

将共同签署布莱切利宣言的国家按所在大洲和次区域分类(如表 1 所示),可以看出,此次 AI 安全峰会,亚洲和欧洲是参与国家与政府中最主要的分布区域。美洲和大洋洲本身主权国家数量相对较少,参与的美洲和大洋洲国家也都在其区域内有着重要影响。参与的三个非洲国家主要来自东非和西非,皆是撒哈拉以南非洲的代表性国家。

亚洲和欧洲在本次布莱切利宣言签署国家中占据最多的席位。亚洲是全球人口最多的大洲,本次参与会议的国家在东亚、东南亚、南亚、西亚/中东几个次区域中均有分布,涵盖了从发达经济体到新兴经济体的不同国家。参与本次国际 AI 安全峰会的欧洲国家中,除了由欧盟统一代表的国家之外,法国、德国、爱尔兰、意大利、荷兰、西班牙虽然也是欧盟成员国,但仍然派了代表参加会议。三个非欧盟成员国——英国、瑞士、乌克兰也参与了本次会议。美洲中参与本次 AI 安全峰会的国家分布比较平衡,北美的代表性经济强国(美国、加拿大)和南美的重要国家(巴西、智利)参与了本次会议。参加本次安全峰会的三个非洲都来自撒哈拉以南非洲的主要区域,尼日利亚、肯尼亚、卢旺达在非洲的经济和政治影响力相对来说较大,是非洲大陆的代表性国家。

表1 签署布莱切利宣言的国家

所在大洲 （数量/个）	次区域 （数量/个）	国家	备注
大洋洲(1)	/	澳大利亚	
美洲(4)	北美(2)	加拿大	
		美国	
	南美(2)	巴西	
		智利	
亚洲(11)	东亚(3)	中国	
		日本	
		韩国	
	南亚(1)	印度	
	东南亚(3)	印度尼西亚	
		菲律宾	
		新加坡	
	西亚/中东(4)	沙特阿拉伯	
		以色列	
		阿联酋	
		土耳其	
欧洲(9)	西欧(5)	法国	
		德国	
		爱尔兰	
		荷兰	
		英国	非欧盟国家
	南欧(2)	意大利	
		西班牙	
	中欧(1)	瑞士	非欧盟国家
	东欧(1)	乌克兰	非欧盟国家
	跨区域	欧盟	涵盖多个欧洲国家
非洲(3)	东非(2)	肯尼亚	
		卢旺达	
	西非(1)	尼日利亚	

（2）从经济影响力来看

从经济影响力来看参与签署布莱切利宣言的国家，本次参与 AI 安全峰会的国家中可以分为全球经济超级大国，如美国、中国、日本、欧盟（整体），发达国家中的经济强国，如德国、法国、英国、加拿大、澳大利亚等，新兴市场大国（巴西、印度、土耳其、沙特阿拉伯、印度尼西亚），中小型经济体，如以色列、乌克兰、智利等。这些国家之间的经济发展水平显然存在差异，因此会议会探讨如何帮助发展中国家及中小型经济体利用人工智能技术进行经济转型，如何缩小技术鸿沟等。

（3）从地缘政治意义来看

28 个国家以及欧盟中不乏超级大国，如美国与中国。美国和中国之间的人工智能技术竞争涉及的除了经济利益之外，国家安全也是非常重要的因素。人工智能被视为未来军事和经济优势的关键领域，大国共同参与 AI 安全峰会，可以看出大国在人工智能领域的战略考量。欧盟、东亚和中东区域内的国家参与也能展现出区域性的人工智能合作与竞争。例如，欧盟内的国家在人工智能的使用规范和监管上可以采取更加协调的方法。28 个国家以及欧盟共同签署本宣言的地缘政治意义不容低估。

（4）参与签署布莱切利宣言的三个非洲国家——尼日利亚、肯尼亚、卢旺达

尽管从世界的人工智能领域来看，上述三个参与会议的非洲国家并不具有代表性，但他们在非洲的经济、科技和人工智能已然具有较大的影响力。非洲的人工智能领域正加速发展。第三届非洲科学、技术和创新论坛发布的题为《利用新兴技术：人工智能和纳米技术的案例》报告指出，非洲人工智能产业正加速发展，到 2030 年如能占到全球人工智能市场的 10%，其对非洲经济的贡献有望达到 1.5

万亿美元。①早在 2019 年 11 月,尼日利亚就发布了《2020—2030 年国家数字经济政策和战略》,对未来十年国家数字经济进行规划布局,还创建国家人工智能和机器人中心。根据 2024 年斯坦福 AI 指数报告的研究显示,27％的肯尼亚人每天使用 ChatGPT,这一比例在全球范围内仅次于印度和巴基斯坦,这表明肯尼亚在 AI 的使用和普及上有着极高的用户参与度。②卢旺达也在 2023 年 12 月发布了首个国家人工智能战略。可以说,人工智能在非洲有极大的发展潜力。北京外国语大学国际关系学院教授宋微表示:"利用好人工智能的发展机遇,可以说是非洲在第四次工业革命中不被边缘化的唯一可能。"③

三、内容解读

《布莱切利宣言》是首个由如此多的国家共同签署的、聚焦于人工智能治理的全球性声明,为后续全球人工智能安全治理工作的合作奠定了基础。此次签署宣言的 28 个国家以及欧盟,都是在人工智能领域有着重要影响力的角色。他们共同承诺将加强跨国合作,共享人工智能技术,并遵循《布莱切利宣言》的原则来规范自身的发展行为。按照结构和内容,《布莱切利宣言》(下称《宣言》)可以大致分为四个部分:

1. 引言导入:人工智能发展的现状

《宣言》首先梳理了人工智能的发展现状及其带来的机遇和风

---

① 黄培昭,沈小晓.非洲加速发展人工智能产业[N].人民日报,2022-10-25(017).DOI:10.28655/n.cnki.nrmrb.2022.011562.

② Stanford University Human-Centered Artificial Intelligence,Artificial Intelligence Index Report 2024,[R/OL].(2024-04-15)[2024-09-23]. https://aiindex.stanford.edu/report/.

③ 宋微.AI 加持,非洲现代化发展向智而行[EB/OL].(2024-08-23)[2024-09-25].https://www.comnews.cn/content/2024-08/23/content_43787.html.

险。目前,人工智能已被广泛使用于众多领域,其发展带来了全球性机遇——改变和增进人类福祉、和平与繁荣,同时,也带来了重大风险,如隐私和数据保护、透明度和生成虚假信息等问题。因此,《宣言》呼吁采取紧急行动应对这些问题。各国一致认为,人工智能应以安全、以人为本、可信和负责任的方式设计、开发、部署和使用。《宣言》还肯定了国际社会目前在人工智能领域上为了开展合作而所做出的努力。

2. 着重关注:前沿人工智能(Frontier AI)的风险

《宣言》指出,需要特别关注前沿人工智能所带来的风险。前沿人工智能在《宣言》中被定义为"具备强大通用能力的 AI 模型"(Highly capable general-purpose AI models)。前沿人工智能不仅限于某一特定任务,而是能够执行多种任务,这意味着它们的应用范围极其广泛,可以跨越多个领域。《宣言》指出我们需关注前沿人工智能带来的风险,表现在意图性滥用(Intentional misuse)和意外控制问题(Unintended issues of control)上。《宣言》说明出现这类问题的原因在于前沿人工智能的能力尚未被完全理解,因而难以预测其行为。前沿人工智能的风险在网络安全和生物技术等领域会尤其突出,甚至带来灾难性的后果。

3. 呼吁合作:所有行为体都需参与到国际合作中

《宣言》进一步指出,人工智能带来的很多风险在本质上是国际共有的,因此需要通过国际合作来应对。签署《宣言》的各国承诺共同努力,确保将以人为本、值得信赖和负责任的方式开发人工智能。在针对前沿人工智能的安全风险上,《宣言》强调了加强国际合作的必要性,并鼓励基于国家情况和法律框架对 AI 进行分类和分级管理。不仅国家和国际组织要参与人工智能治理,私营部门、民间社会和学术界也有责任共同确保人工智能的安全。特别是要缩小数字鸿沟,来确保发展中国家有能力提升 AI 建设,促进全球可持续发展。

对于开发前沿人工智能的相关行为者,《宣言》特别指出他们对确保这些人工智能系统的安全负有特别责任,鼓励适当建立安全测试和问责机制要确保前沿人工智能的安全性和透明度,以防止前沿人工智能系统的误用和失控。

4. 展望未来:治理人工智能的合作议程

《宣言》的最后提出了未来的合作议程,主要聚焦在识别共同关心的人工智能安全风险,建立基于科学和证据的理解。同时,也要在因国情而适用的法律框架的基础上开展全球对话,在"已有的国际平台和相关倡议"的框架下合作。各国承诺将支持建立一个具有国际包容性的人工智能前沿安全的科学研究网络来继续合作,并计划在2024 年再次召开会议以推进这些讨论。

总的来说,尽管《宣言》并未针对当下的 AI 风险和问题提供具体解决方案,但作为首个全球人工智能规范,它展现了各国面向未来发展的积极态度,并达成了全球治理的愿景和促进可持续发展的共识。在人工智能技术未来高度不确定的背景下,这一愿景虽未尽完善,但已是当前的最优选择,我们期待《宣言》通过细致的政策转化为具体行动。

四、发展展望

(一) 结合国情,制定专属 AI 治理道路

28 个国家与欧盟在对待人工智能的风险防控上因各自国情、AI 发展现状的不同,在签署布莱切利宣言之前已有不少关于人工智能安全治理的规划和方案:

早在 2022 年 6 月,加拿大就颁布了《人工智能和数据法(AIDC)》,此法案仅针对国际和国内贸易行业及商业中的 AI 系统,试图为人工智

能建立起一个灵活的监管框架。①

此次作为会议主办方的英国已在2023年3月份发布《促进创新的人工智能监管方法》(A pro-innovation approach to AI regulation)，旨在通过"非强制性监管"来监督人工智能发展，同时避免对技术创新发展造成过度限制。《方法》设立了五大关键原则来指导各行业监管机构应对人工智能的风险：1.安全性、保障性和稳健性；2.适当的透明性和可解释性；3.公平性；4.问责与治理；5.可质疑性和申诉机制。②同年，英国网络博览会(Cyber UK)召开，大会以人工智能为主题，深入地强调人工智能对国家安全构成的巨大威胁。此外，英国还计划斥资1亿多英镑(约合1.25亿美元)来启动九个新的人工智能(AI)研究中心，并对监管人员进行技术培训。

中国在2023年7月13日发布了《生成式人工智能服务管理暂行办法》，并于2023年8月15日起施行。《生成式人工智能服务管理暂行办法》是全球首部关于对生成式人工智能的数据来源、训练数据质量等提出要求，并规定了提供生成式人工智能服务的组织需要履行安全评估、算法备案等义务的法案。此外，《办法》还提出要建立投诉举报机制，确保生成式AI服务的合规性和透明度。③

2023年10月30日，美国总统拜登(Joseph Robinette Biden Jr.)签署了《关于人工智能安全、可靠和可信赖发展的行政命令》(Executive Order on Artificial Intelligence)。这一行政命令涵盖了

---

① Government of Canada. Artificial Intelligence and Data Act[EB/OL].(2023-08-03)[2024-09-26]. https://ised-isde. canada. ca/site/innovation-better-canada/en/artificial-intelligence-and-data-act.

② GOV.UK. A pro-innovation approach to AI regulation[EB/OL]. (2023-08-03)[2024-09-25]. https://www. gov. uk/government/publications/ai-regulation-a-pro-innova-tion-approach/white-paper.

③ 国家互联网信息办公室.生成式人工智能服务管理暂行办法[EB/OL].(2023-07-10)[2024-10-01]. https://www. gov. cn/gongbao/2023/issue_10666/202308/content_6900864.html.

如何应对与 AI 开发和使用相关的工作保障、民权和隐私问题。同年
11 月 1 日,美国副总统卡马拉·哈里斯(Kamala Harris)在美国驻伦
敦大使馆发表讲话。哈里斯宣布新成立的美国人工智能安全研究所
(the US Artificial Intelligence Safety Institute)将进行测试,并与公
司合作开发视频和音频工具来帮助消费者识别人工智能生成的内
容。[1]此外,美国宾夕法尼亚州签署了 ChatGPT Enterprise 计划,允
许该州政府员工使用 OpenAI 的生成式人工智能来完成日常工作。
州长夏皮罗(Shapiro)在采访中表示,会通过政府内设立人工智能生
成理事会的方式,以及和在人工智能方面处于领先地位的大学合作
来确保负责任和合乎道德地使用人工智能。

印度观察家研究基金会也于 2023 年 11 月 23 日举办了主题为
"印度的人工智能治理:愿望与忧虑"(AI Governance in India: Aspi-
rations and Apprehensions)的圆桌会议。会议旨在为未来印度在 AI
领域的政策制定提供重要参考,提出了各方对 AI 监管的需求,包括
政府、工业界和民间社会,呼吁建立一个多利益相关者的合作框架,
以促进负责任和伦理的 AI 创新。[2]

(二) 互鉴互创,携手共建 AI 治理新局面

不少国家已尝试通过合作来开展人工智能治理工作。2023 年 10
月 26 日,联合国秘书长安东尼奥·古特雷斯(António Guterres)宣布成
立人工智能高级别咨询机构(High-Level Advisory Body on Artificial
Intelligence),以应对人工智能的国际治理、风险和机遇,主要处理人
工智能的国际治理、国际对人工智能风险和挑战的共同理解、利用人

---

① Kevin Poireault. AI Safety Summit: Biden-Harris Administration Launches US
AI Safety Institute[EB/OL].(2023-11-02)[2024-09-25]. https://www.infosecurity-maga-
zine.com/news/ai-safety-summit-biden-launch/.

② Sharma,P. AI Governance in India: Aspirations and Apprehensions,Observer
Research Foundation.(2023-12-06)[2024-09-25]. https://policycommons.net/artifacts/
10614713/ai-governance-in-india/11522301/.

工智能加速实现全球目标(如可持续发展目标)三方面的问题。①美国副总统卡马拉·哈里斯(Kamala Harris)在 2023 年 11 月 1 日的采访中透露已有 30 个国家加入了美国的一项人工智能的提案,旨在倡导在军事领域负责任地使用 AI。②中国于 2023 年 10 月 17 日至 18 日举办了第三届"一带一路"国际合作高峰论坛。论坛期间,中国提出《全球人工智能治理倡议》,强调希望通过国际合作,推动人工智能的健康、安全和有序发展。③2023 年 10 月 30 日在日本召开的 G7 会议发表了《G7 领导人关于广岛人工智能进程的声明》。《声明》强调要以全面的方法解决人工智能伦理问题,以尊重道德、信任和责任原则的方式开发、采用和使用人工智能。声明还强调必须要开展国际合作,以应对人工智能的挑战。④2023 年 12 月 12 日至 14 日,印度新德里举行全球人工智能伙伴关系(GPAI)峰会。会议汇集了 29 个成员国以及来自学术界、民间社会和私营部门的专家,旨在讨论全球人工智能治理问题。29 个成员国在峰会上一致通过了《新德里宣言》(The New Delhi Declaration),宣言承诺各成员国将优先推动安全、可靠、可信的人工智能发展,并解决有关人工智能导致的虚假信息失业、数据泄露等关键问题。⑤在 2023 年 6 月通过《人工智能法案草案》

---

① UN Secretary. General launches AI Advisory Body on risks, opportunities, and international governance of artificial intelligence(2023-10-27)[2024-09-25]. https://india. un. org/en/250912-un-secretary-general-launches-ai-advisory-body-risks-opportunities-and-international.

② Kevin Poireault. AI Safety Summit: Biden-Harris Administration Launches US AI Safety Institute[EB/OL]. (2023-11-02)[2024-09-25]. https://www.infosecurity-magazine.com/news/ai-safety-summit-biden-launch/.

③ 全球人工智能治理倡议(2023-10-20)[2024-09-25].[EB/OL]. https://www.mfa. gov.cn/web/zyxw/202310/t20231020_11164831.shtml.

④ G7 2023. Hiroshima Process International Code of Conduct for Organizations Developing Advanced AI Systems[EB/OL]. (2023-10-30)[2024-09-25]. https://g7g20-documents. org/database/document/2023-g7-japan-leaders-leaders-annex-hiroshima-process-international-code-of-conduct-for-organizations-developing-advanced-ai-systems.

⑤ GPAI. The New Delhi Declaration[EB/OL]. (2023-12-13)[2024-09-25]. https:// gpai.ai/.

(Artificial Intelligence Act)之后,2024 年 6 月欧盟正式通过了全球首例《人工智能法案》,旨在为欧盟内的人工智能制定统一的规则。该法案采取了基于风险的管理方式,将人工智能系统根据风险等级分成四类——不可接受的风险、高风险、有限的风险和极小的风险,极小的风险系统只需遵守轻度的透明度要求,而越高风险的系统则需满足更严格的准入条件。[①]

(三) 凝聚智慧,中国方案引领 AI 发展新篇章

中国作为全球最大的 AI 市场,此次作为成员国签署《布莱切利宣言》,为全球人工智能发展注入了新的动力,同时也表示对数据安全及隐私权保护的高度重视。中国科技部副部长吴朝晖在会议发言中表示:"人工智能治理攸关全人类命运,各国应秉持共同、综合、合作、可持续的安全观,坚持发展和安全并重的原则,通过对话与合作凝聚共识,构建开放、公正、有效的治理机制,共同促进全球人工智能健康有序安全发展。中方愿与各方一同就人工智能安全治理加强沟通交流,为推动形成普遍参与的国际机制和具有广泛共识的治理框架积极贡献智慧,切实落实全球发展倡议、全球安全倡议和全球文明倡议,促进人工智能技术更好造福于人类共同构建人类命运共同体。"

在此前的《全球人工智能治理倡议》中,中国就表明了对人工智能发展积极和负责任的态度,希望通过国际合作的方式,在确保数据安全和隐私得到有效保护的前提下,推动人工智能朝着健康、安全和有序的方向发展。此次签署《布莱切利宣言》,是中国对《全球人工智能治理倡议》所体现态度的延伸,表明了中国积极参与国际合作来推动全球人工智能治理的决心和共同应对挑战并促进全球规则制定的

---

① Official Journal of the European Union. Regulation(EU) 2024/1689 of the European Parliament and of the Council[EB/OL].(2024-06-13)[2024-09-25]. https://eur-lex.europa.eu/legal-content/EN/TXT/?uri=CELEX%3A320 24R1689&qid=1727551896945.

立场。

可以说，《布莱切利宣言》的签署意味着全球人工智能治理已经迈入新时代。虽然细致的政策转变还未出现，但各国在这一框架下，将进一步开展广泛的合作，推动人工智能技术的发展。我们相信，世界将迎来一个更加安全、公正和公平的数字化未来。

附　录

1. 布莱切利 AI 宣言(Bletchley Declaration)原文及译文①

Artificial Intelligence(AI) presents enormous global opportunities: it has the potential to transform and enhance human wellbeing, peace and prosperity. To realise this, we affirm that, for the good of all, AI should be designed, developed, deployed, and used, in a manner that is safe, in such a way as to be human-centric, trustworthy and responsible. We welcome the international community's efforts so far to cooperate on AI to promote inclusive economic growth, sustainable development and innovation, to protect human rights and fundamental freedoms, and to foster public trust and confidence in AI systems to fully realise their potential.

AI systems are already deployed across many domains of daily life including housing, employment, transport, education, health, accessibility, and justice, and their use is likely to increase. We recognise that this is therefore a unique moment to act and affirm

① AI Safety Summit 2023. The Bletchy Declaration[EB/OL]. (2023-11-01)[2024-09-25]. https://www.gov.uk/government/publications/ai-safety-summit-2023-the-bletchley-declaration/the-bletchley-declaration-by-countries-attending-the-ai-safety-summit-1-2-november-2023#contents.

the need for the safe development of AI and for the transformative opportunities of AI to be used for good and for all, in an inclusive manner in our countries and globally. This includes for public services such as health and education, food security, in science, clean energy, biodiversity, and climate, to realise the enjoyment of human rights, and to strengthen efforts towards the achievement of the United Nations Sustainable Development Goals.

Alongside these opportunities, AI also poses significant risks, including in those domains of daily life. To that end, we welcome relevant international efforts to examine and address the potential impact of AI systems in existing fora and other relevant initiatives, and the recognition that the protection of human rights, transparency and explainability, fairness, accountability, regulation, safety, appropriate human oversight, ethics, bias mitigation, privacy and data protection needs to be addressed. We also note the potential for unforeseen risks stemming from the capability to manipulate content or generate deceptive content. All of these issues are critically important and we affirm the necessity and urgency of addressing them.

Particular safety risks arise at the "frontier" of AI, understood as being those highly capable general-purpose AI models, including foundation models, that could perform a wide variety of tasks——as well as relevant specific narrow AI that could exhibit capabilities that cause harm——which match or exceed the capabilities present in today's most advanced models. Substantial risks may arise from potential intentional misuse or unintended issues of control relating to alignment with human intent. These issues are in part because those capabilities are not fully understood and are therefore hard to predict. We are especially concerned by such risks in domains such as cybersecurity and biotechnology, as well as where frontier AI systems may amplify risks such as disinformation. There is potential for serious, even catastrophic, harm, either deliberate or unintentional, stemming from the most significant capabilities of these AI models. Given the rapid and uncertain rate of change of AI, and in the context of the acceleration of investment in technology, we affirm that deepening our understanding of these potential risks and of actions to address them is especially urgent.

Many risks arising from AI are inherently international in nature, and so are best addressed through international cooperation. We resolve to work together in an inclusive manner to ensure human-centric, trustworthy and responsible AI that is safe, and supports the good of all through existing international fora and other relevant initiatives, to promote cooperation to address the broad range of risks posed by AI. In doing so, we recognise that countries should consider the importance of a pro-innovation and proportionate governance and regulatory approach that maximises the benefits and takes into account the risks associated with AI. This could include making, where appropriate, classifications and categorisations of risk based on national circumstances and applicable legal frameworks. We also note the relevance of cooperation, where appropriate, on approaches such as common principles and codes of conduct. With regard to the specific risks most likely found in relation to frontier AI, we resolve to intensify and sustain our cooperation, and broaden it with further countries, to identify, understand and as appropriate act, through existing international fora and other relevant initiatives, including future international AI Safety Summits.

All actors have a role to play in ensuring the safety of AI: nations, international fora and other initiatives, companies, civil society and academia will need to work together. Noting the importance of inclusive AI and bridging the digital divide, we reaffirm that international collaboration should endeavour to engage and involve a broad range of partners as appropriate, and welcome development-orientated approaches and policies that could help developing countries strengthen AI capacity building and leverage the enabling role of AI to support sustainable growth and address the development gap.

We affirm that, whilst safety must be considered across the AI lifecycle, actors developing frontier AI capabilities, in particular those AI systems which are unusually powerful and potentially harmful, have a particularly strong responsibility for ensuring the safety of these AI systems, including through systems for safety testing, through evaluations, and by other appropriate measures. We encourage all relevant actors to provide context-appropriate transparency and accountability on their plans to measure, monitor and mitigate potentially harmful capabilities and the associated effects that may emerge, in particular to prevent misuse and issues of control, and the amplification of other risks.

In the context of our cooperation, and to inform action at the national and international levels, our agenda for addressing frontier AI risk will focus on:

● identifying AI safety risks of shared concern, building a

shared scientific and evidence-based understanding of these risks, and sustaining that understanding as capabilities continue to increase, in the context of a wider global approach to understanding the impact of AI in our societies.

● building respective risk-based policies across our countries to ensure safety in light of such risks, collaborating as appropriate while recognising our approaches may differ based on national circumstances and applicable legal frameworks. This includes, alongside increased transparency by private actors developing frontier AI capabilities, appropriate evaluation metrics, tools for safety testing, and developing relevant public sector capability and scientific research.

In furtherance of this agenda, we resolve to support an internationally inclusive network of scientific research on frontier AI safety that encompasses and complements existing and new multilateral, plurilateral and bilateral collaboration, including through existing international fora and other relevant initiatives, to facilitate the provision of the best science available for policy making and the public good.

In recognition of the transformative positive potential of AI, and as part of ensuring wider international cooperation on AI, we resolve to sustain an inclusive global dialogue that engages existing international fora and other relevant initiatives and contributes in an open manner to broader international discussions, and to continue research on frontier AI safety to ensure that the benefits of the technology can be harnessed responsibly for good and for all. We look forward to meeting again in 2024.

The countries represented were:

- Australia
- Brazil
- Canada
- Chile
- China
- European Union
- France
- Germany
- India
- Indonesia
- Ireland
- Israel
- Italy
- Japan
- Kenya
- Kingdom of Saudi Arabia
- Netherlands
- Nigeria
- The Philippines
- Republic of Korea
- Rwanda
- Singapore
- Spain
- Switzerland
- Türkiye
- Ukraine

- United Arab Emirates
- United Kingdom of Great Britain and Northern Ireland
- United States of America

References to "governments" and "countries" include international organisations acting in accordance with their legislative or executive competences.

译文

人工智能(AI)为全球带来了巨大的机遇：它有潜力改变和增进人类福祉、和平与繁荣。为了实现这一目标，我们申明，为了所有人的利益，人工智能的设计、开发、部署和使用应当以安全、以人为本、值得信赖和负责任的方式进行。我们赞同国际社会迄今为在人工智能领域开展合作所做的努力，以促进包容性经济增长、可持续发展和创新，保护人权和基本自由，增进公众对人工智能系统的信任和信心，以充分发挥其潜力。

人工智能系统已被应用于日常生活的许多领域，包括住房、就业、交通、教育、医疗卫生、无障碍环境和司法，而且其使用范围可能还会增加。因此，我们认识到，现在就是采取行动的独特时刻，申明需要安全地发展人工智能，并利用人工智能的变革性机遇，以包容的方式在我们各国和全球，造福于所有人，包括卫生和教育等公共服务、粮食安全、科学、清洁能源、生物多样性和气候，以实现人权的享有，并加强实现联合国可持续发展的目标。

在带来这些机遇的同时，人工智能也带来了包括日常生活领域在内的诸多重大风险。为此，我们欢迎国际社会在现有论坛和其他相关倡议中为审查和应对人工智能系统的潜在影响所做的相关努力，并认识到需要解决保护人权、透明度和可解释性、公平、问责、监管、安全、适当的人类监督、道德、减少偏见、隐私和数据保护等问题。我们还注意到，AI篡改内容或生成欺骗性内容的能力可能会带来不可预见的风险。所有这些问题都至关重要，我们申明解决这些问题的必要性和紧迫性。

特定的安全风险出现在人工智能的"前沿"领域，被理解为那些能力很强的通用人工智能模型，包括基础模型，这些模型能够执行各种各样的任务——以及表现出可能造成伤害的能力的相关特定人工智能——与今天最先进的模型相媲美，甚至超过。潜在的故意滥用或与人类意图相一致的意外控制问题可能会带来巨大风险。出现这些问题的部分原因是人们对这些能力还没有完全理解，因此很难预测。我们特别关心诸如网络安全和生物技术等领域的风险，以及前沿人工智能系统可能放大虚假信息等风险的情况。这些人工智能模型最重要的能力有可能造成严重的，甚至是灾难性的伤害，无论是蓄意的还是无意的。鉴于人工智能变化速度之快和其不确定性，以及在加速投资技术的背景下，我们申明，加深对这些潜在风险以及应对这些风险的行动的了解是特别紧迫的。

人工智能带来的许多风险在本质上是国际性的，因此最好通过国际合作来解决。我们决定以包容的方式共同努力，通过现有的国际论坛和其他相关倡议，确保人工智能以人为本、值得信赖和负责任，以促进合作解决人工智能带来的广泛风险。在这个过程中，我们认识到，各国应该考虑采取支持创新、适度的治理和监管方法，最大限度地发挥人工智能的效益并考虑到和人工智能相关的风险。这可以包括根据国家情况和适用的法律框架进行适当的风险分类和归类。我们还注意到就共同原则和行为守则等方法开展合作的相关性。关于与前沿人工智能最有可能相关的特定风险，我们决定加强和持续，并扩大与更多国家的合作，来确定、了解并适当地采取行动。

所有行为体都有责任确保人工智能的安全：国家、国际论坛和其他倡议、公司、民间社会和学术界都需要共同努力。鉴于包容性人工智能和缩小数字鸿沟的重要性，我们重申国际合作应努力参与并涉及广泛的合作伙伴,并欢迎发展为导向的方法和政策,帮助发展中国家加强人工智能能力建设,并利用人工智能的赋能支持作用促进可持续增长,缩小发展差距。

我们坚信,虽然必须在整个人工智能生命周期中考虑到安全问题,但开发前沿人工智能能力的行为体,特别是那些异常强大和具有潜在危害性的人工系统,对确保这些人工智能系统的安全负有特别强烈的责任,包括通过安全测试、评估和其他适当的措施。我们鼓励所有相关行为体提供适当的透明度和问责制,说明其计划如何衡量、监控和减轻潜在的有害能力和可能出现的相关效应,特别是防止滥用和控制问题,以及其他风险的放大。

在我们的合作背景下,并为了在国家和国际层面上采取行动,我们应对人工智能前沿风险的议程将侧重于以下方面:

- 识别共同关心的人工智能安全风险,在这些风险中建立共同的科学和基于证据的理解,并随着能力持续增加,在更广泛的全球范围内维持这种理解,以了解人工智能对我们社会的影响。

- 在我们各国之间建立基于风险的政策,以确保考虑到这样的风险的安全性,并在适当的情况下合作,同时认识到这些方法可能会因国情和适用的法律框架而有所不同。这包括提高开发前沿人工智能能力的私营行为体的透明度、适当的评估指标、安全测试工具,以及发展相关公共部门的能力和科学研究。

为了进一步推进这一议程,我们决定支持建立一个具有国际包容性的人工智能前沿安全的科学研究网络,该网络包括并补充现有的和新的多边、多边和双边合作,通过现有的国际论坛和其他相关倡议,为政策制定和公众利益提供现有的最佳科学。

我们认识到人工智能具有变革性的积极潜力,作为确保在人工智能方面开展更广泛国际合作的一部分,我们决心继续开展包容性的全球对话,让现有国际论坛和其他相关倡议参与进来,以开放的方式推动更广泛的国际讨论,并继续开展人工智能前沿安全研究,以确保以负责任的方式利用该技术的益处,造福于所有人。我们期待在2024年再次相聚。

协议

出席会议的国家有:

澳大利亚

巴西

加拿大

智利

中国

欧盟

法国

德国

印度

印度尼西亚

爱尔兰

以色列

意大利

日本

肯尼亚

沙特阿拉伯王国

荷兰

尼日利亚

菲律宾

大韩民国

卢旺达

新加坡

西班牙

瑞士

土耳其

乌克兰

阿拉伯联合酋长国

大不列颠及北爱尔兰联合王国

美利坚合众国

"政府"和"国家"包括根据其立法或行政权限行事的国际组织。

图书在版编目(CIP)数据

中国后人类文化年度发展报告. 2023 年 / 王峰主编；
韦施伊，周伟薇副主编. -- 上海 ：上海三联书店，
2025. 5. -- ISBN 978-7-5426-8918-4

Ⅰ. C912.4

中国国家版本馆 CIP 数据核字第 2025CD5359 号

中国后人类文化年度发展报告 2023 年

主　　编 / 王　峰
副 主 编 / 韦施伊　周伟薇

责任编辑 / 殷亚平
装帧设计 / 徐　徐
监　　制 / 姚　军
责任校对 / 王凌霄

出版发行 / 上海三联书店
　　　　　 (200041)中国上海市静安区威海路 755 号 30 楼
邮　　箱 / sdxsanlian@sina.com
联系电话 / 编辑部：021 - 22895517
　　　　　 发行部：021 - 22895559
印　　刷 / 商务印书馆上海印刷有限公司

版　　次 / 2025 年 5 月第 1 版
印　　次 / 2025 年 5 月第 1 次印刷
开　　本 / 655mm×960mm　1/16
字　　数 / 280 千字
印　　张 / 22.75
书　　号 / ISBN 978 - 7 - 5426 - 8918 - 4/C・658
定　　价 / 98.00 元

敬启读者,如发现本书有印装质量问题,请与印刷厂联系 021 - 56324200